아시아
시대는
케이팝처럼
온다

아시아 시대는 케이팝처럼 온다

정호재 지음

아시아적 관점에서 보면
한국이 다르게 보이고
동남아가 다르게 보인다

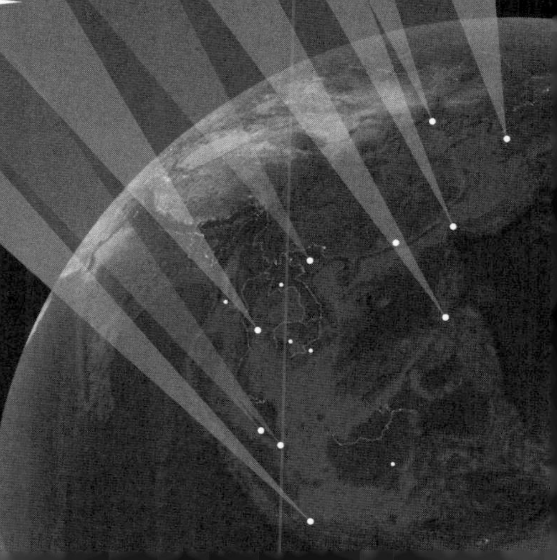

들어가며

아시아 시대는 케이팝처럼 온다

2008년 9월, 캄보디아 프놈펜

필자는 캄보디아 최대의 영자신문 「프놈펜포스트」 건물 입구에서 들어갈지 말지 고민하고 있었다. 모 대기업의 프놈펜 사무소에서 일하는 대학동기로부터 현지 기자의 이름만 소개받고 무작정 찾아간 길인데, 당시만 해도 영어 회화가 서툴러 편집국으로 들어가기가 주저된 것이다. 게다가 약속 없이 찾아간 길이라 무례가 아닐까 싶어 걱정도 되었다.

우여곡절 끝에 편집국에 올라가 기자를 만나 캄보디아 현안에 대한 이런저런 대화를 나누었다. 스테판 핀치라는 젊은 영국인이었다. 그때의 만남 이후 지금까지 12년도 넘는 인연을 이어오고 있다. 영국 런던대에서 아시아-아프리카학을 공부한 후 미얀마, 태국, 캄보디아 등지에서 주로 경제부 기자로 일한 친구다. 최근 몇 년은 북한에 관심이 생겼는지 중국 단둥에 거주했다. 국경에 구애받지 않고 글로벌한 삶을 개척하는 도전적인 영국인다운 행보였다. 그날 훈센의 폭정暴政이라는 주제로 대화를 마칠 무렵, 그는 한국에서 온 기자에게서 뭔가 정보를 얻고 싶어했다.

그: 혹시 프놈펜 중앙광장에서 한국 노래 틀어놓고 춤추는 캄보디아 10대 소년소녀들 본 적 있어?

나: 물론이지. 요즘 케이팝이 동남아에서 잘 나가.

그: 맞아, 심지어 태국은 물론 미얀마에서도 한국 노래 듣는 젊은이들이 꽤 있는데 그것도 아니?

나: 미얀마에서도? 그렇겠지. 그리 놀라운 현상은 아니야. 한국에서도 요즘 보도가 되고 있어. 한국 대중문화의 높은 인기를 '한류korean wave'라고 부르지.

그: 그래? 내가 영국인이라서 그런가? 영국인 입장에서는 대단히 충격적인 현상이거든. 내가 동남아시아에 처음 왔던 2005년만 해도 대부분 자국 노래나 영어 팝을 듣고 있었어. 그런데 불과 3~4년 사이에 분위기가 바뀐 거야. 아시아 청소년들이 영어 팝이 아니라 한국 팝을 소비한다는 건 혁명적인 일이야.

그가 이 정도로 큰 놀라움을 표출한 건 아주 근거가 없는 일은 아니었다. 2차 세계대전 이후 자유세계의 청소년들은 주로 미국 음악을 들으면서 자랐다. 가장 힘센 나라에서 온 동시대 가장 활기찬 문명의 소리였기 때문이다. 이는 1949년생인 무라카미 하루키의 산문집을 읽거나 1941년생 안정효의 『할리우드 키드의 생애』 등의 소설만 훑어봐도 간단히 드러난다. 이 같은 경향은 1970년대 중반에 태어난 필자 세대에게도 당연한 듯 이어졌다. 영국 밴드 비틀스의 〈예스터데이〉가 언제나 명곡 순위 1위를 차지했고, 엘비스 프레슬리가 어른들의 추억에 소환되곤 했다.

필자가 자의식을 갖고 처음 라디오라는 매체를 찾아 듣던 1980년대 중반에도 영미권 팝송이 위세를 떨쳤다. 《이종환의 밤의 디스크쇼》, 《김기덕의 2시의 데이트》, 《김광한의 팝스다이얼》, 주말엔 빌보드 차트 50위권 정도는 들어줘야 했다. 그런데 시나브로 그런 경향이 바뀐 것이다. 1990년대에 한국의 대중문화가 폭발하기 시작하더니, 서양의 팝송을 밀어내고 가요가 한국 시장에서 우위를 차지한 것도 모자라, 이제는 케이팝이라는 이름으로 아시아 시장에서 존재감을 발휘하기 시작했다.

2011년 2월 초, 강남구 논현동

필자는 신사역에서 나와 반대편 언덕 쪽 허름한 빌라촌 사이를 헤매고 있었다. 프로듀서 방시혁 씨와 어렵사리 인터뷰가 성사된 것이다. 당시 그는 MBC 《위대한 탄생》이라는 오디션 프로그램에서 날카로운 독설로 유명세를 타고 있었다. 그런데 비즈니스 현실은 녹록지 않았는지, 쉽사리 위치를 파악하기 힘들 정도로 강남에서 가장 구석진 건물 한구석을 본거지로 삼아 연습생 트레이닝 공간이자 자신의 사무실로 활용하고 있었다. 아마도 JYP엔터테인먼트에서 독립한 후 첫 작품인 걸그룹(팀명: 글램) 멤버 선발과 트레이닝에 매진하던 시기였지 싶다.

사무실에 사훈 비슷한 액자가 걸려 있었는데, 첫번째 문구가 인상적이었다. "10년 내에 아시아에서 가장 영향력 있는 음악집단이 되자." 그것이 선언인지 목표인지 혼란이 왔지만, 아시아라는 비전을 내세운 게 신기해서 인터뷰 때 질문했더랬다.

나: 왜 아시아 1등을 추구하나요? 세계 1등도 아니고?"

그: 1997년 무렵부터 상업 노래 프로듀서로 일했는데, 운이 좋게도 아시아에서 큰 성공을 거뒀습니다. 아시아 1등은 충분히 가능한 도전이기에 그렇게 잡아보았어요. 제이팝은 이미 저품질과 코믹화로 몰락하기 시작했습니다. 그러니 서양 팝시장까지는 모르겠지만 아시아 팝시장 1등은 가능하다고 봅니다. 그래서 독립하기도 했고요.

이미 방시혁 대표는 제이팝의 퇴조를 뚜렷하게 읽고 케이팝의 가능성을 내다보았던 것이다. 서구 팝과 정면 도전한다는 비전까지는 품지 못했지만, 케이팝이 아시아 시장의 주류가 될 거라는 비전은 확고했던 셈이다. 몇 년 뒤 그는 방탄소년단BTS라는 남자 아이돌 그룹을 데뷔시키고 '아시아 1등'이라는 목표를 이뤄낸다. 물론 아시아 1등은 세계 1등으로 가는 발판을 의미하기도 한다.

2017년 5월, 미얀마 삥우린

필자는 직장 생활을 중단하고 미얀마 북쪽의 작은 소도시에서 현지 언어를 배우며 한가하게 시간을 보내고 있었다. 개혁과 개방을 택한 지 불과 5년 만에 미얀마는 놀랍게 변해 있었다. 2012년 첫 방문 때는 유선전화조차 제대로 연결되지 않은 집이 태반이었는데, 다시 와보니 식당 서빙 일로 월급 10만 원을 받는 10대 소녀들의 손에도 중국 화웨이나 샤오미에서 만든 10만 원짜리 스마트폰이 들려 있었다.

데이터 통신 비용은 꽤나 비싸서 그들에겐 언감생심이었지만, 화교 식당 주인이 설치한 와이파이는 그들에게 최고의 복지혜택이었다. 손님이 없을 때면 모두 스마트폰으로 유튜브를 틀어놓고 3,000킬로미터 넘게 떨어진 서울에서 만든 뮤직비디오를 감상하며 청춘스타들의 춤과 노래, 패션 등을 소비하고 있었다. 당시 유튜브 1억 뷰가 글로벌 히트의 가늠자가 되곤 했는데, 그 영상들을 시청한 사람들 중에는 미국과 유럽 청소년도 있었지만 아시아의 다양한 지역에 사는 청소년들이 훨씬 더 많았다는 얘기다.

이들이 일하는 식당 앞 비포장 도로에는 오토바이 소리와 매연이 가득했고, 무료한 그들의 스마트폰으로 너무나도 화려하고 바쁜 스타들의 모습이 실시간으로 중계되고 있었다. 이 같은 현실은 단순히 글로벌하거나 사이버펑키한 방식의 미래적 현상이라기보다는 아시아의 지극히 현실적인 삶의 한 방식으로 보였다. 민족과 문화는 다르지만 살아가는 행태는 별 차이가 없어진 것이다. 노동해서 월급을 받아 저축하고, 그것으로 소비를 하고, 다음 단계를 준비하는 모습까지 말이다.

2018년 12월, 싱가포르

필자는 싱가포르국립대학교에서 팔자에 없는 사회학 수업을 듣고 있었다. 50대 후반의 독일인 사회학자가 지도하는 '세계화 시대와 그 변화들'이라는 제목의 세미나형 강의였다. 19세기와 20세기는 바야흐로 삶의 조건이 혁명적으로 변화하는 시기였다. 생산력의 증대는 개인의 삶의 방식과 행태에 큰 영향을 준다. 그리고 그런 변화는 다시 정치와 제도의 변화로 나타난다. 민주주의의 확산과 전통적 가치와의 대립도 거기에 포함된다.

하지만 그 강의는 굉장히 전통적·정통적 방식의 현대사회학 강의였다. 싱가포르에서 10년 이상 일했다는 그 독일 출신 교수의 관점에 따르면 '아시아'는 무척이나 비현실적인 관념이었다. 그리고 서구 사회학은 아시아의 현대화를 과거 서구의 경험을 토대로 무척이나 무난하게 설명해냈다. 즉 변방인 '제3세계'가 글로벌화에 자연스레 포섭되는 과정이었던 것이다. 아시아라고 해서 보편이론에서 예외가 되지 않았으며 주된 이슈도 아니었다. 거칠게 정리하면 "아시아는 없다"는 관점에 가까웠다.

아시아에서 태어나고 자라 아시아를 주제로 연구논문을 쓰고 싶은 필자의 기대와는 사뭇 달랐다. 아시아의 변화가 어떻게 서구의 경험을 추종하는 변화, 그리고 세계의 하위개념에 불과한 '제3세계'라는 타이틀로 요약될 수 있단 말인가. 마르크스와 헤겔 이후 수많은 서구의 사회과학자들이 아시아를 설명하려고 했지만, 사실 그리 명쾌하게 설명해내지 못했다. 유럽중심주의에 사로잡힌 현대의 아시아 학자들도 사정은 비슷했다. 당장 그 학교를 감싸고 있던 싱가포르식 정치체제는 물론이고, 한반도 분단을 포함해 아시아에서 일어난 여러 비극의 해법은 고사하고 정확한 원인에 대한 설명조차 부족했다.

그 강의를 듣던 무렵 필자는 BTS의 역사적인 월드투어 콘서트 일정 가운데 2019년 1월에 열리는 싱가포르 콘서트 티켓을 구하기 위해 동분서주하고 있었다. 방시혁이 탄생시킨 BTS의 인기는 이 무렵 아시아를 뛰어넘어 사상 최초로 비틀스에 비견되는 상황에 이른 것이다. 당연히 많은 언론과 학자들이 이를 "매우 이례적인 현상"으로 묘사하며 "한국의 보이밴드가 전통적인 아시아 남자에 대한 고정관념을 깨뜨리고 있다"는 식으로 보도했다. 그 배경에는 한국의 경제발전과 유튜브 등 SNS의 발달이 일종의 공식처럼 따라붙었다.

그런 해석에 불만을 품고 여러 케이팝 논문을 섭렵한 뒤, BTS를 주제로 학기 말 리포트를 써보기로 결심하게 된다. BTS 현상은 이른바 '아시아 시대의 징후적 현상'이라는 게 필자 주장의 핵심이었다. 문명이 부족한 아시아가 서구의 문명을 받아들여 현대화가 진행된 것이라는 게 서양 학자의 관점이라면, 필자의 생각으로 BTS 현상은 오히려 동양의 문명이 부활하고 복구된 것에 가까웠다. 아시아인이자 한국인의 입장에서 어찌 과거 아시아에 문명이 없었다고 생각할 수 있겠는가?

아시아는 없지만 있다

이 글은 짧게는 3년, 길게는 15년에 걸친 필자의 아시아에 대한 고민과 취재 이력을 담은 에세이 겸 리포트이다. 취재를 시작할 무렵에는 '아시아'라는 키워드를 인지하지 못했으며, 아시아 시대가 올 거라는 상상조차 해보지 못했다. 가끔 몇몇 미디어가 상징적으로 '아시아 시대'를 언급하기는 했지만, 구체성과 근거를 갖고 한 이야기는 아니었다. 당장 10년 전 서울시의 홍보문구가 '아시아의 Soul, Seoul of Asia'였다. 일종의 언어유희 수준이었다.

지금도 '아시아 시대'라는 개념은 불확실하다. '중화中華의 시대'가 훨씬 구체성 있고 확률적으로 그럼직하다. 적어도 중국과 아시아에 흩어져 사는 화인華人들 간에는 혈연적·문명적 연결고리가 확실하고, 공유하는 기억과 문명도 비교적 균일하기 때문이다.

반면 '아시아'는 비균질적이고 모호하다. 한국에 사는 그 누구라도 본인이 동남아시아에 사는 누군가와 같은 아시아인로 묶인다면 고개를 갸우뚱할 거라는 얘기다. 우리는 공유하는 경험이 턱없이 적으며 상호간 이해도 희박하다. 100년이라는 시간 안쪽에서 생각해보면, 서구에 대항하는 개념으로서의 아시아의 의미만 유통될 뿐이다.

특히 한국의 경제적·문화적 지위가 일본에 비견되는 수준에 이른 지금은 G7 가입과 더불어 마침내 선진국 반열에 오른다는 꿈에 젖어 있는 것도 사실이다. 100년 전 일본이 '탈아입구脱亜入欧'라는 허상을 좇았던 일이 절묘하게 오버랩된다. 그런데 한국이 G7의 정회원이 되고 일본보다 먼저 1인당 국민소득 4만 달러를 달성하는 것으로 한국인의 꿈은 완성되는 것일까? 우리는 고작 그 정도 수준에 만족해야 하는 걸까?

아시아 시대와 우리

이 글은 이런 근본적인 의문에 대한, 전문성이 부족한 저널리스트 출신 필자의 문제의식을 나열하는 글에 가깝다. 그러니까 보편성과 지성을 소홀히 한 일본과 대동아공영大東亞共榮의 시대가 순식간에 흘러간 것처럼 중화의 시대 역시 순식간에 흘러갈 수 있다는 경고에 가깝다. 중화의 시대가 폭력과 반反지성으로 점철될 경우 단지 지역의 비극에 그치지 않고 전 지구적 위기로 확산될지 모른다.

당연히 필자는 일본과 중국이 아닌 한반도와 아세안ASEAN이 이끄는

'아시아 시대'가 오기를 희망한다. '이끈다'는 표현이 유치할 수도 있지만, 정복의 역사를 앞세운 국가의 명예보다는 개인의 창의성과 기업의 자유로움, 나아가 합리적인 제도가 지역적 친연성과 지리의 이점을 바탕으로 서로 소통하는 시대를 말한다. 국력을 과시하기보다는 거인을 많이 배출하는 지역이 더 존경받기를 원한다. 그러기 위해 한국도 더 많이 개방하고 혁신하고 보편성을 따라야 한다.

역으로 불확실한 '아시아 시대'를 선도하지 못한다면 한국은 세계사에서 쉽사리 잊히는 나라가 될 수 있다는 얘기도 된다. 우리가 그토록 꿈꿔온 평화통일의 길도 멀어지고, 기차를 타고 시베리아나 인도로 여행하는 일이 영원히 불가능해질 수 있다는 얘기다. 사실 국경을 자유롭게 넘나드는 탈脫국경의 꿈은 케이팝과 한류 드라마가 절반쯤 상상한 비전이기는 하다.

BTS 현상은 상징적이지만 현실성 있는 현상이다. 블랙핑크를 세계적인 그룹으로 만들어낸 원동력은 아세안의 열성적인 팬들이었다. 이는 비단 아시아의 지역적 한계를 의미하는 것은 아니다. 글로벌을 로컬화한 것이 바로 아시아다. 이제는 정치와 경제가 이런 모델을 따라가면서 앞에 놓인 벽을 부숴야 하는 게 아닐까. 아시아 시대는 생각보다 훨씬 가까이에 와 있을지 모른다.

| 차 례 |

4부 동남아와 한국·중국·일본

5부 아시아 문명론과 한류의 진정한 의미

네피도
미얀마
양곤
라오스
비엔티안
하노이
태국
방콕
캄보디아
프놈펜
베트남
호치민
브루나
말레이시아
쿠알라룸푸르
싱가포르
말레이시아
인도네시아
수마트라
인도네시아
자카르타
자바

동남아시아 전도
마닐라
필리핀
민다나오
술루 제도
술라웨시
동티모르

1부

아시아 그리고 케이팝

뜨거운 양곤에서
동토의 서울로

미얀마 경제수도 양곤의 중심가 모습

필자의 미얀마 양곤 거주지 부근 풍광

2020년 6월 재입국하며

대략 3년의 동남아 유랑을 마치고 서울로 복귀하기 위해 양곤 국제공항에서 한국행 비행기를 기다리는 중이다. 최근 1년은 동가식서가숙 생활을 하느라 이사만 열 번 넘게 다닌 것 같다. 유랑생활이 길어질수록 한국에 대한 그리움이 커져만 갔다. 바이러스 팬데믹이 세계를 강타하는 바람에 그 생활도 자연스레 종료가 된 셈이다. 교수님께서 이제는 한국에 가서 논문을 쓰라고 귀국을 허락해주셨다. 꼬박 3년을 아세안 지역에 머물렀다. 2년 3개월은 싱가포르, 7개월은 미얀마, 2개월은 호치민과 방콕, 족자카르타 등 아세안 각국이었다. 짧다면 짧은 시간이지만, 3년간 오로지 공부와 세상 되새김에만 집중했으니 길다면 참으로 긴 시간이다.

최근 반년은 미얀마 양곤에 머물렀다. 양곤은 2020년 3월 코로나에 대응하기 위해 락다운 정책을 실시해 필자도 무려 2달 가까이 집돌이 생활을 해야 했다. 동남아의 락다운 정책 역시 세계 어느 지역 못지않게 강력했다. 최근까지도 밤 10시 이후 통행이 금지되었고, 지금도 시내 레스토랑의 90퍼센트가 문을 닫거나 포장판매만 가능하다. 덕분에 현지인들을 인터뷰하려던 계획이 무산되고 말았다. 한국처럼 인터뷰하기 쉬운 나라가 아닌데다 코로나 사태가 닥치니 외국인을 만날 의지도 없어 보였다. 특히 보수인사들은 진보인사들에 비해 만나기가 더 힘들었다. 어찌저찌 7개월간의 생활을 마치고 귀국하게 되었다. 2~3년 동안 장기 거주하며 본격적인 미얀마인으로 변신해볼까 했는데, 코로나 시대가 그것을 거부한 셈이다.

3년 만에 귀향해서 느낀 점은 한국의 체제변화였다. 1987 체제 이후 30년 만에 2017 촛불체제가 왔음을 확신하게 된다. 밖에서 이런 한국을 바라보는 경험이 매우 특별했음을 고백할 수밖에 없다. 체제가 변했고, 사회는 성숙해졌으며, 경제와 국가의 역동성도 뚜렷하게 좋아졌음을 느낀다. 혹시나 한국에만 오래 살아서 실감하지 못하는 분이 있을까 해서 살짝 귀띔해드리는 내용이기도 하다. 이런 변화된 체제에 잘 적응할지 걱정이 앞서기도 한다. 동남아시아에서 바라본 한국은 무척이나 흥미로운 연구주제였다. 동남아 사회와 현실에 아쉬운 대목이 워낙 많아서인지, 한국의 거침없는 행보가 필자에게 자랑이 되기도 했고 부럽기도 했다.

아시아 그리고 동남아시아는 여전히 거대하고 고고하고 비밀스러웠다. 쉽사리 정체를 드러내지 않는 비밀의 왕국이라고 해야 할까? 글감은 엄청나게 얻어왔는데, 많은 분들이 공감하도록 쉽고 재미있게 풀어낼 수 있을지 모르겠다. 여튼 그 이야기를 시작해볼까 한다.

미얀마 양곤까지 가게 된 배경

3년도 더 전에 싱가포르 대학교의 박사과정 합격 소식을 받았다. 직전 연도에 토플 점수가 많이 부족해 잔뜩 준비했다가 포기한 이력이 있기 때문에 큰 기대는 할 수 없었다. 많은 나이, 영어 실력 미비, 뚜렷한 연구 주제 미정 등 객관적인 능력의 부족 때문에 맘을 다잡고 회사 생활에 다시 매진하려는 순간 합격 소식이 날아왔다. 비교아시아학Comparative Asian Studies. 참고할 만한 자료도 딱히 없어서 주제까지 몇 번 바꿔가며 지원서를 냈는데 받아준 것이다. 다시 공부를 한다면 아시아학일 수밖에 없으니 후회를 남기지 말자는 생각이 들어 2017년 7월 바로 짐을 싸서 싱가포르로 날아갔다.

그럼 기자 일은? 기자는 대단히 매력적인 직업이고 능력을 잘 발휘하면 사회의 촉매제가 될 수 있다고 생각한다. 소금도 될 수 있고 폭탄도 될 수 있다. 먼저 부숴야 새로 건설할 수 있으니까. 종합적으로 보면 기자 일을 그만둔 것은 필자 개인의 능력부족이 결정적이었지만, 그렇게 설명하면 너무 초라해 보이니 이렇게 포장하는 것에 대해 이해를 부탁드린다. 기자 생활을 10년 이상 하면 '우리 사회의 근본적 모순'에 대한 나름의 시각이 성립된다. 능력 있는 기자란 그렇게 성립된 본인의 시각과 현실적 제약(기자도 회사원이다)을 잘 이해하고 그것을 활용해 실질적 업적을 이루는, 3박자의 균형을 잘 갖춘 사람을 뜻한다. 그런데 지난 20년간 한국 사회의 갈등양상이 얼마나 극심했는가? 살아남으려면 거칠게 싸우거나 뚜렷한 업적을 쌓아야 하는데, 어느 쪽으로든 배팅할 배짱이 날이 갈수록 줄어들더라. 그럼에도 한국 사회의 갈등과 여러 문제에 대한 논리를 세워보고픈 욕심은 있었는데, 그것을 위한 통로 중 하나가 '아시아'라는 개념이었다.

'아시아'는 세계지리 가운데 일부를 지칭하는 대명사지만, 사실 뚜렷이 정의하기 힘든 명칭이기도 하다. 에드워드 사이드Edward Said의 '오리엔탈리즘'을 언급할 필요도 없이, 필자만 해도 어렸을 때는 아시아가 한중일 3국을 의미하는 줄 알았으니 말이다. 유럽이 생각하는 아시아와 미국이 생각하는 아시아가 다르고, 마르크스나 베버가 생각했던 아시아와 20세기의 아시아 역시 다르다. 물리적으로 무척이나 크고 개념적으로는 모호하다.

필자가 중국을 넘어 동남아를 본격적으로 경험한 것은 2005년 무렵 이주노동자 취재차 홍콩과 싱가포르에 갔을 때다. 한국과 비교해보니 작은 도시국가임에도 우리와 비슷한 역사적 경험이 많아 보이고 사회 시스템도 훨씬 이해하기 쉬웠다. 중국과 일본, 북한을 바라볼 때와 전혀 다른 느낌이 들었다. 사실 2000년대에는 중국에 가고 싶어서 중국어도 공부하고 매년 중국 여행도 하면서 중국에 공을 들였는데, 코끼리 다리 만지는 격이라는 느낌이 컸다. 그러던 중 복잡한 시류에 휩쓸려 변두리에 3년 넘게 방치된 때가 있었는데, 그때 태국의 탁신 전前 총리도 만나보고 말레이시아의 마하티르 전 총리, 캄보디아의 야당 지도자 삼랑시 등도 직접 만나보며 동남아에 대한 식견을 쌓을 수 있었다.

지식도 쌓고 이리저리 짝을 맞춰보니, 한국 사회의 갈등구조나 세계사적 맥락을 제대로 이해하기 위해서는, 남북이나 한중일 구도보다는 동남아를 포함한 아시아적 맥락에서 바라보는 것이 더 효과적이겠다는 생각이 들었다. 빠르고 어설펐던 근대화와 식민지 경험, 냉전과 세계화 시대의 도전 등에서 한국과 동남아는 서로 참고하고 협력할 대목이 많아 보였다.

"아시아끼리 비교하자"

비교아시아학은 쉽게 말해 '일국주의一國主義 관점'을 극복해보자는 지역학의 한 방법론이다. 놀랄 만큼 새로운 방법은 아니지만 한국 사회에 꼭 필요한 변화의 출발이라고 생각했다. 과거엔 지역학이 국경선을 중심으로 중국학, 베트남학, 태국학, 한국학 등으로 나뉘었다면, 이제는 그런 국가체계 중심으로 쪼개서 보지 말고, 연결-비교-종합의 관점에서 지역을 바라보자는 얘기다.

그렇게 야심 차게 동남아시아 지역학 공부를 시작했는데, 동남아시아는 아세안 국가만 해도 10개국이 넘는 거대지역이다. 동남아를 이해하기 위해서는 일단 과거의 방식대로 1개 국가를 선택하긴 해야 한다. 태국과 말레이시아가 첫 후보였는데, 기왕이면 한국에서 가장 연구가 덜 된 나라를 찾아보니 미얀마가 눈에 들어왔다. 물론 그건 아주 한국적인 생각이었다. 막상 연구자료를 찾아보니 미얀마는 이미 100년 전부터 영국제국이 중심이 되어 거의 나노 단위로 분석이 끝난 상태였다. 미얀마의 고대사부터 현대정치까지 서구의 시각에서 나온 연구만 한 트럭이었다. 이를 아시아적 맥락으로 다시 읽을 가능성이 과연 있을까? 여튼 그렇게 한국과 비교할 시대와 지역으로 1990년대 탈냉전시대의 미얀마 사회를 선정했다.

시대와 연구지역을 선정한 뒤 필자가 할 수 있었던 일은 신문을 읽는 것이 거의 유일했다. 독재시대의 언론은 권력의 '프로파간다'일 뿐이라고 비판받곤 하지만, 어찌 됐건 현지 상황을 파악하려면 활자매체가 최선의 텍스트다. 그래서 1990년대 이후 미얀마의 주류신문을 읽으며 민주화운동 실패 이후 미얀마 시민사회와 지식인 그리고 민중의 시선을 한국과 비교해보는 작업을 시작했다. 군부에서 민주주의로 이행하던 시대의 양쪽 사회의 공통점과 차이점을 살펴보고 싶었다. 이것이 미얀마 양곤 행의 1차적 이유가 되었다.

한류의 미래와 아시아 그리고 우리의 자세

세계적인 아이돌 그룹으로 성장한 BTS 관련 홍보물

BTS 멤버 정국의 생일을 축하하는 광고물

캄보디아 한 국립대학의 한국어학과 안내 간판

2009년 무렵 인터넷뉴스 팀에서 일한 적이 있다. 당시 야당이 된 민주당 인사들의 입을 통해 정치 이야기를 온라인으로 풀어보고 싶었는데, 한 고참선배에게 크게 질책을 받고 시리즈를 폐지한 경험이 있다. 끈 떨어진 민주당 인사들을 쓸데없이 만나고 다니지 말라는 얘기였다. 그래서 집중할 대안적 콘텐츠를 찾아봤는데, 당시 빠르게 세계로 뻗어나가던 한국가요에 주목하게 됐다. 2년 남짓 케이팝 가수들과 팬들을 신나게 쫓아다녔다. 관련 인사들을 만나고 인터뷰 및 기획기사를 써낸 덕분에 케이팝을 널리 알리는 데 공헌한 글쟁이라는 자부심이 있다. 음악을 잘 모르는 경영학과 출신이다보니, 산업적 측면, 글로벌화, 비주얼 측면에 집중했다. 한창 어렵던 시절 케이팝 산업을 들여다본 경험을 소중하게 생각한다.

케이팝의 약진

2019년 말 싱가포르 발 미얀마 행 비행기를 탔다가 별생각 없이 여권을 탁자 위에 꺼내들었는데, 옆자리에 앉은 10대 후반 여학생이 화들짝 놀라며 "한국분이세요?" 하고 먼저 말을 걸었다. 비행기 안에서 미모의 여대생이 말을 걸어올 거라고 필자가 상상이나 해봤겠는가? 그녀 왈, "저 지금 케이팝 듣고 있었어요. 엑소와 마마무 좋아해요." 덕분에 1시간 남짓 그녀가 좋아하는 케이팝 이야기를 하면서 양곤에 도착했다. 이런 일은 동남아에서 흔한 사례고 2010년부터 굳건히 확립된 문화확산 행태라고 볼 수 있다. 싱가포르도 당연히 한류와 케이팝에 열광하는 나라이기 때문에, 젊은 대학생들이 케이팝을 듣는 것이 매우 자연스럽다. 가장 아시아적이면서도 세계적인 문화상품이기에 듣는 것이다.

그 샨족 출신 미얀마 학생과 대화하면서 뿌듯했던 것은 그녀가 지난 15년간의 케이팝 계보를 비교적 상세히 나에게 설명했다는 점이었다. 원더걸스-투애니원2NE1-소녀시대 등 2세대 여돌을 비롯해 빅뱅과 2AM, 2PM 등의 남돌, 2015년 이후 다양한 3세대 아이돌의 특징과 기업의 스토리, 한국에서 일어난 여러 정치적 사건도 어느 정도는 알고 있었다. 그 순간 나의 기억은 대학생이었던 1990년대의 내 하숙방으로 이동했다. 당시 필자는 대중문화 비평을 준비한다며 『오늘예감』이나 강헌 음악평론가의 『리뷰』, 민음사에서 발행하는 몇몇 계간지 등을 읽었다. 현대사상을 이해하기 위해서라도 어떻게든 1968년 정신, 우드스톡, 록의 계보, 비틀스와 현대사회에 대한 정보를 습득해야 했다. 의무감에서 록과 팝을 교차시키며 서구 현대사를 공부한 것이다. 그런데……

2000년대에 태어난 10억 명에 육박하는 아시아 젊은이들이 케이팝에 대한 스토리를 접하고 한류와 관련된 한국 사회 변화에 대한 담론을 간접적으로 경험한다는데 어찌 마음이 흔들리지 않을 수 있을까! 필자가 우드스톡을 책으로 읽었을 때의 경험을 엇비슷하게라도 체험했으면 하는 바람이 피어났다. 맥락은 일부 다르다 해도 말이다.

학문적 대상이 된 케이팝

벌써 10년도 더 된 일이지만 케이팝은 이미 흥미로운 학문적 분석의 대상이 되었다. 특히 문화사회학, 인류학, 미디어학 학생들이 케이팝을 소재로 다양한 논문을 쓰고 있다. 2018년경 필자도 케이팝 관련 영어 논문을 전부 검색해서 찾아본 적이 있는데, 정말 다양한 나라, 다양한 학문 분야의 학생들이 열악한 환경에서도 케이팝을 소재로 논문을 써내고 있어서 깜짝 놀랐다. 특히 아시아를 주제로 삼은 연구자들에게 케이팝은 반드시 통과해야 할 의례와도 같다.

케이팝은 아시아 지역학에서도 살포시 급부상했다. 최근의 지역학 트렌드는 탈국가/난민/여성/크로스보더/탈서구라고 할 수 있는데, 이런 기조로 볼 때 아시아 지역에서 가장 뚜렷한 문화현상이 케이팝이기 때문이다. 상당히 포스트모던한 소재이기도 하다. '케이팝은 서구화의 과도기적 현상일까, 아니면 아시아의 지역화 현상일까?' 필자가 요약한 케이팝에 대한 핵심담론이다. 아시아의 생산력이 서구를 따라잡기 시작하고 혁신의 정도도 그에 근접하면서 한국의 생활양식이 아시아의 대표 모델로서 주목을 끌고 있는 것이다. 사실 여기까지는 상식적인 이야기이고, 지난 3년의 동남아 경험에서 다른 맥락으로 느낀 점이 있다.

케이팝은 전 지구적 산물

2010년 한류가 동남아에 본격적으로 전파될 무렵 필자가 처음 느낀 것은 일종의 민족적 자부심이었다. 그런데 10년이 지나 동남아에서 생활하며 느낀 감정과 깨우침은 상당히 다른 방향이었다. 밖에서 한류를 다시 살펴보니 케이팝이 여러 국경을 넘어선 전 지구적 문화교류와 교차의 산물임을 알게 된 것이다.

케이팝은 가깝게는 일본 대중문화로부터 틀을 가져왔고, 1980~1990년대 홍콩문화의 정서와 미국 및 유럽의 콘텐츠를 기반으로 하고 있다. 또한 한국, 일본, 홍콩, 대만의 대중문화가 자유를 얻고 꽃피우기까지 아시아의 희생과 역사적 비극이 얼마나 많았는지도 새삼 깨달았다. 아시아 10대, 20대 청춘들의 열광적 지지도 마찬가지다. 아시아 각국의 인재들도 속속 케이팝 월드에 참여하고 있지 않은가?

한국문화가 우월해서라기보다는, 우리가 1990년대 초반에 홍콩문화에 열광했듯이 우리나라의 순서가 자연스럽게 찾아왔는지도 모를 일이다. 문화라는 것이 원래 그런 것 아닐까? 우리가 민주주의와 개방성을 계속 유지한다면 케이팝의 미래는 오래 지속되겠지만, 사실 필자의 솔직한 심정은 아시아에 한국보다 더 개방적이고 혁신적이고 민주적인 사회가 빨리 출현해 케이팝의 지위를 앗아갔으면 좋겠다는 생각조차 들 정도다. 아시아 전체로 볼 때 케이팝은 하나의 과도기적 현상이지만 우리가 경쟁에서 유리한 위치를 선점하고 있는 것은 사실이고, 우리는 현재 우리가 가진 대중문화 역량을 자랑해도 좋을 것이다.

PS

2019년 봄 싱가포르에서 엄청난 웃돈을 주고 BTS 콘서트를 구경했다. 필자가 싱가포르에서 누린 가장 큰 사치 중 하나였다. 너무 멀어서 멤버들의 얼굴 형태조차 보이지 않았지만, 그 뜨거웠던 현장의 분위기를 느낀 것만으로도 엄청난 영광이었다.

샤이니 종현의 죽음,
스포티파이, BTS

샤이니 멤버 종현을 추모하는 서울 시내 광고판

2017년 12월 샤이니 종현의 죽음을 추모하기 위해 모여든 싱가포르 팬들

2019년 1월에 열린 싱가포르 BTS 콘서트 현장

싱가포르의 인구구성비는 중국계 74, 말레이시아 15, 인도 9, 유럽 2 정도로 추산된다. 그런데 이것은 약 100만 명에 달하는 고급 외국인 장단기 노동자와 매일 국경 너머로 출퇴근하는 20만 명 정도의 말레이시아 노동자를 제외한 구성비다. 싱가포르에 장기 거주하는 한국인만 해도 최소 2만 명은 되고 약 0.4퍼센트 비중을 차지하지만 인구통계에는 반영이 안 된다. 그런 의미에서 개인적 감에 의지해 수치를 대략 보정하면 중국계 60, 말레이시아-아세안 20, 인도 10, 유럽-아프리카 5, 한중일-동북아 5 정도 되지 않겠나 생각한다. 굉장히 흥미로운 인종적 테스트 베드가 되는 셈이다.

예를 들어 최신 한류음악의 전 세계 트렌드를 알고 싶다면 스포티파이 싱가포르 채널의 케이팝 차트나 글로벌 차트를 보면 된다. 스포티파이는 전 세계 최대의 PC 기반 온라인 음원 사이트다. 가격이 저렴하고 전 세계의 거의 모든 음원이 있어서, 필자도 2년 가까이 잘 사용했다. 싱가포르 시장은 중국 및 아세안 시장과 미국 시장의 짬뽕이라고 보면 크게 틀리지 않는다. 묘한 접점이 있다. 싱가포르의 넷플릭스 순위도 의미가 있다. 중국인의 취향, 아세안의 풍토, 서구 시장의 트렌드까지 전부 반영된 것이 싱가포르 차트다.

패닉에 빠진 청소년들

필자는 적어도 2009년부터 케이팝의 글로벌화에 특별한 관심을 갖고 지속적으로 추적해온 팬보이 출신이다. 일찌감치 클리앙 소녀시대 팬카페를 거치고 투애니원과 트와이스를 에둘러 (여자)아이들에 이르는 대장정을 거치는 중인데, 케이팝이 아시아 사회에서 얼마나 중차대한 역할을 하는지를 체감한 순간은 2017년 12월 18일 샤이니 멤버 종현군의 자살 소식이 싱가포르에 전해진 순간이라고 해야 할 것이다.

당시 필자는 대학 캠퍼스에서 수업을 듣던 시절이어서 20대 대학생들의 움직임을 가까이 접할 수 있었다. 그 분위기를 묘사하자면 말 그대로 '패닉panic'에 가까웠다. 거의 모든 (여)학생들이 공용 PC로 종현군의 사망 소식과 장례식장 상황에 귀 기울이고 쑥덕쑥덕 한숨 지었다. 그의 죽음에 오열하는 학생들까지 있을 정도였다. 상당수의 젊은이들이 싱가포르 주재 한국 대사관 담벼락에까지 찾아가 눈물을 흘리고 길가에 조화를 쌓아놓았다. 팬들이 직접 움직여 자체 추모회와 영결식을 갖기도 했다. 종현군의 죽음은 NUS싱가포르국립대학교, National University of Singapore라는 거대한 캠퍼스를 뛰어넘어 아세안 전체의 10대, 20대 청소년들에게 상당 시간 동안 실질적인 영향을 주었던 것이다. 묘한 감정을 갖게 되는 순간이었다.

싱가포르와 아세안 언론들도 종현군의 죽음을 애도하고 비통해하는 팬들의 움직임을 매일 실시간으로 전할 정도였으니, 종현군의 사망사건은 필자의 3년 싱가포르 거주 기간 동안 트럼프-김정은 회동, 김정은의 핵미사일 위협에 이어 탑3 사건에 들어가는 특별한 기억이 되었다. 이 사건을 계기로 싱가포르 언론도 케이팝의 그늘과 부작용을 1년 가까이 집중적으로 보도하거나 기획물로 배치하기도 했다.

그런데 왜 샤이니였을까, 하는 궁금증이 들었다. 언젠가 기회가 있어서 학생들에게 물어본 적이 있는데, 시기적인 측면도 있어 보였다. 싱가포르에는 2005년 무렵 드라마를 통해 한류가 도입되었지만 10대 초반 청소년들로까지 확산된 것은 2010년 무렵이었다. 그런데 샤이니는 2008년에 데뷔해 9년째인 2017년에 종현군이 세상을 등졌으니, 사실상 샤이니는 싱가포르 케이팝 팬들에게는 데뷔 시절부터 함께 성장해온 1세대 아이돌에 속한다는 것이다. 샤이니는 2011년 싱가포르에서 단독 콘서트를 열기도 했다. 그러고 보면 SM엔터테인먼트의 동남아 시장에 대한 이해는 참으로 빨랐다. 그리고 샤이니, 슈퍼주니어, 소녀시대 등은 세계관으로 서로 연결되어 있기도 했다.

또한 샤이니가 보여준 새로운 차원의 군무, 보컬, 미래지향적인 음악성에 더 근본적인 원인이 있다고 보아야 할 것이다. 필자는 샤이니의 〈셜록〉을 가장 좋아하는데, 지금 봐도 샤이니, 특히 종현의 보컬은 특출난 데가 있다. 최근 그의 영상을 유튜브로 가끔 보는데, 무척이나 서글픈 감상이 든다. 재능이 참 많은 친구였고 너무 일찍 떠났다. 그리고 그의 죽음은 너무도 많은 청춘에게 우울함이라는 부작용을 안겼다. 청춘에게 우울함은 피할 수 없는 숙명 같은 것일까.

샤이니 이후의 BTS 광풍

샤이니는 종현군이 죽기 직전인 2017년 여름에 싱가포르에서 열린 KBS 《뮤직뱅크》 무대를 통해 싱가포르 팬들에게 인사한 적도 있다. 그런데 그 시점엔 이미 샤이니의 기세가 꺾이고 BTS의 시대가 열리는 중이었다. 모든 관심이 BTS에게 쏠렸다. 그런 아쉬운 마지막 만남 탓에 싱가포르 팬들이 더 슬퍼했는지도 모르겠다. 적어도 우리는 우리가 사랑하는 청춘스타들이 팬들과 함께 나이 먹어갈 거라고 기대하지, 갑작스레 세상을 떠날 거라고 예상하지는 않기 때문이다. 필자 역시 소녀시대를 거치고 트와이스를 지나왔지만, 관심은 줄어도 가슴 깊숙한 곳에 그들에 대한 지지와 연대감을 늘 갖고 있다.

한류 초기에는 주로 중국계 청소년들의 관심이 지대했다면, 최근엔 말레이시아-인도네시아 계에까지 확연히 퍼져나간 느낌이다. 인도계는 여전히 요지부동이다. 대중문화를 보는 감각이 살짝 다른 건 인정해야 할 듯싶다. 2018년 이후 케이팝 시장은 BTS와 그 나머지 가수들로 판도가 확 바뀐다. 아니, BTS 팬이 모든 케이팝 팬들을 합친 수보다 더 많아진 게 아닐까 싶을 정도로 BTS 신드롬이 아시아 전체를 강타했다. 그러던 중 2019년 1월 싱가포르의 5만 석 규모 스타디움에서 BTS의 야외 콘서트가 열리게 되고, 싱가포르는 그야말로 케이팝 열기의 최고조를 경험한다.

일단 티케팅. 5만 석에 티켓 가격은 14만 원부터 시작했다. 설마 5만 명 안에 못 들어갈까 싶었는데 정말 못 들어갔다. 알고 보니 1인당 4매까지 구입이란다, 젠장. 당시 필자는 싱가포르에서 딸아이와 단둘이 살고 있었는데, BTS 공연은 꼭 보여주고 싶어서 티켓 리세일 사이트에서 죽치고 기다리다가 가장 싼 28만 원짜리 티켓을 2장 구입하고 수수료까지 지불하니 60만 원이 들었다. 나 스스로도 미쳤다 싶었다. 젠장, 내 유학 생활 최고 금액의 지름이 방시혁과 티켓 되팔이에게 돈을 쏴주는 일이라니. 하지만 할 수 없는 일이었다.

2019년 1월 19일 공연 당일. 정말이지 미쳤다고밖에 할 수 없는 날이었다. 싱가포르와 아세안의 부잣집 소녀들이 총출동한 느낌. 5만 명의 아세안 팬들이 공연장에 들어가는 데만 6시간 가까이 소요됐다. 싱가포르는 원래 그런 나라다. 경기장 안전 유지, 테러 방지, 까다로운 입장 절차. 개인적으로 스타디움 공연은 비추다. 무대와 객석 간 거리가 너무 멀다. 그러나 그 또한 진성 팬들에겐 잊지 못할 추억이리라. 공연이 끝나고 너무나 힘겹게 지하철을 타고 집에 돌아왔다. 딸아이는 그 뒤로 BTS와 TXT의 진짜 팬이 되어 더 많은 돈을 빅히트에 쏟아붓고 있다. 이놈아, 좀.

PS

아시아에서 케이팝의 인기는 거품이 아니라 진퉁이라고 생각함(덕분에 아시아 팬들이 케이팝 스타의 잦은 방문을 진심으로 기다리고 있다. 다만 급상승하는 티켓값은 학생 팬들에게 높은 부담이 되기도).

왜 동남아는
블랙핑크에 열광할까?

YG엔터테인먼트가 배출한 세계적 여성 그룹 블랙핑크 출처: 위키피디아

블랙핑크의 태국 출신 멤버 리사 출처: 위키피디아

방콕은 아시아의 대표 관문이다. 한국에서 여행깨나 했다는 사람치고 방콕의 카오산 로드에서 놀아보지 않은 사람을 찾기 힘들다. 한때 인천공항에 저가 노선이 부족할 때는 무작정 방콕으로 간 뒤 거기서 유럽이나 여러 아태 지역으로 이동하는 것이 유행이었다. 유럽인들도 마찬가지다. 일단 방콕에 도착해 캄보디아, 베트남, 일본 또는 호주로 가는 식이다. 방콕은 사실상 아시아에 들어서기 위한 플랫폼 역할을 해온 것이다.

여기에는 지리적 요인도 있겠지만, 서구와의 오랜 교류가 빚어낸 결과라고 해야 할 것이다. 더 중요한 건 태국이 유럽 제국의 식민지 노릇을 용케 피했다는 점이다. 필자가 한번은 태국의 한 외교관과 이 주제로 토론을 벌인 적이 있는데, 그는 "태국의 오랜 문명과 관료들의 지략이 빚어낸 위대한 승리"라고 답했다. 반신반의했지만 한편으론 부럽기도 했다. 아시아에서 외세의 지배를 피한 나라는 일본과 태국이 유이唯二하니, 이런 자부심은 백번 지당하다. 자연스레 태국은 서구와 대등하게 문화교류를 해왔고, 동아시아 제2의 문화대국이라는 영광을 오랫동안 누려온 것이다.

태국의 대중문화 역량을 과소평가하는 사람이 많은데, 과장이 아니라 최소 20세기까지는 태국이 한국을 앞섰다고 봐야 한다. TV, 음반, 광고, 영화 등 거의 모든 분야에서 태국의 국제화 경험이나 아티스트 수, 시장의 규모만 봐도 한국을 경쟁상대로 보기엔 애매한 측면이 있었다. 심지어 음반 산업의 규모만 보아도 태국의 그래미 레코드사는 2000년대 중반까지 한국의 대형 엔터테인먼트 3사를 압도했었다.

한류의 공습

2005~2006년에도 존재감이 미미하던 케이팝은 2010년 필자가 레드셔츠 취재를 위해 방콕을 방문했을 당시에는 이미 폭발해 있었다. 당시 시내에 사제 폭탄이 터지고 북부지방에서 상경한 3만 농민 시위대가 실롬가 네거리를 점령해 어수선한 상황에서도, 상당히 많은 상점에서 케이팝 그룹인 카라, 2PM, 동방신기의 노래가 일상적으로 흘러나왔다. 특히 태국 출신의 닉쿤은 '왕자님' 소리를 듣고 있었다. 케이팝의 높은 인기는 당시 적잖은 태국 음악인들을 혼란에 빠뜨렸다. 대중음악의 최대 소비자인 10대들이 순식간에 케이팝에 빨려들어갔기 때문이다.

필자가 작정하고 방콕으로 케이팝 취재를 간 건 2011년 여름이었다. 그때 부산외대 태국어과 출신으로 방콕에서 엔터테인먼트 사업을 하는 박진아 대표를 만날 수 있었다. 당시에는 수많은 케이팝 그룹이 방콕 공연에 나섰고, 동시에 태국의 수많은 젊은이들이 넉쿤을 따라 케이팝 시장으로의 진출을 꿈꾸고 있었다. 박대표는 이 두 가지 흐름이 결국 하나로 정리될 거라고 내다봤다.

"태국 젊은이들이 케이팝에 열광하는 것은 양국 모두를 위해 고무적인 현상이라고 봅니다. 하지만 태국의 문화적 역량, 소년소녀들의 신체적 조건과 진정성 등을 고려한다면 태국이 언제까지나 한국을 모방하기만 하지는 않을 겁니다. 케이팝에 태국적 요소가 들어가고 더불어 태국 팝이 케이팝과 경쟁하는 시대가 조만간 올 거예요."

필자가 살펴본 태국 대중문화산업은 실로 인상적이었다. 중국계와 타이족이 적절하게 섞인 미소년 미소녀들은 세련된 무대매너와 탁월한 신체조건, 다국적이고 신비로운 이미지를 갖고 있었다. 게다가 그들은 세계적 스타가 되고 싶다는 야심도 있었고, 그 과정에서 아시아에서 가장 뛰어난 음악이 케이팝이라는 것을 단박에 알아챌 정도로 문화적 감식력도 뛰어났던 것이다.

리사, 라리사 마노반

2000년대 아시아 전역서 폭발한 케이팝 열기와 국제도시 서울이 빚어낸 대형 사건이 바로 YG의 보석 블랙핑크다. 블랙핑크는 데뷔 때부터 센세이셔널하고 파격적이었다. 그들은 대놓고 글로벌을 지향한 국내 최고의 프로듀서 중 한 명인 테디의 야심 찬 프로젝트였다. 이 네 명의 멤버로 그룹이 구성되기까지 우여곡절이 있었겠지만, 1997년생 태국인 멤버

리사는 블랙핑크 데뷔로 치열했던 5년간의 연습생 생활에 종지부를 찍는다.

리사는 한국의 메이저 엔터테인먼트 회사에서 데뷔한 첫번째 태국인(여성) 가수다. YG는 2010년 경쟁률 4000 대 1의 방콕 오디션을 통해 그녀를 선발해 2011년부터 육성했다. 그녀의 데뷔는 적어도 2005년부터 시작된 케이팝의 태국 내 인기, 나아가 동남아에서의 인기를 상징하는 대표적 사건이었고, 태국인들에게는 자신들이 그렇게 선망했던 케이팝 무대에 자기들 또래이자 친구인 '라리사 마노반'이 다른 케이팝 가수들과 동등한 자격으로 서게 되었음을 뜻했다. 다시 말해 태국 젊은이들이 꿈꾸는 세계적 태국인의 상징이자 신세대 글로벌 인재의 대표 격이었다. 어찌 열광하지 않을 수 있겠는가?

이런 감정은 베트남과 인도네시아, 나아가 말레이시아와 미얀마에서도 똑같았다. 아세안 사회에서 태국이 가장 선진국으로 불려온 건 사실이지만, 태국의 역사가 인접 국가들을 매번 압도한 것은 아니었다. 베트남은 태국의 오랜 라이벌이고, 말레이시아와 인도네시아는 진성 라이벌이다. 심지어 미얀마는 자국의 역사가 태국보다 더 위대하다고 늘상 자랑한다. 그런데 놀랍게도 리사 이슈에서만큼은 대동단결했다. "리사는 태국인이자 동시에 아세안인이다."

태국의 딸이 해냈다면 조만간 본인들의 차례도 올 거라는 기대감도 깔려 있을 것이다. 확실한 건 리사는 태국의 자랑이자 아세안의 자랑이 되었다는 것. 이런 표현이 낯간지럽고 국가주의적이라고 욕해도 어쩔 수 없다. 동남아시아 젊은이들이 얼마나 세계무대로 진출하고 싶어하는지,

올림픽에서 금메달을 따고 월드컵에 진출하고 싶어하는지 몰라서 하는 말이다. 아세안 젊은이들도 한국처럼 야심만만하고 능력 있으며 우리와 똑같은 세계화의 플랫폼 위에 서 있다. 리사는 적어도 그런 욕망을 대변해주는 역할 모델인 것이다.

아세안에 대한 비하

이 같은 과정에 갈등이 없었던 것은 아니다. 태국인은 한국 사회에서 소수 그룹에 속한다. 한국이나 일본에서 폼 나는 화이트 컬러 직업을 가진 태국인은 극소수다. 대부분 태국 식당이나 마사지업계에서 일한다. 이는 태국의 오랜 양극화 경제가 낳은 병폐에 가깝다. 젊은 태국인들이 그런 사실을 모를 리 없다. 한국에 유학 왔다가 차별을 견디다 못해 돌아가기도 하고, 한국 입국에 실패해 발을 동동 구른 사례도 부지기수다. 그래서 자신들의 자존심인 리사만큼은 지키고 보호하려고 한다.

태국 팬들은 YG가 혹은 방송 카메라가, 심지어 스타일리스트가 한국인 멤버 제니, 지수, 로제에 비해 리사를 차별하거나 그런 낌새가 비치지 않는지 깐깐하게 감시하고 견제한다. 신곡 뮤직 비디오에 등장하는 분량까지도 일일이 비교해 견제구를 날릴 정도다. 우리가 리사를 일반적인 한국인이 동남아인을 대하듯 대접한다면 전쟁까지도 불사할 기세다. 리사는 절대로 그냥 리사가 아니다.

블랙핑크의 세계화

필자는 태국의 이런 케이팝 사랑 및 리사에 대한 지원이 블랙핑크를 세계적 그룹으로 만든 원동력이라고 생각한다. 아시아의 관문인 태국에서 케이팝을 선택했다는 것은 더 넓은 세계로 뻗어나가라는 무한한 격려이기도 하다. 동시에 한국이라는 나라는 세계무대 진출로 통하는 너무도 적절한 지름길로 확인되었다. 한국에서 활동하는 것 자체가 글로벌 무대로의 진출 가능성을 의미하게 된 것이다. 아시아 시대의 뚜렷한 징후다.

태국과 동남아에서의 블랙핑크의 폭발적 인기와 굳건한 지지가 블랙핑크의 세계적 아티스트로의 성장에 대한 직접적인 물적증거라고 주장하는 데는 무리가 있을지 모른다. 그러나 6억 아세안 사회의 리사에 대한 기대와 사랑이 이 팀과 케이팝, 한류문화 전체에 긍정적인 영향을 미쳤음은 확실하다. 나아가 이를 계기로 한국의 청춘들도 태국과 아세안을 친구이자 동등한 경쟁자로 인식하게 될 것이다.

PS

1. '동남아스럽다'는 표현이 앞으로는 '리사스럽다'의 뜻과 같아지면 좋겠다.

2. 참고로 필자의 바이어스는 로제임. 물론 멤버 넷 다 좋아함.

케이팝의 사상:
공정거래, 복제권장

2012년 이후 연예기획사들의 노예계약 관행 근절에 나선 공정거래위원회

중국과 태국 멤버가 포함된 다국적그룹 (여자)아이들 출처: 위키피디아

필자가 최근 강력하게 밀고 있는 (여자)아이들이 2020년 7월 초 신곡 〈덤디덤디〉로 컴백했다. 그래서 필자도 컴백 직후 조금은 분주한 시간을 보내고 있다. 유튜브 조회수는 잘 나오는지, 어느 나라에서 반응이 좋은지, 이번 노래에 대한 평가는 어떤지, 팀 케미는 계속 좋은지…… 다행스럽게 노래가 무척 밝고 신나면서도 절제를 잃거나 경박하지 않아서 좋다. 프로듀싱을 맡은 전소연(22)이라는 친구의 능력에 매번 감탄하면서도, 혹시나 멤버 한 명의 천재성에 과잉 의존해 팀 케미가 나빠지지는 않을까 살포시 걱정되긴 한다. 다행스럽게 아직까지는 훌륭하다.

이렇게 팬심이 담긴 글을 쓰는 이유는 순전히 페친들에게 '영업'을 하기 위함이다. 더 많은 대중이 (여자)아이들의 진가를 알면 좋겠다. 케이팝의 가장 중요한 정신은 팬들의 이런 '자발적 영업'에 있다고 믿는다. 좋은 것을 서로 권하고 더 좋은 작품이 탄생하기를 기원한다. 긍정의 확산이다. 자신이 좋아하는 그룹이 빌보드에도 진출하고 음악적으로 더 큰 진보를 이루기를 팬들이 합심해서 기원하는 것이다. 그러라고 앨범도 사주고 콘서트에도 간다. 단순한 애정이 아니라, 아티스트와 팬이 합심해서 서로의 발전을 이뤄가는 것이다.

케이팝 그룹의 인성과 윤리

외적 성장에만 중점을 두는 것도 아니다. 팀의 조화와 친목에도 중점을 둔다. 한국 소비자는 상당히 윤리적이다. 10년 전 '티아라'라는 걸그룹이 신입 멤버 왕따와 괴롭힘 논란으로 단박에 정상에서 밀려났다. 최근에 설현이 속한 걸그룹 AOA도 팀 내 갑질 논란으로 8년간 쌓아온 명성이 크게 손상되고 말았다. 소비자들은 멤버들의 학창 시절 품성까지 추적하며 그룹의 기강 세우기에 나선다. 상호견제다. 스타에게 모든 권력을 주지 않는다.

이에 따라 기획사의 전략도 대폭 수정되었다. JYP의 박진영 프로듀서는 10년 전 "인성도 평가대상으로 삼는다"는 획기적인 전략을 활용해 중견 기획사에서 톱 기획사로 수직 상승했다. 케이팝 시장의 질적 변화를 간파했던 것이다. 트와이스 멤버 9명이 국적에 관계없이 꽁냥꽁냥 노는 모습에 전 세계 한류 팬이 열광한 것도 그 때문이다. 보여주기식 '쇼윈도 친목질' 논란도 있다. 괜찮다. 인간 본성의 심연까지는 아무도 확신할 수 없는 법이니까. 다만 오래 활동하면 티가 나고 팬들은 금방 간파한다.

복제가 쉬운 케이팝?

10대 후반~20대 초반의 소년소녀가 중심이 되는 케이팝 산업은 현재 아시아에서 가장 각광받는 한류의 중심 파트다. 대략 척추 정도에 해당한다. 음악이라는 분야는 쉬워 보이면서도 어렵다. 3분짜리 노래 하나로 수억 명 소비자를 사로잡을 수 있고 수백억 원의 가치가 발생한다. 3분짜리 노래와 뮤직비디오가 전부라면 못 따라 할 리 없다. 중국 자본도 일본 기획사도 아세안의 여러 방송자본도 무척이나 따라잡고 싶어한다. 하지만 절대 쉽지 않다. 한국이니까 가능했던 거다.

필자는 매우 오래전부터 '제도주의' 관점에서 케이팝의 질적 변화를 추적했는데, 2000년대 후반 한국 연예계에 정착하기 시작한 7년짜리 공정위 표준계약서가 그것의 근간이 되었다고 본다. 기획사와 연예인 간에 7년이라는 계약기준이 세워지고 FA자유계약 룰이 만들어지면서 노예계약이라는 악습이 서서히 줄어들었다. 비단 케이팝 시장의 발전이라기보다는 케이팝이 한국 사회의 진보 덕을 누렸다고 보는 게 옳다.

중국이나 일본, 아시아 대부분의 나라에서는 모두 개인이 약자의 위치에 선다. 개인이 기업이나 정부에 쉽게 저항하지 못한다. 자연스레 연예산업은 권력자들의 놀이터로 전락하는 경우가 많다. 이런 정글의 법칙이 지배하는 잔혹한 놀이터에 10대 중후반의 소년소녀를 갖다바치는 강심장을 가진 중산층 부모는 세계 어디에도 없다.

일본과 중국, 아세안의 10대 청소년들이 한국 연예기획사에 밀물처럼 몰려드는 이유는 단지 돈을 벌고 싶은 욕망 때문만은 아니다. 한국의 시스템과 사회진보에 대한 믿음 때문이라고 본다. 트와이스의 일본인 멤버

미나, 사나, 모모가 이미 2013년 무렵에 한국으로 건너왔다는 건 대단한 사건이다. 그들과 그들의 부모님들이 한국의 시스템을 크게 신뢰했다는 얘기다. 그들이 꿈을 이뤄가는 모습은 아시아 10대들에게 아시아에서도 인격적인 성공이 가능하다는 무한가치와 긍정의 메시지를 전달했다. 한때 일본에서 크게 성공했던 '엔카의 여왕' 계은숙 씨는 빈털터리로 한국에 돌아와 그리 행복하지만은 않은 인생 후반기를 보내는 중이다. 이는 가수의 잘못이 아닌, 일본 사회가 그만큼 후진적이라는 예시가 된다.

공정 방송

케이팝의 부흥을 논할 때 한국 방송계의 질적 변화도 중요한 관전 포인트다. 음악산업은 팬들의 음반 구매로만 결정되는 시장이 아니다. 공중파 미디어의 힘이 절대적이다. 방송 3사가 매주 수준 높은 음악방송을 만들어 해외에도 송출하고 유튜브로 무료 배포한 것이 케이팝 중흥의 결정적 포인트다. 전부 국민의 세금으로 한 것이니 방송사와 국민 모두 케이팝 부흥에 지분이 상당하다 하겠다.

어느 나라나 방송은 권력자의 소유이고 방송 관계자들이 사유화한다. 부패하기 너무 쉬운 영역이다. SM엔터테인먼트의 이수만 회장이 방송사 PD들에게 뒷돈을 준 혐의로 검찰수사를 받고 해외로 도피한 것이 불과 2000년대 초반 얘기다. 당시만 해도 방송 권력은 연예기획사를 하청업체 정도로 보았더랬다.

지금도 중국이나 동남아에서는 방송 권력에 문제가 많고, 방송의 힘을 이용하는 정치꾼들도 적지 않다. 자연스레 예능과 음악 방송에 공정성이 확립되기 힘들다. 한국 방송업계 역시 욕을 많이 먹고 2019년에 논란이 된 CJ의 《프로듀스 101》 비리사건도 있었지만, 그럼에도 질적으로 상당히 투명해졌고 많은 감시를 받는다. 결국 케이팝은 민·관·개인이 촘촘하게 뒤엉킨 한국 사회의 구조적 기능과 진화에 막대한 영향을 받으며 성장한 셈이다. 그래서 케이팝은 쉬이 복제하기 힘든 산업이 된다. 중국에서 아무리 예쁘고 재능 있는 초특급 인재를 모아서 지옥훈련을 시킨다고 해도, 절도 있는 퍼포먼스야 나오겠지만, 케이팝이 보여주는 행복한 표정과 대범한 음악적 시도는 불가능하다.

국적과 포용성

케이팝이 위대한 또 하나의 이유는 국적을 뛰어넘는 범아시아적 발상에 있다고 본다. 앞서 언급한 (여자)아이들이라는 걸그룹은 한국인 3명, 태국인 1명, 중국인 1명, 대만인 1명으로 이루어졌다. 무척이나 상상하기 어려운 조합인데, 이 젊은 외국인 친구들이 2~3년 만에 상당히 뛰어난 수준의 한국어를 완성해, 국내 활동은 100퍼센트 한국어로만 한다. 6명이 각자의 개성을 발휘하고 서로의 단점을 보완한다. 태국인 멤버 민니는 음악성이 뛰어난 음색장인이고, 중국인 멤버 우기는 털털한 예능감이 일품이고, 대만에서 온 슈화는 꽤나 돋보이는 청순미와 개그감으로 존재감을 발휘하는 방식이다.

아시아에 대한 담론을 글로 쓰는 필자 입장에서는 케이팝보다 더 상징적인 상품이 없다. 미국이나 영국에서도 수많은 그룹사운드와 밴드가 탄생해왔지만, 케이팝처럼 다양한 국적으로 팀을 이뤄 팀 내의 친목을 중시하는 시장에서 성공을 일궈낸 사례가 있나 싶다. 케이팝은 명실상부 아시아를 대표하는 음악시장이며, 영미 팝의 하위 소수 장르가 아니라 점차 메이저 장르화하고 있다. 이 같은 성공에 이끌려 지금도 수많은 청년인재들이 케이팝 시장 진입을 꿈꾸고 있다.

케이팝, 한국의 질적 성장지표

케이팝은 혼자서 발전해 어느 순간 하늘에서 툭 하고 떨어진 게 아니다. 정치개혁에서 시작해, 검찰개혁과 방송 민주화는 물론이고, 우리 사회 전 분야에서 꾸준히 진행돼온 여러 개혁과 투쟁 및 타협의 산물에 가깝다. 케이팝뿐만 아니라 드라마, 영화, 웹툰, 게임 등 문화예술산업 전체가 동일한 혁신의 구조 위에 놓여 있다고 보면 된다.

이것이 중국과 일본에 하루빨리 케이팝을 베끼라고 격려해줘야 하는 이유다. 가능하면 모든 것을 오픈하고 그 비법을 알려줘야 한다. 공정한 방송을 만들고, 기획사가 노예계약을 하지 못하게 규제하고, 연예인들이 저작권으로 천문학적 재산을 벌게 하고, 다시 그것을 좋은 일에 쓰게 만드는 시스템을 전파하는 것이 케이팝 시장의 의미이자 미래라고 생각한다.

PS

케이팝이 다양한 국적의 인재들을 영입하는 것은 한국 사회의 또 다른 변화의 촉매제이면서 동시에 전 세계 케이팝 유저들에게 상징하는 이미지가 적지 않다고 생각함. 21세기판 인종 및 문화 화합의 가장 이상적인 모델이자 중국이나 일본과 다른 방식의 세계화임.

레드벨벳의 즐거운 도발과
한류의 생산력

한류를 선도해온 SM엔터테인먼트의 여성 그룹 레드벨벳

전원 일본인으로 구성된 JYP의 케이팝 그룹 니쥬NiziU

필자는 한국을 떠나기 직전까지 트와이스와 블랙핑크의 팬이었지만, 최근엔 레드벨벳(SM엔터테인먼트)과 (여자)아이들(Cube 엔터테인먼트), 오마이걸(WM 엔터테인먼트) 등으로 관심의 폭이 확연히 넓어졌다. 케이팝에 별 관심이 없는 분에게는 따로 설명이 필요할 텐데, (여자)아이들과 오마이걸은 지난해 《퀸덤》이라는 TV 경연 프로그램에서 미친 듯한 퍼포먼스를 펼쳐 주목을 끈 신예그룹이고, 레드벨벳은 지난 6년간 케이팝 여성 아이돌을 대표해온 그룹으로, 지난해 〈사이코Psycho〉라는 노래로 기량과 완숙미를 만개시켜 다시금 전성기를 맞이하고 있다.

개인적으로 〈사이코〉는 케이팝이 이뤄낸 예술성의 한 정점이라고 생각한다. 완만한 템포로 감정선을 완벽하게 절제하다가 끝에 가서 참던

감정을 터뜨리는 순간 필자 역시 감동의 눈물을 흘렸는데, '어라? SM엔터테인먼트가 어떻게 이런 노래를?' 하는 의문까지 들 정도였다. 예전의 SM이라면 불가능했을 텐데 어떻게 반전이 가능했을까 감탄했다. 반면 (여자)아이들은 전소연이라는 멤버의 '천재성'에 기반을 두고 있기 때문에 소속사가 중요한 요소는 아니었다. 자신들의 세계관을 완벽하게 잡아간 오마이걸의 꾸준한 명곡 생산 기세도 무섭다. 전체적으로 케이팝 여성 아이돌의 세계관이 넓고 깊어지면서 보다 많은 팬덤을 형성하고 있는 점이 인상적이다

복제 가능성과 기술유출?

최근 JYP엔터테인먼트에서 런칭한 니쥬NiziU라는 10대 일본인 걸그룹이 일본에서 선풍적인 인기를 끌면서 국내 케이팝 팬들 사이에 '제이팝 or 케이팝' 논쟁이 있었다. 많은 팬들이 "박진영이 일본에 좋은 일만 해준다"며 기술유출 논쟁을 벌인 것이다. 일종의 문화민족주의인 셈인데, 문화산업도 일종의 산업인지라 많은 애국자들이 한류의 기술유출을 염려하고 나선 것이다. 현재 문화예술시장판이 어떻게 돌아가는지에 대해 시사하는 바가 크다.

필자는 니쥬가 당연히 '케이팝 걸그룹'이라고 생각하지만, 많은 팬들이 그렇게 생각하지 않는 것 같다. 일본의 자본과 일본의 언어로 일본시장을 겨냥해 만들어졌기 때문에 제이팝으로 받아들인 것이다. 다시 말해 '케이팝'의 핵심기술이 한국에 있고, 그것을 외국의 누군가가 베껴갈 수 있다고 믿는 것 같았다. 과연 그럴까?

기술유출로 말할 것 같으면, 지금도 쉬지 않고 이루어지고 있는지도 모른다. 어차피 대중문화라는 것은 눈에 보이는 것이 대부분이다. 중국과 동남아시아는 케이팝의 주요 소비국이면서 가장 빠르게 기술을 베끼는 카피 국가들이다. 그 속도와 능력이 얼마나 대단하냐면, 베트남과 인도네시아, 태국 등지에서는 한국이 만든 인기 뮤직비디오의 안무와 패션, 헤어스타일, 심지어 카메라워크까지 컷 단위로 분석해 최대한 빠르게 비슷한 영상물을 쏟아낼 정도가 됐다.

베끼는 데 있어서 중국이 빠지면 섭섭하다. 근래에 중국의 산업계가 지속해온 복제와 흡수 능력은 그야말로 분야를 가리지 않는다. 스리슬쩍 소리 없이 한국의 최신 문화상품에 '메이드 인 차이나' 딱지를 붙이는 데 주저함이 없다. 게다가 한국과 인종적·문화적 특성도 엇비슷해 제3자가 구분하기도 쉽지 않다. 그렇다면 이제는 기술과 자본이 문화산업의 핵심역량이 된 것일까? 기술을 꽁꽁 싸매고 자본유입을 막으면 문화경쟁력이 항구적으로 유지되는 것일까?

레드벨벳의 유닛 실험: 놀이

2019년 말 〈사이코〉 발표 직후 레드벨벳은 예상치 못한 불운을 겪었다. 웬디의 예기치 못한 부상으로 완전체 활동이 불가능해졌다. 5인조 그룹에서 1명이 빠져 4명으로만 활동해야 하는 상황이 온 것이다. 이때 SM은 과감한 시도에 나선다. 무대장인 슬기와 아이린의 2인 유닛으로 어려운 시기를 극복하려는 시도를 벌인 것이다. 2020년 여름 초입에 발표한 〈몬스터〉가 그 첫번째 작품이었고, 두번째 작품인 〈놀이Naughty〉 역시 7월에 공개됐다.

필자는 이 〈놀이〉라는 노래를 케이팝 안무장인들이 탄생시킨 또 하나의 정점으로 평가하고 싶다. 안무를 뒷받침하는 카메라 무빙이 완벽하고 편집도 역동적이다. 최근 케이팝 업계가 고예산으로 화려한 뮤직비디오에 집중하는 경향이 많은데, 레드벨벳은 이와는 정반대의 길을 선택한 것이다. 흥미로운 점은 음악이나 뮤직비디오에 사용된 특수효과가 아니라, 극악의 고난도 안무였다.

전 세계 케이팝 컬처의 가장 큰 특징은 원곡의 안무를 따라 하는 '커버댄스' 문화라고 해도 과언이 아니다. 누가 먼저, 보다 멋지게 원곡의 안무를 카피해내는지가 팬들 사이에서 뜨거운 경쟁 포인트가 되었다. 그런데 레드벨벳은 '이렇게 까다로운 안무도 따라 할 수 있겠어?'라며 전 세계 팬들을 도발(?)한 것이다.

〈놀이〉 뮤직비디오를 보신 분들은 알겠지만, 여기에는 극악의 고난도 안무가 사용되었다. 웬만한 댄스가수들도 쉽게 소화하기 힘든 보깅, 와킹, 터팅이라는 복잡한 손동작을 이용한 스트리트 댄스 안무가 대거 사용된 것이다. 담당 안무가에 따르면, 노래에 맞춰 안무를 개발하는 데만 2개월이 걸렸고 2명의 아티스트가 안무를 습득하는 데만 4개월이 걸렸다고 한다. 노래 한 곡의 춤을 완성하는 데 반년의 시간과 인력을 투자한 것이다. 수지타산이 쉽사리 맞지 않는 사업이다.

실제로 뮤직비디오가 발표되고 2~3일이면 엇비슷한 수준의 커버댄스가 올라오던 전례와 달리, 이 노래는 2~3주가 지난 뒤에야 해외 팬들과 전문 댄서들의 커버댄스 영상이 올라왔다. SM 입장에서는 노래 제목

〈놀이〉처럼 팬들과 일종의 흥미로운 상호작용 실험을 한 것으로 보인다.

SM: 최대한 어렵게 만들어봤는데, 이래도 따라 할 거야?

해외 팬들: 물론이지, 멋지기만 하다면 당연히.

압도적 품질과 생산속도

문화라는 상품시장에서는 외부로 드러나는 외형을 제3자가 모방하는 것을 막기가 사실상 불가능에 가깝다. 문화라는 상품은 그 본질상 남이 따라 하기 좋도록 멋지게 다듬어졌기 때문이다. 특히 음악이나 영화 등의 디지털 복제가 더욱 쉬워진 21세기에 그 확산속도는 전과 비교할 수 없을 정도로 빨라졌다.

하지만 절대 복제할 수 없는 영역도 있다. 바로 해당 가수들이 이제까지 쌓아온 '세계관', 즉 그들이 만들어낸 멋짐(예술성)의 세계다. 과거에는 아티스트 개인의 존재 자체만으로 차별점이 충분했지만, 이제는 거기에 더해 압도적 품질과 빠른 생산속도 역시 꼭 필요해졌다. 레드벨벳의 2인 유닛 아이린 & 슬기가 뮤직비디오 안무에만 무려 반년을 투자한 것처럼, 1등을 지키기 위한 투자와 노력의 범위가 훨씬 더 커지고 넓어진 것이다.

그 우위를 가능케 하는 것은 SM엔터테인먼트가 구축한 엄청난 '창의력 공장', 즉 생산라인일 것이다. 작사작곡에서 시작해 안무와 댄스, 패션과 스타일, 나아가 뮤직비디오 제작과 마케팅 기획에 이르기까지 전 분야에서 수십수백 명의 전문가들이 협업을 하고, 그 자체가 하나의 '상품'이자 '경쟁력'이 된 것이다. 문화시장에서의 경쟁력이 결코 겉으로 드러나는 행태적인 측면으로만 결정될 수 없다는 얘기다. 또한 이것은 특허로 전부 보호받을 수 없고, 저작권법이나 인력유출 금지로도 막을 수 없는 문제가 된다.

문화예술시장의 기술은 숨긴다고 숨겨질 수가 없다. 누구라도 간단히 알 수 있고 따라 하기 쉽다. 하지만 남들에게 자랑스럽게 공개하고 보고 베끼라고 미래의 방향을 제시하는 것은 결코 쉽지 않다. 개방과 복제를 두려워해서는 1등이 될 수 없다는 얘기다. 따라서 국내 연예기획사가 일본어나 현지 언어로 특화된 케이팝 그룹을 만드는 것이 기술유출일 리는 없다. 일본과 중국, 동남아 국가들이 아무리 베껴대도, 그보다 더 멋지고 쿨한 것을 만들어낼 수 있는 힘은 결국 한국 사회 전반에서 나오기 때문이다.

PS

1. 한국 엔터테인먼트사의 해외진출은 언제나 축하하고 격려해주는 게 옳다.
2. JYP의 니쥬는 케이팝 시스템이 만든 케이팝 아이돌로 보는 것이 합당함.

팬덤 비즈니스:
진정한 시장 왜곡자는?

BTS 글로벌 팬들의 응원 모습 출처: 위키피디아

팬fan이라는 건 어디서나 그리 높은 평가를 받지 못하는 것 같다. 아예 '빠'라는 공식 혐오명칭까지 있을 정도다. 보통 '빠'는 무식하고 광적인 지지 그룹을 의미하고, 시장을 왜곡하는 품위 없는 존재로 격하되기 마련이다. 연예계에선 가끔씩 그 열정이 미화되기도 하지만, 정치판에선 그야말로 공공의 적이다.

예전에 이회창 후보가 선거유세 기간에 젊은 사람들이 쓰는 말을 해보겠다고 "빠순이들 오셨어요"라고 말했다가 좌중과 기자들이 싸늘해진 웃지 못할 사건도 있었다. '빠'의 부정적인 의미를 모르고 한 말이리라.

그런데 기업활동의 궁극적인 목적은 '팬 기반 비즈니스'를 만드는 것이다. 영어로 'fan-based business'다. 애플은 제품 출시 전부터 애플 마니아들을 매장 앞에 줄 서게 만들어 삼성 관계자들의 부러움을 샀다. BTS의 월드투어 콘서트는 어땠나? 소녀 팬들이 무대가 잘 보이는 앞자리를 차지하기 위해 3박 4일을 야영하기도 했다. 특정 상품과 브랜드에 광적인 팬이 있다는 것은 기업활동의 궁극적 이상에 가깝다.

정치와 팬

필자는 고등학생이던 1992년 무렵 대선 보도를 접하며 심각한 고민에 빠진 적이 있다. 혹시 김대중은 대통령병 환자가 아닐까? 왜 질 것이 뻔한데 계속 선거에 나올까? 여론조사에서도 뒤지고, 나이도 많고, 언론도 호의적이지 않은데 왜? 이런 고민은 1995년 그가 복귀할 때도, 1997년 선거에서도 반복되었다. 김대중 지지자들은 광적이고 한을 품은 가난한 사람들이라는 인식이 횡행하던 때다.

2002년이 되니 '노빠'라는 표현이 등장했다. 그들이 중국 문화혁명 때의 '홍위병'과 비교되는 걸 보고 경악을 금치 못했다. 저 사람들은 적어도 그 홍위병들이 무슨 일을 했는지 알고 있을 텐데. 이건 아 다르고 어 다른 수준이 아니라, '아'와 '카타파'를 같다고 우기는 수준 아닌가? 너희는 고귀한 유권자가 아니라 고작 정치인의 팬이자 '빠'라는 낙인이었을 것이다. 무엇보다 정치는 대중문화보다 우월하다는 의식에서 나온 이미지 전략이었을 것이다. "야당 지지자들은 무식하고 정치인을 연예인 보듯 한다. 반면 우리 여당은 대부분 고시 출신의 엘리트들라고."

2018년경 싱가포르에서 한국 뉴스를 접하니, '문빠' 정도가 아니라 글로 적기도 민망한 'ㄷㄲㅁ', 'ㄷㅊ'이라는 노골적인 혐오표현이 메이저 매체에까지 왕왕 등장하더라. 정상적인 지성인이 그런 저급한 말을 사용할 수 있는지 심히 의심스럽다(개인적으로 이런 혐오표현을 쓰는 사람과는 인연을 끊는 중이다).

과거 한국 정치사와 언론사를 돌아보면 극우나 보수 세력에 대해 이런 혐오표현이 횡행하는 것은 본 적이 없다. 전두환이나 이명박, 박근혜 지지자들에 대해 그런 적이 있는가? 극우보수, 친일, 뉴라이트, 태극기부대, 군부 정도였다. 필자가 견문이 좁아서 그런지는 몰라도 그다지 혐오스러운 표현은 없었던 것 같다.

팬은 시장 교란자인가?

비단 한국만 그런 건 아니다. 아시아로 시각을 넓혀보면 이런 현상이 공통적이다. 미얀마 아웅산 수찌 여사의 광적인 팬덤이나 태국의 탁신 지지자들인 레드셔츠가 대표적이다. 이들에겐 '무식하고 폭력적'이라는 수식어가 따라다닌다. 어디나 그렇듯 상류층이나 공무원, 교수, 법조인 등 전문직 종사자들이 야당 정치인을 지지할 리 만무하다. 게다가 60년째 끄떡없는 정권이라면…… 야당 지지자는 대개 중산층 이하 농민과 서민, 가난한 지식인, 학생들이 주축이다. 이들에게 '광적maniac'이라는 이미지를 덧씌운 것이다.

필자의 진짜 고민은 '팬은 시장 교란자인가?' 하는 것이다. 예를 들어 아이돌 가수의 팬들이 총공격 날짜를 정해서 스트리밍을 하고 앨범을 구매하고 문자투표를 독려해 음악방송 순위를 올리는 행위와 민주당 지지자들이 그 어떤 갈라치기가 들어와도 문재인을 굳건히 지지하겠다고

하는 행위가 이른바 시장을 교란하는 나쁜 행위인가 하는 궁금증이다. 과연 그런가? 굳건하게 지지하는 것은 '빠'의 행위인가? 스밍과 총공은 나쁜가? 혹은 중립적인가? 그렇다면 팬이 하면 괜찮고 기업이 스스로 돈을 주고 하면 어째서 나쁜가? 이른바 마케팅 업체와 계약을 맺고 앨범을 사재기하거나 페이스북의 '좋아요' 개수를 늘리는 등 시장을 조작하는 행위는 왜 불공정거래의 사례가 되는가?(까딱하면 이렇게 가치관에 혼란이 올 수 있다. 팬이 하는 일은 불법이 아니라면 괜찮다. 그러나 기업의 자가발전은 사기다.)

팬은 죄가 없다

많은 사람이 동의하기도 하고 때로는 부정하기도 하는 것이 '정치 비즈니스'라는 표현이다. 경영학과 출신인 필자에게 정치는 당연히 비즈니스의 영역에 속한다. 1인 1표라는 민주주의 시장 공식에 맞춰 정치권이 표를 얻기 위해 마케팅 격전을 벌이는 시장이라는 얘기다. 당연한 이야기로 들리지만, 사실 이런 논리에는 반발이 더 심해 보인다. 아시아 정치에서 가장 논쟁적인 부분이기도 하다. 아시아의 정치 전통에서는 1인 1표의 대의 민주주의 역사가 짧고, 정치는 시장에서 벌어지는 행위가 아니라 엘리트들의 숭고한 결정 행위라는 믿음이 있는 것이다.

2차 세계대전 종전과 더불어 1948년을 전후해 1인 1표의 대의제 중심 헌법이 미국과 영국의 공화주의자들을 통해 아시아에 이식되었다. 그런데 아시아의 귀족주의자들에게 가장 불편한 대목은 '1인 1표제'이지 대통령 중심제나 의회 중심제, 군부 체제 등 체제 자체가 관건이 아니었다는 얘기다. 그러니 1인 1표의 보통선거 전통이 현재 아시아가 당면한 가장 큰 정치적 도전이라고 말한다면 너무 나간 것일까?

프로듀스 101과 헌법의 가치

하지만 식민지에서 갓 독립한 제3세계 국가에서 감히 서구 민주주의의 가장 위대한 성과인 보통선거를 거부할 수는 없었고, 그것을 극복(?)하기 위해 등장한 것이 군사정부 체제나 체육관 선거, 대통령이 국회의원을 지명하는 등 다종다양한 편법이 되겠다. 대중의 지지를 받는 사람을 포퓰리스트로, 그 지지자들을 홍위병으로 몰아가는 이미지 조작 역시 빈번하게 반복되었다.

필자는 한국 민주주의의 최대 성공작 가운데 하나로 CJ ENM이 시도한 《프로듀스 48》, 《프로듀스 101》을 꼽기를 주저하지 않는다. 국민 프로듀서라는 획기적 발상으로 아이돌 가수 판에 혁명적인 바람을 몰고 왔다. 오디션 프로그램은 심사위원이 중심이 되는 《케이팝 스타》 방식과 시청자가 중심이 되는 《프듀 101》 방식으로 크게 나뉠 정도다. 일장일단이 있겠지만, 정치는 《프듀》 계열이다. 중국과 일본이 감히 따라 하기 힘든 모델이기도 하다. 물론 투표 조작 사건의 안준영 PD도 유혹의 문턱을 넘지 못했다. 박정희나 전두환이 그랬던 것처럼.

'보통선거'는 현대정치의 기본전제인가? 그것을 인정한다면 혐오표현을 멈추고 공정한 투표가 이루어지도록 서로서로 감시하고, 조심하고, 더 좋은 아젠다를 선점하고 달성하도록 준비하는 것이 맞지 않을까? 왜 엉뚱한 팬들을 비난하고 혐오발언을 남발하는 걸까?

그게 아니라면 보통선거의 문제점을 극복할 대안을 제시해야 할 것이다. 물론 쿠데타가 거의 유일한 대안이다보니 아시아에서 정치문제가 반복되는 거겠지만. 아 참, 대중문화도 논리는 똑같다. 무엇이 우월하거나 열등한 게 아니다. 같은 시공간에 존재하는 동일한 시장일 뿐이다.

PS

1. 중국과 일본 혹은 아시아 어느 나라도 《프듀 48》 방식으로 실력 있는 인재를 뽑기가 어려운 게 문제. 중국은 정부가 투표 자체를 혐오하고, 일본은 뽑은 인물이 인재가 아닌 경우가 많음.
2. 《프로듀스》 조작 파문은 참으로 아쉽다. 민주주의가 사법부나 군부의 엄정한 중립 없이 얼마나 간단히 무너질 수 있는지를 보여준 사태다.
3. 진정한 시장 왜곡자는 '혐오발언'을 내뱉는 바로 그 사람들. 팬들은 너무나 정상적인 시장 참여자임. 아이돌 가수 팬들은 너무 잘하고 있음. 팬 없이 노래 순위가 왜 존재함?

케이팝과 케이드라마는 상품인가 문명인가?

중국 지린성 옌볜 자치구에 내걸린 문명文明도시 홍보물

필자는 드라마 마니아가 아니어서 한류 드라마에 대해서는 이야깃거리가 별로 없다. 다만 적어도 2002년《겨울연가》와《대장금》성공 이후 아시아권에서 한국 드라마는 대체상품이 없을 정도로 압도적이라는 것을 아시아 국가 곳곳에서 실감할 수 있었다. 개인적으로 느낀 가장 큰 공통점은 여성 시청자들의 뜨거운 호응이었다.

2007년 겨울 중국 선양瀋陽과 옌볜延邊에 갔을 때다. 필자는 중국에 가면 조선족 민박집을 선호하는데, 선양에도 조선족 민박집이 무척이나 많았고 가격도 꽤 괜찮았더랬다. 그런데 막상 가보니 한겨울에 더운물이 안 나오는 집이었다. 이틀째 되는 날 얼음처럼 차가운 물로 머리를 감다가 빡쳐서 주인 아주머니에게 화를 내고 말았다.

나: 어머님, 머리통이 얼었어요. 밤에도 자다가 동사하겠어요.

그: 어쩌나, 난 괜찮은데…… 우리 바깥양반이 요즘 일이 바쁘셔서 보일러를 못 고치네요. 너무 죄송해요.

나: 이 얼음물이 괜찮다고요? 이 집 숙박비가 하루 2만 5,000원인 건 말이 안 돼요. 2만 원으로 깎아주세요.

그: 아이고, 어쩌나. 나는 돈 문제에 아무런 결정권이 없는데…… 그 말을 들으면 우리 바깥양반이 엄청 화낼 거예요. 제발 그분 앞에서 그러지 마세요. 한 성격 하는 분이에요.

나: 어라? 저기요, 제가 손님인데요?

가부장적인 아시아

이들 부부에게 흥미가 생겨 이후 밥을 먹으며 대화 내용에 귀를 쫑긋 세우게 되었다. 그야말로 가관이었다. 50대 초반의 조선인 남편은 집안의 왕이었고, 40대 중반의 아주머니는 아랫사람에 가까웠다. 민박집 운영에서도 돈 문제는 모두 남편이 결정했고, 아내는 남편의 수족 역할에 머물렀다. 1960년대 한국, 아니, 1920년대 조선에서나 볼 수 있던 모습이었다. 남편이 화를 내고 아내는 전전긍긍하는 모습. 문화란 어디에서는 고여서 멈춰 있구나.

그 아주머니는 무료한 낮 시간에는 한국 드라마를 시청했다. 필자가 컴퓨터 작업을 하는 바로 옆에서 당시 최고의 화제작 장서희 주연의 《인어아가씨》를 보며 환호했더랬다. 그분의 추임새는 정말이지 잊을 수가 없다. 장서희의 복수극을 응원하는 소리, 한 장면 한 장면에서 내지르는 탄성과 다음 편으로 넘어가는 막간에서의 호들갑 말이다. 아마도 그분은 장서희가 남편을 학대하는 장면에서 무한한 희열을 느꼈으리라.

그때는 '조선족 가정의 전근대적 가부장제' 사례라고만 생각했는데, 이후 필자의 견문이 넓어지면서 그것이 단순히 조선과 동북아시아만의 현상은 아니라는 것을 알게 되었다. 우선 아시아 내륙지방은 어디나 가부장적인 문화가 강하게 남아 있었다. 동남아 대륙부 가운데 미얀마는 특히 완고한 문화였다. 무슬림이 사회 주류를 차지하는 인도네시아 역시 가부장제다. 여성은 신체를 조금 노출하는 옷도 입지 못한다. 놀랍게도 일본 역시 여성의 지위가 그리 높지 않다. 이슬람 세력이 강력한 이란(페르시아) 역시 마찬가지다. 중국은 상당히 예외적인 케이스인 셈이다. 일반화가 가능할진 모르겠지만, 21세기 한류 드라마가 아시아 여성들에게 일종의 판타지와 카타르시스를 준 것은 확실했다.

기술과 문명

앞서 식민지근대화론 비판에서 언급한 '문명'과 '기술'에 대해 질문을 꽤 많이 받았다. 문명에 대해서는 수천 년 전부터 많은 지성들이 다양한 이야기를 풀어놓아서 필자가 감히 해석을 덧붙이기는 불가능하고, 다들 아는 내용을 다시 정리하면 다음의 네 가지 정도가 될 것이다.

첫째, 문명은 기술과 맥락이 다르다. 기술은 일종의 상품이고 사고팔 수 있다. 경쟁시장에 대체품이 있다는 거다. 삼성전자가 아프리카에 반도체를 판 것은 문명을 전파한 게 아니다. 그냥 거래일 뿐이다. 일제가 조선에 철도를 깔고 근대식 건축물을 짓고 도로를 만든 것은 어떤가? 당연히 기술과 상품을 수출한 것이다. 일제가 총칼로 가두리를 치고 독점 공급을 한 것뿐이다. 반면 문명은 압도적이다. 파도가 넘실대며 밀려오는 모습을 상상해보면 쉽다. 손으로 막을 수가 없는 흐름이다.

둘째, 문명은 공급자가 전파하는 것이 아니다. 수용자가 결정한다. 지금도 일제가 한반도에 과학문명을 전파했다고 주장하는 사람들이 있는데, 그런 모순적인 말도 없다. 문명文明은 '스스로 빛나는 지적인 어떤 것'이다. 수용주체의 자각이 결정적이다. 4차 방정식의 해법을 알려줄 수는 있지만, 그걸 깨쳐서 활용하는 것은 순전히 수용자의 몫이다. 이렇듯 문명은 누가 어떻게 활용하느냐가 관건이다.

셋째, 문명은 언제나 우리 곁 그리 멀지 않은 곳에 있다. 다만 체제가 수용을 결정하지 못할 뿐이다. 일본은 현재 '디지털 문명'이 부족하다. 전자정부도 부실하고, 전자결재도 안 된다. 일본의 기술이 뒤떨어져서일까? 그렇다고 한국 기술진이 디지털 문명을 강제로 전파할 수 있는가? 불가능하다. 일본의 기득권이 싫어하기 때문이다. 조선 후기에도 문명은 너무도 가까이에 있었다. 흥선대원군이 그걸 몰랐을까? 아니다. 기득권을 보호하려다 나라를 망친 거다.

마지막으로, 문명은 수용자가 많을수록 모두 플러스가 되는 온라인 플랫폼과 같다. 국경도 의미가 없다. 순식간에 퍼지니까. 영어나 한자 문명권이 대표적이다. 사용자가 많아질수록 편익이 급증한다. 도량형, 표준시, 인터넷 프로토콜, 전자화폐, 무역 시스템 등이 대표적이다. 문명을 기술로 혼동하는 사람들은 문명을 팔아먹거나 보호무역으로 지킬 수 있다고 믿기도 한다. 그러나 그렇지 않다. 이른바 네트워크의 법칙인 멧칼프의 법칙Metcalf's law이 작용하는 온라인 세계를 상상하면 쉽다. 참여자 모두가 이득이 되고, 그걸 주도한 세력은 역사를 바꾸게 된다. 구글, 테슬라, 아마존을 상상해보라.

케이드라마: 상품과 문명 사이

이렇게 문명의 특징을 정리하면서 문득 케이팝이나 케이드라마가 문명의 범주로 승격할 수 있지 않을까 하는 희망적인 비전을 품게 되었다. 지금은 유튜브나 넷플릭스를 통한 콘텐츠 공급자에 불과하지만, 보는 시각에 따라 문명으로 비칠 수도 있겠다는 생각이 들었다.

특히나 한국의 여성상이 아시아 전 지역에 막대한 영향을 끼쳤다. 좀 오래된 얘기지만 《대장금》의 장금이라는 여성상이 홍콩과 싱가포르를 넘어 중동 지역에까지 어마어마한 영향을 미쳤다. 중동의 대중예술은 남성이 주인공인 경우가 태반이다. 그런데 케이드라마의 가장 큰 특징은 여성이 주인공인 경우가 많다는 것이다. 여성 작가가 많기 때문일 수도 있고, 여성 시청자의 영향력이 절대적이어서일 수도 있다. 나아가 사회 전체가 빠르게 여성 중심으로 바뀌고 있기 때문일 수도 있다.

둘째는 젊은 감수성이다. 젊다는 것은 도덕적, 윤리적인 측면까지 포함한다. 한국의 젊은 세대가 가장 정의롭다는 근거는 없지만, 좀 더 정의롭고 글로벌한 감각을 갖췄다는 사실은 부인하기 어렵다. 이것이 사회의 긍정적인 변화의 흐름과 조응하고 있다고 믿는다. 그 덕분에 한류상품은 아시아 여성과 젊은이들에게 가장 환영받는 문화현상이 되고 있다.

중국이 아무리 한류를 막아도 중국 젊은이들이 한류 음악과 영화와 게임을 피해갈 수는 없다. 인터넷 어디에나 존재하니 말이다. 당장 마음만 먹으면 한류 콘텐츠를 즐길 수 있다. 심지어 그게 더 펀하고 쿨하고 섹시한데 거부할 이유가 없다. '펀쿨섹'은 일종의 진리다. 자연스레 국경을 넘어가 제발 팔아달라고 부탁하게 만드는 것이 '문명'임을 감안하면, 한류는 상품에서 문명으로 진화하고 있는지도 모른다.

문화정책이란?

2000년대 초반 연세대 조한혜정 선생님 같은 1세대 한류 연구자들이 한류가 중국 및 여타 아시아 지역에 미치는 충격파를 근거로 "일종의 문명 충격이 아닐까……"라고 조심스럽게 문명론을 펼친 적이 있다는 사실을 필자도 잘 알고 있다. 하지만 2000년대 초중반은 시기적으로 너무 빨랐고, 이어서 한국에 공안정치의 광풍이 불기 시작하면서 '한류=아시아문명론'은 오간 데 없이 사라지고 말았다. 그리고 2010년 이후에 등장한 것이 '문화수출역군론'이다. 게임을 포함해 한류 문화상품을 해외로 더 많이 수출하자는, 일종의 근대화 패러다임이었다.

이런 관점에서 필자가 가장 싫어하는 문화행정이 케이상품을 분류하고 통계를 내 '한류백서'를 만들고 미진한 분야에 행정지원을 하는 식의 전형적인 관료주의 행정이다. 그냥 행정관리들이 숟가락 하나 더 얹는 행동이라고 본다. 문화상품을 문명으로 진보시키기 위한 보다 근원적인 노력을 기울여야 한다고 본다.

필자가 앞에서 지적한 연예기획사와 아티스트 간의 7년 표준계약 공정위 계약서 사례가 대표적이다. 이제는 6년이나 5년으로 줄어야 하고,

특히 기획사가 실패한 기획이라고 판단해 더 이상 투자의지가 없어질 경우에 대비해 연습생들의 인권을 보호하려는 노력이 있어야 한다. 상당수의 젊은 인재들이 7년 계약에 묶여 청춘을 낭비하곤 한다. 영화나 드라마 연출 보조들의 노동조건을 개선해야 하며, 작품 저작권과 관련해 보다 투명한 시장논리가 작동해야 한다. 문화판에는 여전히 강자의 표절이 횡행한다. 문화관광부가 이런 제도적 선진화 노력을 해주면 좋은데, 여전히 수출 마인드로 일하고 있다. 문명으로 격상하려는 노력을 경주해야 할 텐데……

니쥬는 케이팝

걸그룹 니쥬 이야기로 이 장을 마칠까 한다. 이 걸그룹을 둘러싸고 일부 케이팝 팬들이 박진영을 상대로 '케이팝 기술유출론', '케이팝 배신자론'을 펼쳐서 조금 당황한 적이 있다. 모두 케이팝이나 케이드라마를 수출상품으로 바라보는 근대적 사고 때문에 생긴 오해라고 생각한다.

케이팝은 문명론의 측면에서 접근하는 것이 좋다. 어느 나라 사람이라도 케이팝의 시스템을 따라 할 수 있도록 부추겨야 한다. 노래와 뮤비를 그대로 따라 하는 표절을 권장하는 게 아니다. JYP의 니쥬 프로젝트는 박진영 대표의 매우 훌륭한 문명적 행보로 보아야 한다. 그들이 일본어로 노래하고 소니뮤직에서 노래를 배급한다고 해서 본질이 달라지는 건 아니다. 니쥬는 당연히 케이팝의 영향권 아래 있는 플레이어다. 이들이 일본시장을 바꿔놓을 정도로 파급력을 가지길 희망한다. 그게 바로 문명의 힘이다. 그리하여 일본의 대중예술계도 음습한 뒷골목에서 벗어나

광장으로 뛰쳐나와 노예계약 없이 한국의 젊은이들과 공정하게 경쟁하는 시대가 오기를 희망한다. 마땅히 중국과 아세안 국가의 엔터테인먼트 시장도 케이컬처 방식으로 바뀌기를 희망한다.

PS

1. 중국 사람들은 '문화인'이라는 말 대신 '문명인'이라는 표현을 즐겨 쓴다. 예를 들어 "길거리를 깨끗이 하는 문명인이 됩시다" 같은 표어다.
2. 사실 문화나 문명이나 같은 말이다. 문화상품을 다룰 때는 기존의 상품 수출 방식으로 다루지 않으면 좋겠다. 철 지난 상품분류부터 지양했으면. 문화관광부에 꼭 하고 싶었던 말이다.
3. 필자는 진즉 SM이나 JYP에서 로드매니저부터 일을 시작할 걸 그랬나 보다.

2부

동남아의 사회 · 경제

싱가포르 로컬 접근방법과 시계 중고거래

상반신은 사자, 하반신은 물고기인 싱가포르의 상징 머라이언 출처: 위키피디아

항구도시 싱가포르에서 발견한 중고시계 거래의 묘미

아시아와 동남아를 공부하기 위해 싱가포르에 갔지만 상당 기간은 갑갑한 시간이 지속됐다. 사건 현장이나 행사장을 주로 돌아다니다가 도서관에만 처박혀 있으려니 쉽게 적응이 되지 않았다. 만나는 사람들도 주로 유럽에서 온 학생이나 아세안인, 중국인들이었다. 싱가포르와 미얀마 사람들이 궁금해 유학을 왔는데, 아이러니하게도 싱가포르 사람을 접하기가 가장 힘들었다. 싱가포르인 친구가 몇 명 있긴 했지만, 잘 아는 사람에게 호구조사하기가 더 어려운 법이다. 싱가포르에 대해 궁금한 점이 참 많았고 그런 궁금증을 현지인들을 통해 풀고 싶었는데, 한동안 한국 사람들에게 전해 듣고 있자니 좀 어색했다.

필자가 동네에서 만나는 사람들은 식당 주인들, 이발소 아주머니, 동네 도서관 관리인, 부동산 아저씨 아주머니들 정도였는데, 의외로 싱가포르 출신이 적었다. 콘도 경비원은 인근 말레이시아에서 오토바이로 출퇴근을 했고, 이웃 가정부는 인도네시아나 필리핀에서 파견 온 근로자들이었다. 물론 동네 아파트 1층에서는 엄청나게 많은 할아버지들이 할 일 없이 무료하게 시간을 보내고 계셨지만, 내 중국어나 싱글리시로 접근하는 건 아무래도 무리였다. 학교 교수님들도 태반이 미국이나 유럽 출신이었다. 아무리 둘러봐도 학부 대학생으로 변신하지 않는 한 진짜 싱가포르 사람을 만날 가능성은 없어 보였다. 당혹스럽기 짝이 없었다. 현지 사람은 전부 어디에 숨었지?

현지인과 외지인의 차이

싱가포르에 가보신 분들은 알겠지만, 화려하고 자연과의 조화가 근사한 빌딩들을 주로 감상하고 오게 된다. 대부분의 해외여행이 건축물과 음식 체험이기 마련이지만, 싱가포르에는 외국인 노동자들이 워낙 많아서 현지인인지 외지인인지 잘 가늠이 안 된다. 자칫하면 진짜 싱가포르 사람 한 명 못 만나고 돌아갈 확률이 높다. 특히 호텔에서 일하는 젊은 노동자들은 대부분 외국인이고 한국인도 꽤 많다. 길거리에는 사람 하나 없기 일쑤다. 날씨가 너무 덥기 때문이다

싱가포르에 살다보면 자연스럽게 깨치는 대목이 있다. 현지인들이 다니는 길이 따로 있다는 것. 지상에 관광객이 있을 때 그들은 지하에 있고, 외국인이 정문을 통해 가면 그들은 쪽문과 지름길을 통해 건물과 건물 사이를 종횡무진 이동하더라. 생각해보라, 서울만 한 좁은 공간에서

수십 년을 살아온 사람들이다. 최적의 솔루션과 고효율의 노하우를 자기들끼리 공유하고 있는 것이다. 어느 정도 적응이 끝나고, 알뜰한 싱가포르 사람들의 생활전략을 벤치마킹해 본격적인 중고거래에 나서보았다. 그런데 여기에 엄청난 마력이 있었다.

싱가포르 중고시장

싱가포르는 서울만 한 면적에 500만~600만 명이 사는 작은 커뮤니티다. 이끝에서 저끝까지 1시간 반이면 이동이 가능하다. 기본적으로 국민 대다수가 부자지만, 잔돈 한 푼 허투루 쓰지 않는 짠돌이들이다. 쓸데없이 지출하기는 싫고 여러 상품을 돌려 써보고는 싶고…… 이런 생활습관이 온라인 문화와 만나 탄생한 것이 바로 온라인 벼룩시장이다. 싱가포르에서는 주로 '캐러셀Carousel'이라는 온라인 게시판을 통해 중고거래가 이루어진다. 거의 모든 국민이 자연스럽게 이 온라인 장터에 참여한다.

필자가 시계 중고거래의 매력을 깨우친 것은 순전히 우연이었다. 심심하고 무료한 싱가포르에서 자유인으로 살다보니 시계가 너무 절실해졌고(전화 올 일이 없으니 휴대폰을 사용하지 않았다), 중고시계를 사려고 나섰다가 거대한 세컨드핸드 시계시장과 마주친 것이다. 싱가포르 사람들은 기본적으로 상인이다. 협상의 귀재들이다. 10만 원짜리 시계 하나를 놓고 차 두 잔씩 나눠마시며 이런저런 대화를 나누는 식이다. 필자가 외국인이라는 점에 놀라고, 한국인이라는 사실에 더 크게 놀란다. 이내 자신이 이제껏 즐겨온 한류 콘텐츠를 필자에게 고백하고, 평소에 궁금했던 북한에 대한 질문도 던지고, 본인의 시계 수집 역사를 풀어내는 식이다. 이것을 몇 번 해보니, 평범한 싱가포르 사람을 만나는 데 이것만큼 유용한 방법이 없구나 싶었다. 비싼 시계를 살 땐 돈 많은 부자가 나오기도 했다. 싱가포르에 시계 마니아가 엄청나게 많다는 사실도 알게 됐다. 심심한 사회에 적응하는 하나의 방식이구나 싶었다.

외국인 치트키

한국인을 사귀는 방법으로 중고거래를 이용하기도 했는데, 별로 효과는 없었다. 역시 외국인 치트키가 먹히는 대목이라 가능했던 듯싶다. 그리고 시계수집이라는 취미는 미술품 수집과 비슷해서, 동호회 회원의 동질감이 큰 역할을 하기도 한다. 적당히 맞장구를 쳐주면, 거의 대부분의 싱가포르 판매자들이 나를 식사에 초대하기도 하고 자신이 모은 수백여 개의 시계 컬렉션을 보여주며 자랑하기도 했다.

맞장구를 치기 위해 한동안 유튜브로 시계 공부를 해야 했다. 그래서 적잖은 시계 브랜드의 역사와 전통, 가격에 대해 공부도 했다. 그 덕에 싱가포르 사람들의 삶과 평범한 꿈에 대한 이야기를 들을 기회가 좀 있었다. 해외에서 현지인 접촉을 모색하는 분이 있을까 해서 드리는 팁이다.

PS

1. 어느 나라든 현지인과 긴밀하게 접촉하고 싶을 때 중고거래처럼 유용한 방법은 없을 듯싶다.
2. 혹시 낯선 남자 사람과 대화를 트고 싶다면 그 남자의 손목시계를 칭찬

해줘라. 날씨 얘기보다 더 잘 통할 것이다. 남자들은 언제나 기계 이야기를 좋아한다.

홍콩과 싱가포르의 묘한 관계

홍콩 중심가를 달리는 2층 버스의 모습

싱가포르 국기와 도심풍경

2019년 아시아에서 최고의 화두는 단연코 홍콩 문제가 아니었나 싶다. 특히 아시아 사회에서 상당한 지분을 차지하는 화교사회에서 홍콩 문제는 정치적·경제적 문제를 뛰어넘는 실존적 문제였다. 사실 홍콩인들은 돈은 많지만 화교사회에서 별다른 발언권은 없었다. 어찌 됐건 그들은 지난 100년간 그나마 가장 해피하게 경제적 부와 정치적 자유를 누려왔기 때문이다. 반면 푸젠과 광둥을 떠나온 화교들은 지난 200년간 복잡다단한 유랑과 정치적 박해를 피할 수 없었다. 그 가운데 소규모지만 정치적 독립을 이뤄낸 곳이 바로 싱가포르이다. 그래서 싱가포르에서 화교들의 텃세가 그리 센 건지도 모르겠다. '중국의 급성장'은 큰 충격이었지만, 화교들에게는 익숙한 황제의 귀환이기도 했다. 홍콩이 가장 먼저 그폭풍의 영향권 안에 들어갔고, 싱가포르도 강 건너 불로만 여길 수는 없는 상황이 되었다.

아시아의 양대 자본시장

'홍콩은 주식-외환, 싱가포르는 현물-선물'

똑똑한 한국 사람들은 싱가포르에서 대부분 석유 선물시장에서 일한다. 영역을 좀 확장하면 비철금속, 금은보석, 화물 로지스틱스, 채권 등이 되겠다. 홍콩은 증권시장을 비롯한 외환 금융시장이다. 쉽게 말해 이 두 국제도시가 아시아와 중국의 제조업 및 자원 시장을 자본화해 미국과 유럽 시장에 연결하는 역할을 200년간 수행해온 것이다. 홍콩은 동아시아 대표항구, 싱가포르는 동남아시아 대표항구.

싱가포르는 항구경쟁력을 집중적으로 끌어올려 1등 물류도시가 됐다. 20세기 후반에는 석유 저장시설과 가공설비에도 집중 투자해 동아시아 석유거래의 중심이 되었다. 한중일 3국이 사용하는 석유의 99퍼센트가 바로 이 싱가포르에서 숙성된 석유다. 싱가포르는 100년 전부터 '동양의 스위스 전략'을 추구해왔다. 항구도시는 시설과 인프라가 비즈니스의 핵심자산이다. 외적에게 사로잡힐지언정 이것이 파괴되면 곤란해진다. 화물선주가 맡긴 물건이 망가지면 항구도 같이 망하기 때문이다. 따라서 정치적 자유보다 안보가 압도적으로 중요하고, 그렇기에 싱가포르는 언제나 중립이다. 러시아도 미국도 중국도 싱가포르 앞 해협을 마음 놓고 지나갈 수 있어야 한다.

반면 홍콩은 사정이 다르다. 홍콩이 홍콩인 이유는 이른바 글로벌 자본시장과 직접 연결되어 있기 때문이었다. 홍콩 자본시장의 원주인은 영국과 미국이었다. 자본시장은 자유로운 정보유통이 필수적으로 요구된다. 구글 검색을 하지 못하는 땅에 투자시장을 열 수는 없는 법 아닌가? 그래서 홍콩은 오래전부터 영국 수준의 언론의 자유를 누려왔다.

1980년대 초 손톱만 한 크기인 홍콩의 GDP가 중국 대륙 전체의 GDP를 뛰어넘었고 수출량은 비교할 수 없을 정도로 많았다. 사실 홍콩이라는 여의주가 없었다면 덩샤오핑의 개혁개방이 이렇게 빨리 성공했을 리도 없다. 홍콩의 압도적인 자본시장, 외환시장, 채권시장이 지난 30년간 중국에 젖과 꿀이 되어온 것이다. 그런데 부유해진 베이징 정부에 홍콩의 자유민주체제가 눈엣가시가 되었다. 그래서 많은 홍콩 자본들이 자유를 찾아 다른 동남아 도시들로 이전하기도 했고, 홍콩을 대신할 중국의 국제도시 후보들이 물망에 오르기도 했다. 멀찍이 떨어진 싱가포르가 대안으로 떠오르기도 했다. 과연 싱가포르가 홍콩을 대신하는 상황이 올까?

글로벌 도시, 면세 혜택, 비싼 물가

혹자는 싱가포르의 집세와 차량비 및 물가가 너무 비싸다고 비판하기도 한다. 그건 홍콩도 마찬가지다. 농업과 제조업 기반의 영토국가가 아닌 좁은 항구도시이기 때문이다. 외국자본 유치가 중요하기 때문에 자본세와 소득세, 법인세 등이 일반 국가에 비해 혁신적으로 낮다. 10퍼센트 미만이다. 이렇게 소득세를 낮췄으니, 다른 방법으로 세금을 거둬들여야 한다. 그래서 외국인이 월세 500만 원을 내고 1억원짜리 렌트카를 타는 식이다. 평범한 밥값에도 과한 세금이 붙는다. 돈을 벌었으니 토해내라는 거다.

싱가포르는 시스템이 잘 갖춰졌고 변호사와 회계사 인력 충원도 원활하지만, 증권시장이 턱없이 약하다. 미디어를 전공한 내 관점에서 싱가포르는 자본시장이 발달하기 힘든 사회다. 자본시장은 루머와 오보를 스스로 걸러내는 자정작용이 중요하다. 즉 뛰어난 미디어 시장이 있어야 한다. 하지만 태생적으로 싱가포르는 그것이 힘들 거라고 본다. 외국계 언론사 허용은커녕, 국내 미디어 활동도 자유롭게 놓아두지 못하기 때문이다.

이런 관점에서 볼 때, 홍콩을 대신할 중국 도시는 없다고 단언할 수 있다. 싱가포르가 힘들다면 다른 중국 도시들은 더더욱 힘들다. 그야말로 홍콩은 아시아에서 엄청나게 소중하고 대체 불가능한 자원인 셈이다. 사실 홍콩에 대한 탄압은 미중 무역갈등에서 비롯된 쇼맨십 차원의 해프닝이었으면 하는 개인적 바람이 있다. 중국에게 홍콩은 껄끄럽지만 대체 불가능한 파트너이니 말이다.

사실 서울도 홍콩에 버금가는 국제도시가 될 잠재력이 있다. 하지만 한국이 일부 도시국가들처럼 외국 자본에 무제한적 자유를 허용하기는 힘들다는 생각이다. 우리는 패권에서 조금 떨어진 중견국가로서 우리 나름의 생존 모델을 개발해야 할 것이다.

싱가포르 사람들도 참담한 심정으로 홍콩사태를 지켜보았고, 반중감정이라고까지 표현하지는 않더라도 중국 경계 심리가 살짝 높아진 것도 사실이다. 그러나 싱가포르의 화두는 실용주의다. 미국과 중국 사이에서

각을 세우는 일은 절대 없을 것이다. "싱가포르 앞바다에서 전쟁이 일어나게 하지 마라." 이것이 싱가포르 외교의 기본이자 절대적인 노선이기 때문이다.

PS

2019년 12월에 홍콩 시위의 최후의 보루가 됐던 홍콩이공대를 잠시 다녀왔다. 많은 홍콩 시민들이 시위가 끝난 뒤에도 계속 찾아와 그 일을 기억하려고 노력하고 있었다. 매우 인상적이었고 숙연해졌다.

좁은 사회
싱가포르의 단점들

오늘날 국제 금융도시로 성장한 싱가포르의 중심가 모습

전통과 현대가 조화를 이룬 싱가포르

싱가포르에서는 우편거래라는 것이 드물다. 언젠가 중고게시판에서 마음에 드는 물건을 찾아 구매의사를 밝혔더니, 당장 "언제 어느 지하철역에서 볼까?" 하고 답변이 왔다. 우편발송 가능 여부를 물어보니, 자신은 그런 것을 해본 적이 없다고 한다. 그래서 꼼짝없이 지하철역으로 나갔던 기억이 있다.

"뭘 귀찮게 우체국으로 가서 포장하고 발송비를 써요? 그 시간에 이미 만나고 헤어지겠네요."

직거래가 더 편리한 사회

대략 눈치챘겠지만, 작은 나라라서 그렇다. 싱가포르의 면적(약 720제곱킬로미터)은 서울보다는 크지만 부산보다는 살짝 작다. 산이 거의 없는 평지라서 공간을 널찍하게 활용하기엔 좋지만, 그 좁은 땅에 공항과 항구, 국립공원, 군부대까지 갖춰야 하니 비좁을 수밖에 없다. 공식 인구는 500만 정도인데, 현실적으로 정확한 인구를 헤아리기가 무척 까다롭다. 10년짜리 장기비자 제도를 두고 전 세계의 탁월한 인재를 마음껏 끌어다 쓰는 건 물론이고 월급 80만 원의 저가 노동자(가정부, 건설 노동자)까지 거침없기 쓰기 때문에 실질적으로는 700만 명에 가까운 사람이 살고 있는 것으로 보인다.

싱가포르의 장점은 널리 알려져 있다. 극강의 합리적이고 효율적인 시스템을 갖추었다는 것이다. 게다가 강력범죄가 일어나기 어렵고, 교통사고나 혐오범죄를 피해 서로 예의를 잘 지킨다. 아동유괴나 미아 사건은 발생하는 순간 국가적 사건이 될 정도로 드물고, 성폭력 사건도 마찬가지다. 그런데 단점에 대한 이야기는 별로 없는 것 같아서, 조금 덜 자극적인 단점 이야기를 살짝 흘려보기로 한다. 한마디로 작다는 것이 문제가 되더라.

초고스트레스 사회

싱가포르의 유명한 교육제도 가운데 하나는 초등학교 6학년 상반기에 치르는 초등학교 졸업시험PLSE이다. 공교육 시스템이 완벽하게 갖춰진 건 부러운 일이지만, 향후 인생의 진로가 명문 중학교 입학 여부에 달렸다고 해도 과언이 아니다. 좋은 중학교에 입학해 크게 실수하지 않으면 자연스레 좋은 고등학교에 가고, 거기서도 두각을 보이면 명문대는 물론 전액 장학생으로 선발돼 영국과 미국 유학의 기회까지 주어진다. 졸업 즉시 5~6급 수준의 공무원으로 취업되기도 한다. 거기서도 잘 버티면 하버드나 옥스퍼드 MBA나 행정대학원 석박사과정도 국가에서 보내주고, 40대 후반에 연봉 십수억 원의 스타장관이 되기도 한다.

이렇게 써놓으면 무척이나 공정하고 합리적으로 보이기도 한다. 당연히 모든 엄마들이 이 황금 코스에 아이들을 집어넣고 싶어한다. 초등학교 2학년부터 과외가 시작되고 5학년 때에는 그 절정에 이른다. 약 4~5만 명의 같은 학년 아이들의 성적과 순위가 6학년 중반에 만천하에 공개된다. 그리고 아이들은 그 성적과 순위를 평생 자신의 훈장으로 삼거나 족쇄로 여긴다. 12살 나이에 수능을 치는 셈이니, 아이들과 부모님이 받는 스트레스는 극심하다. 나아가 최상위 1퍼센트의 승자와 90퍼센트 이상의 패자로 나뉘는 시험이기도 하다. 중간 이하의 성적을 받은 학생은 평생 트라우마를 갖고 산다. 자신은 엘리트가 아니라는 상처. 영원히 되지 못한다는 패배감.

그런데 대부분의 싱가포르 친구들의 반응은 달랐다. 오히려 이런 방식이 더 합리적이라는 거다.

나: 이거 좀 비정상적인 거 아닐까?

그: 어차피 인생에 한 번은 시험을 거쳐야 하는데, 그 순간이 빠르면 빠를수록 효과적이지 않을까?

물론 합리적인 이유를 구체적으로 제시하는 싱가포르 사람은 한 명도 만나지 못했다. 그러니 필자가 그 이유를 추론하는 수밖에 없게 됐다.

물리적으로 좁다는 의미

싱가포르 사람들은 해외여행을 좋아한다. 중산층이라면 1년에 한 번씩은 반드시 나간다고 보면 된다(아니, 반대로 해외여행을 해야 중산층이다). 대략 20살 안쪽이면 유럽 주요 도시와 아시아 주요 도시는 대부분 섭렵한 국제인이 된다. 왜 그렇게 해외여행을 즐기냐고 물어보면 싱가포르가 너무 지겨워서라는 답이 돌아온다. 서울에 사는 사람에게 평생 서울서만 살아야 한다는 형벌을 내리면 어떨까? 그와 크게 다르지 않을 것이다. 게다가 싱가포르는 더운 나라다. 걷는 여행도 쉽지 않다. 직장-집-쇼핑몰, 이 코스를 365일 반복한다고 보면 된다. 지겨울 수밖에 없다.

언젠가 나보다 10살쯤 어린 박사과정생 하나가 싱가포르에서 보낸 자신의 30년 인생을 이렇게 요약한 적이 있다.

"유치원, 초등학교, 중고등학교, 대학교 친구는 물론이고 당시 선생님들, 썸타던 친구, 사귀다 헤어진 연인, 대시하다 차인 이성, 나를 못살게 굴던 나쁜 놈들…… 과거와 현재에 만난 이 모든 사람 또는 미래에 만날 모든 사람이 우리 집 반경 1~5킬로미터 안에 있는 현실을 외국인인 당신이 이해할 수 있을까요?"

으아, 그 이야기를 듣고는 등골이 오싹해졌다. 게다가 그 친구들과 선생님이 당신의 전국 석차까지 정확하게 알고 있다고 생각해보라. 거의 미저리급이다. 물론 싱가포르 내에서도 이사를 갈 수 있다. 그런데 뛰어봤자 벼룩이다. 잠적도 힘들고 직장사회도 좁아서 뻔한 이동이 된다. 그래서 싱가포르는 극단적인 평판사회가 되고, 그 평판의 총합인 학벌주의 사회로 발전하며, 결국 경쟁을 뒤로 늦춰 공정함을 추구하기보다는 최대한 앞으로 당겨 서로의 평화를 갈구하고 있다는 것이 필자가 내린 중간 결론이다. 늦춰봤자 학창 시절 내내 과외를 시켜야 하니, 소모하는 자원만 많아진다. 모든 게 좁아서 그렇다.

노년의 꿈

그래서 많은 싱가포르 사람들은 젊을 때 일해 돈을 모아 노년에는 어딘가 넓은 나라에서 조용히 익명성을 누리고 싶어한다. 대표적인 이민 선호 지역이 호주의 퍼스Perth 같은 곳이다. 넓은 곳에 가서 대자연을 누리고 자연인처럼 숨어 살고 싶어서다. 싱가포르만 아니면 어디라도 좋다는 이도 만나봤다. 고급 콘도가 수십억을 호가한다 해도, 역시 좁은 사회는 사는 게 만만치 않다.

게다가 싱가포르는 국가의 기간산업을 지난 50년간 4~5차례나 바꿔온 바지런한 나라다. 한국이 농업에서 공업으로 바꾸는 데 30년도 더 걸린 걸 생각해보면, 지난 고도성장기는 싱가포르 주민들에게 엄청난 스트레스였을 것이다. 회사가 손쉽게 흥했다가 망하고, 자리를 위협하는 외국인 인재들은 쉴 새 없이 치고 들어온다. 사회인이 평생 직업을 두 차례 이상 바꾸는 건 엄청난 스트레스다. 그런데 그걸 세 차례 이상 해낸 거다.

마지막으로 결혼도 스트레스다. 서로의 조건을 밝히지 않아도 대충 사는 동네만 대면 건너건너 인맥만으로 정보를 알 수 있을 정도. 그것도 집안 3대의 내력까지 말이다. 애당초 연애에 뺑카라는 게 불가능하니 우연한 만남이 힘들다. 그래서 초등학교 동창과 결혼하는 비율이 무척 높으며, 적당한 상대가 없는 남성들은 주로 대만으로 원정 미팅에 나선다. 골드미스들은 싱가포르에 온 유럽 남자를 선호하니 자체 해결 방안이 있을 테고. 자연스럽게 출산율도 낮고, 국가가 결혼과 출산에 엄청난 인센티브를 제공한다.

PS

1. 나라의 물리적 크기가 작다는 것은 절대로 긍정적인 요인이 될 수 없음.
2. 그렇다고 싱가포르가 좁은 영토만큼 생각이 편협하진 않음. 이는 아세안이라는 거대한 지역 공동체 덕분일지도.

싱가포르에서의
담바꼬 스트레스

규제가 많기로 유명한 싱가포르의 흔한 금지 표지판 출처: 위키피디아

싱가포르 생활에서 재미있는 이야깃거리 중 상당수가 담바꼬와 관련된 내용이다. 당연히 18금인데다 집사람과 어머니도 싫어하는 내용이라 쓰기가 망설여졌지만, 재밌는 얘깃거리가 고갈되니 어쩔 수 없다. 널리 알려진 대로 싱가포르는 이 담바꼬에 유독 강경하다. 싱가포르의 대표적 한인 게시판 '한국촌'에 가보면 관련 에피소드가 한가득이다.

싱가포르가 왜 담배에 비싼 세율을 매기고 꽁초 단속을 엄격하게 하는지에 대한 설명도 다양한데, 필자가 보기에는 일단은 부족한 세수稅收를 채우고 국제무역항으로서 기강을 세우려는 취지로 보는 것이 합당할 듯싶다. 역외거래를 막기 위해 싱가포르의 관세와 소득세는 싸기로 유명하다. 특히 법인세와 소득세는 8~12퍼센트 정도다. 일반 영토국가의 최소 3분의 1 정도. 자연스레 이를 보충해야 하는데, 알코올과 니코틴이 국가가 통제하는 가장 고수익의 상품이다.

엄격한 흡연금지 문화는 리콴유의 개인적 취향이 반영되었다고 보는 게 옳다. 그는 싱가포르를 깨끗하고 현대적이며 부지런한, 일종의 법가法家주의 모범국가로 만들고 싶어했다. 당연히 시내에서 짝다리 짚고 서서 침이나 탁탁 뱉어대는 항구도시의 지저분함을 경멸했다. 그리하여 독립 초기부터 회초리와 강력한 벌금제를 도입해 더러운 흡연문화와 전쟁에 나섰다.

비싼 가격

싱가포르의 비싼 담뱃값이야 각오하고 왔지만, '입싱' 초기에 가장 큰 문제는 싱가포르에서 어떤 담배를 파는지, 어떤 담배가 맛이 괜찮은지에 대한 정보가 전혀 없었던 것이다. 이게 무슨 말이냐면, 싱가포르에서는 담배를 전시 판매하지 않는다는 얘기다. 매장에서 여러 브랜드와 제품 디자인을 비교 감상할 수 없었다. 게다가 가격도 중요한 정보인데, 유명한 말보로가 15싱달러 정도로 한국 돈으로 환산하면 약 1만 2,000원이라 학생 신분으로는 도저히 불가능한 가격대다. 외국인으로서 값도 싸고 맛 좋은 제품을 구하기가 쉽지 않았다.

우여곡절 끝에 결국 L사 브랜드의 박하향 제품을 찾아냈다. 약 12싱달러, 한화 1만 원 돈이다. 하루에 6개비를 피우면 3일 반, 4개비를 피우면 5일을 버틸 수 있다. 이 말은 한 달에 최소 6갑, 6만 원이 필요하다는 얘기고, 최대 8만 원도 가능하다는 의미다. 한 개비 한 개비가 500원짜리 현금이니 살벌하다. 누가 쉬이 펴주지도 않고 판매점을 찾기도 힘들다.

밀수 충동

이 얘기를 들으면 누구라도 "바보 아냐? 면세점에서 사오면 되지"라는 타박이 나온다. 실제 인도나 중국 유학생들은 고향에 다녀오며 과감하게 한두서너대여섯 보루씩 챙겨서 싱가포르 공항을 통과하곤 한다. 우리도 모두 공항세관을 겪어봐서 알지만, 가난한 학생들의 짐까지 세밀하게 뒤지진 않는다. 담배 정도야 애교 아닌가?

문제는 싱가포르는 다른 나라와 달리 1~2보루가 면세 허용 범위가 아니라는 것. 무려 1갑 이상부터 금지다. 자신이 현재 피우는 개봉된 1갑만 허용된다. 초과분은 압수나 과세다. 대단한 나라다. 필자가 아무리 가난한 고학생이라고는 하나, 명색이 한국의 언론인 출신인데 고작 니코틴 때문에 남의 나라 국경에서 쪽팔리는 꼴을 당하고 싶진 않았다. 그래서 꾹 참고 면세점을 피해 다녔다. 젠장, 내가 세금 다 내고 피운다.

딱 한 번 예외적인 경험이 있다면, 버스로 말레이시아 국경을 넘어 믈라카에 방문했을 때다. 싱가포르의 고물가에 지친 필자의 눈에 저렴한 물가를 자랑하는 관광지 믈라카는 그야말로 천국이었다. 특히 편의점에서 파는 동일한 L사 브랜드의 박하향 제품이 필자의 눈을 사로잡았다. 약 2500원. 그리하여 잠시 가격에 눈이 멀어 약 14갑을 50싱달러로 전액 결제하는 무모한 결정을 했다. 4분의 1 가격이잖아, 안 사는 게 바보 아냐?

문제는 싱가포르로 돌아갈 때 발생했다. 가방에 고이 넣어 국경 검문소를 두 번이나 통과하려니 갑자기 걱정이 되기 시작했다. 버스 승객도 가방 검사를 하려나? 버스 좌석에 잠시 두고 타야 하나? 온갖 걱정이 머릿속을 가득 채웠다. 싱가포르-말레이시아 왕복 버스는 회사마다 다양한 운행 시스템을 갖춰 선뜻 이해하기 힘든 경우가 많다. 버스째 통과하기도 하고, 사람이 버스를 갈아 타는 경우도 있다. 최종 검문소 직전 편의점에서 문의를 해봤다.

나: 사장님, 담배는 몇 갑이나 가져갈 수 있나요?

그: 싱가포르에요? (한심하다는 듯) 당연히 1갑이죠. 그보다 더 가지고 가다 걸리면 큰일 납니다. 걍 포기해요.

나: (허걱, 폭망이다……) 사장님 여차저차 제가 10갑 정도 가지고 있는데, 혹시 이것 좀 사주시면 안 될까요? 새건데.

그: 내가요? 미치지 않고서야 내가 당신을 어찌 믿고 당신 담배를 사나요? 걍 나한테 버리고 가요. 그건 가능.

그 짧은 순간에 필자는 참으로 깊은 고민에 빠졌다. 그리하여 10갑을 그에게 버리고 오기로 결정했다. 나머지 4갑은? 싱가포르에서 50싱달러면 약 4갑 아닌가? 그래서 2갑은 필자 가방에, 함께 간 일행의 가방에도 1갑씩 넣어 안전하게 원금을 보전하며 통과했다. 더럽고 치사하며 비굴한 생각이 나의 온몸을 감싼 순간이었다.

광활한 캠퍼스에서의 금연

싱가포르는 모든 학교가 전면금연이다. 대학도 예외가 아니다. 그러나 대학 캠퍼스가 어떤 곳인가? 보통은 10만 평, 좀 큰 대학은 50만 평, 100

만 평까지도 되는 광활한 공간이다. 그래서 아침 출근길이나 점심시간엔 대학 입구나 경계선에 사람들이 담배를 피우려고 줄지어 선 모습을 볼 수 있다. 피우고 나서 경계를 넘는 방식이다. 출근 때야 그런 식으로 가능하지만, 중간중간 찾아오는 흡연욕구를 어떻게 처리하느냐가 문제다. 학자나 학생들도 흡연에서는 누구에게도 뒤지지 않는다. 담배 없이는 글 한 줄 못 쓰는 교수가 부지기수다.

10년 전 싱가포르 대학에서는 캠퍼스 내에 서너 곳의 공식 흡연장소를 운영했다. 그러자 온갖 흡연자들이 그곳에 스멀스멀 모여들어 각종 정보를 나누는 만남의 장이 되었다고 한다. 세상엔 흡연자들이 삼삼오오 모이는 것을 꼴 보기 싫어하는 정의로운 사람들이 차고 넘치기 마련이다. 결국 공식 흡연장소는 폐지되었다. 그 많던 흡연자들은 어떻게 되었을까? 필자는 이 대목에 싱가포르를 넘어 아세안 사회의 주요한 특징이 숨어 있다고 생각한다.

이후 각 건물마다 은밀한 구석 한 곳이 암묵적인 흡연장소로 설정되었다. 절대로 재떨이가 놓이지는 않는다. 재떨이는 공식화의 상징물인 탓이다. 그 장소는 외부인이나 초심자는 쉽게 알 수 없다. 그곳에선 교수도 학교 직원도 고참 대학원생도 어색한 눈인사를 나눈 뒤 한껏 흡연을 즐긴다. 이른바 로컬 룰이다. 공식적으로는 전면금연이지만, 자율적으로 잠시 해방구가 생기는 것이다.

'자율적' 금연룰

이 장소는 말 그대로 비공식적인 장소다. 현지인과 함께 있어야 그 공간이 의미를 가진다. 당연히 외국인은 이런 장소가 있는지도 모르고, 안다 한들 불안해서 그 공간을 제대로 즐길 수가 없다. 모든 게 부자연스럽다. 유일한 해결책은 현지인과 함께 그 공간에 있는 것이다. 그렇다면 이것은 법에 의한 지배를 싫어해서 벌어진 현상인가?

반드시 그런 것 같지는 않다. 아마도 지배체제가 자주 바뀌고 외부세력이 빈번히 침투해 다양한 명령과 법률을 강제했겠지만, 그것이 로컬 주민들의 삶의 형태까지 바꾸지는 못한 것이 아닐까? 그러니까 비합리적인 법과 제도는 늘상 있어왔고 현지인들은 그러한 규제 속에서도 적당히 자유롭게 자율적인 삶을 영위하는 것으로 보인다.

PS

1. 남자들의 커뮤니케이션은 주로 흡연장소에서 이루어짐. 유학생은 그 커뮤니티에 속해야 최소한의 정보 습득을 통해 생존할 수 있음.
2. 한국의 담뱃값 4500원은 여전히 착한 가격임.
3. 그러나 한국엔 공식 흡연장소가 대폭 늘어나야 함. 동남아식으로 하면 너무 피곤함.

싱가포르의 이중 삼중 가격: 타밀

싱가포르 우드랜드 지하철역의 타밀어 공동 표기

싱가포르 물가는 인간적으로 사악하다. 에어컨 있는 레스토랑의 평범한 점심 한 끼에 1만 5,000원 이하를 찾기 힘들며, 맥주 한 잔에 7,000원, 아파트 월세는 300만~500만 원에 달한다. 싱가포르 현지인들도 평범한 지구인일진대, 이런 고물가를 견디며 살 수는 없다. 각자 사는 종족사회에 걸맞은 로컬 가게들이 구석구석 숨어 있다.

예를 들어 로컬 장터인 호커센터에서 점심을 먹으면 4,000원 정도로 배부르게 먹을 수 있는 메뉴가 무척 많다. 조금 더 아끼고 싶다면 3싱달러(2,700원)짜리 치킨라이스도 있다. 놀라운 건 비교적 저개발국가인 미얀마나 캄보디아에 가도 이 정도 가격으로 식당에서 깨끗한 밥을 먹기 힘들다는 사실이다. 그런 점에서 싱가포르 노점상(호커센터)의 가격경쟁력은 놀라운 측면이 있다.

필자가 다니던 주롱이스트 상가의 미용실은 남자 커트가 5싱달러, 4,000원 수준이었다. 이 가게를 발견하고 "유레카!" 하고 소리를 질렀을 정도다. 서비스도 괜찮은 편인데 착한 가격이다. 보통 싱가포르에서 남자 커트 가격은 1만원에서 2만원 사이다. 그래서 어떻게 4,000원이 가능한지 물어봤을 정도다. "더운 데서 일하는 분은 미용실에 자주 오시거든요." 이른바 노동자 계층을 위한 미용실이라는 얘기였다. 특히 그런 저가 미용실에 자주 오는 사람들 중에는 남아시아계 노동자들이 많았다.

인도의 강력한 존재감

한국에 있을 땐 전혀 신경 쓰지 않다가 싱가포르에서 가서야 느끼는 것 가운데 하나가 '인도'라는 강력한 문명권의 무게감이다. TV에 인도 드라마가 나오고, 거리에서도 인도 음식, 힌두교 사원 그리고 다수의 남아시아계 노동자를 접하게 된다. 배고플 때 커리와 함께 먹는 쁘라타의 맛은 가히 최고라 할 수 있다. 싱가포르의 인도계 국민 비율은 9퍼센트다. 60만 명 정도는 있다는 얘긴데, 놀랍게도 이 가운데 타밀계가 50만 명이나 된다. 싱가포르의 인도계는 대부분 타밀인인 것이다.

타밀족은 인도 남부 끝자락 타밀나두 지역과 스리랑카 북부에 사는 무척이나 오랜 역사를 가진 민족으로, 공식 인구만 1억을 넘어 2억에 이른다. 처음엔 인도계와 타밀계를 구분하기 쉽지 않지만 조금만 유심히 살펴보면 구분이 된다. 언어도 문자도 피부색도 다른데, 싱가포르에서는 유독 타밀족이 인도를 대표하는 종족이 되었다. 영국제국 때문이다. 타밀나두 지역은 인도의 여러 지역 가운데 뱃사람이 가장 많았고 가장 가난한 지역이기도 했다. 자신이 살던 지역을 떠나 이주민이 되는 사람은 대개 가난한 사람들이다. 타밀족은 영국제국의 세계화 과정 중 밑바닥에서 고생한 민족으로, 지금은 캐나다·미국·호주·싱가포르·남아공 등 영국의 발길이 닿은 여러 나라에 강력하게 뿌리내리고 부를 일군 커뮤니티가 되었다.

타밀족은 드라비다 언어권

원래 이 글에서는 싱가포르에 사는 각기 다른 인종의 서로 다른 경제권에 대해 쓰려고 했는데, 타밀족 얘기가 나왔으니 옆길로 한번 새야겠다. 타밀족은 고대에 강력한 해양문명을 일군 민족인데, 우리나라와도 (신화적) 연관이 없지 않다. 가야국의 시조인 김수로왕과 결혼한 허황후가 인도에서 배를 타고 왔다는 설화가 있는데, 이 허황후가 타밀계로 추정된다. 더 흥미로운 점은 타밀어와 한국어의 흡사한 어법구조다. 비슷한 단어도 상당히 많아서 깜짝 놀랄 때가 많다.

혈연과 민족을 중시하는 호사가들이 아시아의 교류와 확장, 통섭의 역사를 '제국주의' 방식으로 해석한 데서 오해가 커진 측면도 있다. 하지만 타밀어와의 연관성이 한국어의 기원에 대한 설명의 폭을 넓혔으면 싶다. 알타이와 몽골, 시베리아 쪽을 살피는 것도 중요하지만 타밀과 티베트, 미얀마 등 아시아 남부와의 친연성을 살피는 것도 효과적일 수 있다는 얘기다. 최근 젊은 언어학자들 가운데는 아시아 언어를 보다 넓은 시각에서 연구하는 사람이 늘고 있다. 드라비다 언어와 한국어는 꽤나 흥미로운 비교대상이다.

더 신기한 건 타밀족이 한국인과 피부색은 완전히 다르지만, 눈빛과 표정 그리고 농경문화에는 비교 포인트가 무척이나 많다는 점이다. 인도에 볼리우드가 있다면 타밀족에게는 '콜리우드Kollywood'가 있다. 이 콜리우드 영화를 가만히 보고 있노라면, 조선시대를 간접 체험하는 듯한 인상을 받을 때가 있다.

타밀 커뮤니티와 싱가포르

싱가포르는 70퍼센트 이상의 중국인, 15퍼센트의 말레이시아인, 10퍼센트 인도인과 5퍼센트 정도의 백인·유라시아인으로 구성된 복합 다중사회다. 그런데 이 인종 간 민족 간 결혼이 무척이나 드물다. 한때 싱가포르 사회도 잠깐이나마 인종 간 결혼을 장려했다고 한다. 에어비앤비를 통해 알게 된 1960년대생 싱가포르인도 그런 사례였다. 그는 1990년대 후반에 인도 여성과 결혼했지만 이혼하고 고등학생 딸과 함께 살고 있었다. 이혼 사유를 차마 묻진 못했지만 딸아이가 "문화 차이 때문이다"라고 명쾌하게 설명을 해주었다.

기본적으로 중국인, 말레이시아인, 인도인 모두 문화적 특성이 워낙 뚜렷하고 문명의 역사도 깊어, 결혼으로 간단히 통합되지 않는다. 이를 설명하는 복수사회plural society 이론은 무려 100년 전에 영국인 학자들이 동남아 사회를 관찰하며 발견한 특징이기도 하다. 민족이 인위적으로 섞이지 않고, 한 민족사회에 뚜렷하게 속하지 않는 경우 엄청난 사회적 냉대와 차별이 가해지기도 한다. 동남아에서 소수민족이 살아가기 힘든 이유에는 이런 배경이 있다.

이런 복수사회의 특징을 잘 보여주는 사회현상이 앞서 말한 유통과 가격이다. 각기 커뮤니티에 따라 식재료를 사는 장소가 따로 있고, 정보를 얻는 미디어가 다르고, 당연히 가격도 다르다. 아마 인도인들은 인도나 인도네시아에서 컨테이너째로 소비재를 수입하는 듯싶고, 가난한 화교들 역시 중국산 저가 맥주를 어떻게든 공급해서 마신다. 그 파괴적인 유통구조를 알고 싶었지만 능력 밖의 일이었다. 다인종인 싱가포르 사회도 상당한 갈등과 트라우마를 안고 진화한 사회였다.

PS

1. 선진국 싱가포르보다 미얀마나 캄보디아의 물건값이 비싼 경우가 종종 있음. 신기하지만 당연하게 받아들여야.
2. 전통적으로 동남아 사회의 최하위 계층은 놀랍게도 백인과 로컬 혼혈인 '유라시아인'이었다고. 백인 아버지가 강력하게 친부권을 행사하지 않는 한 사회 최하층민으로 편입되었다. 100년 전 그들의 삶은 무척이나 험난했고, 한국에도 유사한 사례가 있었음.
3. 타밀어 문자를 전 세계에서 가장 흔하게 접할 수 있는 곳이 바로 싱가포르. 산스크리트어와 닮은 듯 무척 다르며, 스리랑카어나 미얀마어 문자와도 흡사함.

NTU, 호끼엔,
조주, 광둥, 호랑이약

1910년대에 미얀마 화교가 만든 세계적 히트상품 호랑이약

싱가포르 호끼엔의 꿈이 담긴 대학 난양공대NTU

필자가 2019년 하반기 미얀마에 도착하면서 했던 결심 가운데는 '한국 사람 안 만나기'도 포함되어 있었다. 싱가포르에서 갈고닦은 영어 실력으로 미얀마 사람과 백인 코쟁이들을 맘껏 만나봐야겠다는 야심이 있었기 때문이다. 일종의 방법론적 테스트이기도 했다. 한국 사람의 도움을 받지 않고 미얀마에 대한 지식과 네트워크를 쌓으면 더 정확하고 세계적(?)인 지식이 나오지 않을까?

부질없는 망상이었다. 일단 필자를 선뜻 만나주는 현지인은 거의 없었다. 코로나 유행이라는 시기적 특수성도 있었지만, 외국에서 온 기자나 연구자를 만나려는 사람이 별로 없더라. 예를 들어 미얀마 증권시장이 궁금해 담당자에게 전화를 하고 메일을 보내고 페북 메시지도 남겨봤지만 "코로나 시기라 인터뷰 안 됨", 대충 이런 답변이 돌아왔다. 이 사람들 세계화 의지가 있는 건지 없는 건지 무척 당혹스러웠다.

이런 난관에 번번이 부딪치자 할 수 없이 떠나오기 한 달 전 한국 교민들에게 한 수 가르쳐달라고 읍소할 수밖에 없었고, 그렇게 한 덕분에 그나마 현지에 대한 이해가 늘었다. 한번은 그래도 대기업 S전자 사람은 만나봐야지 싶어 이리저리 수소문해 부장급 직원을 만났는데, 아니, 필자의 중학교 동기동창이었다. 같은 반에서 공부한 적은 없어도 동향 출신에 동갑에 동창이니 상당히 기쁘고 신기했다. 객지에서 동향 사람이나 학교 선후배를 만나면 천군만마를 얻는 것 같은 기분이 들 때가 있다. 신뢰감이나 친밀도가 갑자기 무한대로 상승해버린다.

남방 화교

한국에 살면서 만나본 화교는 99퍼센트가 산둥성 화교였다. 이 비율이 정확하지 않을 수도 있지만, 대부분 산둥성 출신이라는 얘기다. 그래서 한국인들은 화교를 세분화하는 데 별 관심이 없기 마련인데, 동남아에 가면 어쩔 수 없이 다종다양한 화교 분류라는 상당히 까다로운 벽에 부딪치게 된다. 필자도 지난 3년간 화교 분류법에 대해 무척이나 고민해보고 논문도 많이 읽었지만 언제나 헷갈리고, 설명하려면 답답하기 그지없었다.

화교 분류법이 어려운 건 '지리상, 행정구역상'의 범위가 무제한적이라는 이유가 크다. 우리나라로 치면 영남 사람이지만 경남 사람이라고도 하고 동시에 진주 사람이기도 한 것과 같은 이치다. 한 사람의 출신지가 최소 3가지이기 때문에 외부자 입장에선 까다롭다. 게다가 중국은 언어가 달라서 한국인에게 최소 3가지로 들린다. 예를들어 潮州人은 한국 한자 발음으로는 '조주인'인데, 만다린으로는 '차오조우'라고 부르고, 민남어로는 '터초우', 태국에서는 '치우차우', 베트남에선…… 미치고 팔짝 뛸 노릇이다.

이쯤 되면 암기를 포기하는 게 나을 정도다. 나아가 필자의 도서관 바로 옆 좌석 주인이 중국 조주에서 유학 온 중국 본토 조주인이었다. 이런 경우는 또 중국인이면서 신新화교이자 정통 조주인라고 우기더라. 중국 본토 조주인에게는 또 다른 자기들끼리의 체계가 있다는 얘기다. 하하, 한국보다 더하다.

NTU를 만든 호끼엔

싱가포르엔 3개의 명문대학이 있다. NUS싱가포르국립대학교가 유명하지만, 요즘 문과생들은 SMU라고 불리는 싱가포르경영대학Singapore Management University을 더 선호한다고 한다. 그리고 서북부 주롱웨스트에 또 하나의 국립대학인 NTU가 있다. 난양이공대학Nanyang Technological University. 한국에선 난양공대로 유명하다. 이 '난양'이라는 표현에 주목할 필요가 있다. 왜냐하면 이 단어가 중국 푸젠성福建省 출신을 가리키는 숨은 키워드이기 때문이다. 타이완을 마주 보는 푸젠성에서 남쪽으로 바라다보이는 커다란 대양이 바로 남쪽 바다 난양南洋이다.

일찌감치 명나라 이후 바다로 진출해서 밖으로 나아간 푸젠인들이 호끼엔(민남어 발음)이다. 그래서 동남아 화교의 40퍼센트가 바로 이 호끼엔이다. 호끼엔은 세계 어디에나 있고, 가장 먼저 부와 자본을 일군 집단이며, 말레이시아와 싱가포르의 중심 파벌이다. 일단 호끼엔만 알면 남방화교의 절반은 알고 들어가는 셈이다.

싱가포르 정치계에서도 이 호끼엔이 중요하다. 리콴유 집안은 하카客家 출신의 화교인데, 영국 유학을 마치고 돌아온 리콴유가 정계에 데뷔하기 위해 가장 먼저 배운 것이 바로 주류세력 호끼엔의 언어인 민남어였다. 싱가포르 부자들의 70퍼센트가 호끼엔이었으니 너무도 당연한 이야기다. 그래서 지금도 싱가포르에서 총리를 하려면 적어도 민남어로 대중연설을 소화해야 한다는 암묵적인 룰이 있다. 최근 4세대 총리후보인 헹스위낏도 당연히 민남어 연설을 소화한다.

이들은 1910년대에는 손문의 신해혁명을, 1930년대에는 항일전쟁을, 1940년대에는 국민당을 주로 지지했다. 그리고 고국이 공산화되자 각자의 나라에서 정착을 시도하는데, 특히 이들 싱가포르 호끼엔들은 반드시 민남어를 지키고 싶었고 종합대학도 갖고 싶었다. 그렇게 해서 1955년에 만들어진 것이 바로 난양대학이다. 고향을 잃은 수많은 호끼엔 자산가들이 민족적 자부심을 지키기 위해 일종의 '나라 사랑 고향 사랑 운동'으로 돈을 모아 만든 대학인 것이다. 그러나 싱가포르가 어떤 나라인가? 철저한 표준을 추종하는 국가다. 호끼엔이 아무리 돈이 많아도 중국을 대표할 수는 없다. 그래서 민남어 대학의 정신은 점차 퇴색하고, 난양대학은 국립대 시스템으로 통합되었다.

광둥과 조주

우리는 홍콩 영화에 익숙하기 때문에 단박에 광둥어를 구분할 수 있다. 화교의 4분의 1 정도는 광둥성 출신이다. 땅이 워낙 넓다보니 지역보다는 언어로 구분한다. 홍콩, 광저우, 선전 등의 현대 중국인도 광둥어를 잘 쓰면 그냥 모두 광둥인이다. 이렇게 호끼엔과 광둥인을 구분하면 대부분의 화교는 아는 셈이다.

그리고 셋째, 동남아에서 가장 특별한 조주인이다. 조주潮州는 광둥성과 푸젠성의 정확히 중간쯤에 위치한 강어귀 마을이다. 한국으로 치면 진주나 여수 급의 작은 도시다. 그런데 이 조주인들이 일찌감치 강력한 단결력과 해상교역 네트워크로 화교사회에 막강한 영향력을 행사했다. 일개 시市 단위가 성省급 영향력을 행사한 셈이다. 태국이나 캄보디아의 경우 과거 이들 조주 상인들이 싹쓸이를 했을 정도다. 심지어 홍콩의 거상들도 상당수가 조주인, 조주 마피아다.

이 넘버 3, 호끼엔, 광둥, 조주(터추) 정도만 알면 크게 무리가 없다. 대략 이 3가지 범주에 다 걸린다. 만일 어떤 사람이 아세안에 거주하는 화교라면 이렇게 물어보면 된다. "아 유 호끼엔? 오어 광둥? 오어 터추?" 이 정도 질문이면 상대방이 당신의 배려에 감사할 것이다. 하카客家(고향이 없는 화교)를 알면 더 좋긴 하지만, 그건 앞의 3가지 범주를 알면 자연스레 풀리게 된다. 오히려 본인들이 적극적으로 설명하기도 한다.

미얀마 화교, 호랑이약

미얀마 양곤도 1900~1960년대에 세계적인 도시 가운데 하나로 꼽히며 야심 있는 화교세력이 대거 몰렸던 동네다. 지금도 양곤 다운타운에 가면 엄청난 규모의 차이나타운이 존재하고, 진귀한 금은옥 등 보석류가 관광객의 눈길을 잡아끈다. 당시 양곤에서는 인도계와 화교세력이 굉장히 치열한 상권 다툼을 벌였다고 한다. 주로 영국이 심판을 보았다지만 그 싸움은 우열을 가릴 수 없는 난형난제 수준이었다는데, 1962년 미얀마에 민족주의 성향의 사회주의 정부가 들어서면서 둘 다 폭망하고 만다. 그래서 60년간 침체기를 겪은 뒤 현재 부활을 모색 중이다.

1910년대에 양곤의 화교사회에서 탄생한 제품이 바로 '호랑이약Tiger Balm'이다. 호끼엔 출신의 양곤 거주 한의사가 개발해 1920년대 이후 세계적인 대히트를 기록했다. 이 호랑이약이 미얀마에서 개발된 이유가 있다. 바로 사계절 내내 창궐하는 모기와 벌레들 때문이다. 어떻게든 가려움증을 진정시키고 강력한 향으로 벌레를 쫓을 필요가 있었던 것이다. 그리고 실제로 효력이 있자 이 호랑이약은 동남아를 중심으로 폭발적으로 팔려나갔고, 개발자인 호Aw 씨 일가를 동남아 최대의 부자 반열에 올려놓았다.

동남아에 진출한 일본도 자국으로 이 약을 가져갔고 일본 내에서 선풍적인 인기를 끌었는데, 그 여파로 한국에서도 1980년대까지 가정의 상비약으로 통했을 정도다. 1920년대 후반 이들 호씨 형제는 싱가포르로 이주해 사업을 더욱 확장하고, 이들이 번 돈은 싱가포르에 수많은 학교와 병원을 세우는 데 쓰이게 된다. 2013년 미얀마가 다시 개방을 선택하자 타이거밤은 미얀마로의 판매 재개를 선언했고, '호랑이약의 금의환향'이라는 뉴스는 전 세계 화교들 사이에서 뜨거운 이슈 가운데 하나가 된다. 미얀마 화교들도 빨리 깨어나라는 일종의 격려이자 반가움의 인사였던 셈이다.

PS

1. 복건=푸젠=호끼엔, 이것을 인식하는 것이 핵심. 자연스레 광동=광둥이 된다.
2. '호끼엔-광둥-조주', 이 3개만 암기.
3. 호랑이약은 미얀마와 싱가포르 그리고 한국을 연결하는 거의 유일한 상품일 듯.

중립국 싱가포르:
정치적 자유

2018년 북미정상회담을 위해 싱가포르를 방문한 김정은과 악수하는 리센룽 싱가포르 총리
출처: 2018 DPRK-USA Singapore Summit

트럼프 미국 대통령을 환영하는 리센룽 총리 출처: 2018 DPRK-USA Singapore Summit

한국인에게 가장 잘 알려진 중립국은 유럽의 스위스와 남아시아의 인도다. 스위스가 유명한 이유는 아마도 비밀금고 때문인 듯싶고, 인도가 유명한 이유는 최인훈의 소설 『광장』 때문일 것이다. 거제 포로수용소에서 전쟁의 환멸을 느낀 주인공 명준은 목숨을 걸고 남도 북도 아닌 중립국행을 택한다. 그리고 인도로 가는 배 타고르호 안에서, 아마도 마카오와 싱가포르 사이의 남지나해 어디쯤에서 비극적 자살로 생을 마감한다.

한국에서도 1980년대까지 통일을 위해선 '영세중립국'이 되어야 한다는 논의가 있긴 했다. 그러나 한국에서 중립국은 그다지 환영받는 외교노선은 아니다. 미국이라는 확실한 1강이 존재하는 상태에서 중립 논의는 상당히 위험하다고 여겨진 때문인 듯싶다.

싱가포르도 엄연한 중립국

싱가포르가 중립국이라는 사실을 잘 모르는 분들이 많다. 전 세계 거의 모든 나라 기업인들이 활약 중이고, 자연스레 전 세계 모든 국가의 정보기관들도 암약 중이다. 당연히 북한 대사관도 있고, 각종 국제기구의 아시아 사무소도 거의 다 이곳에 있다. 트럼프-김정은 정상회담이 이곳에서 열린 것은 우연이 아니다. 그만큼 지정학적으로 중요한 위치를 점하고 있기 때문이다(중립지대라는 표현도 정의에 따라 성격이 다를 수 있는데, 현실적으로는 2차 대전과 미소 냉전시대에 어느 한쪽에 서지 않았던 지역으로 볼 수 있다. 2차 대전 때 싱가포르와 아세안은 일본 편에 섰다. 싱가포르의 중립 노선은 2000년대 이후 날로 강화되고 있다).

국제무역항이라는 건 역사적으로 글로벌 정치지형의 대립을 피하기 위해 자연스레 형성된 측면이 있다. 싸울 때 싸우더라도 돈은 벌어가면서 싸우자는 유럽식 상업주의의 전통이라고 할 수 있고, 로컬세력의 자주권에 대응하기 위한 제국주의 세력의 최후의 군사적 보루인 측면도 있다. 그래서 국제무역항의 중요한 필요충분조건은 당대 최강국의 후원을 받는 것이었다. 19세기 초에 싱가포르가 영국의 지도하에 건설된 것도 그런 배경이다. 그리고 일본, 미국이 바통을 이어받았다. 전쟁을 하더라도 중립지대에서 물도 보급받고, 배도 수리하고, 환자도 치료하고, 식료품 정도는 거래해야 하지 않겠는가 하는 이유도 있겠다. 최고의 우선순위가 초강대국의 이익이라는 건 변함없지만 말이다.

전 지구적 3대 포인트: 런던, 뉴욕, 홍콩(or 싱가포르)

싱가포르가 지정학적으로 중요한 이유는 태평양과 인도양을 잇는 거의 유일한 통로이기 때문이다. 그런데 냉정히 따지고 보면 바다는 어디로든 다 연결되어 있고, 심지어 남중국해에는 출구가 예상 외로 많다. 대표적으로 인도네시아 자카르타 옆을 지나가는 순다 해협이 있고, 좀 극단적으로는 호주 옆으로 빙 돌아가는 방법도 있다. 굳이 싱가포르를 거치지 않아도 인도양으로 가는 길은 많다. 하지만 다들 싱가포르를 선택한다.

피해 가는 것이 간단하지 않은 게, 싱가포르를 선택하지 않으면 100퍼센트 인도네시아 영해를 지나가야 하기 때문이다. 인도네시아는 중립국보다는 비동맹국으로 보아야 하고 지역의 군사맹주인 탓에 자존심과 자부심도 세다. 그러니 미국이나 소련, 중국, 영국이 군사기지를 설치해 강대국의 핵잠수함이나 항공모함을 호위하도록 허락해줄 리가 없다. 게다가 바닷속 지형도 무척 험해서 경험이 없으면 사고가 날 위험도 많다. 결과적으로 최단거리는 싱가포르 경유 노선이다. 급박한 군사작전을 눈앞에 둔 상황에서 먼 거리를 돌아가는 바보 같은 작전을 선호할 나라는 없다. 그래서 싱가포르는 강대국이든 강소국이든 무역선과 잠수함을 가진 모든 나라들이 참여하는 플랫폼, 즉 중립지대가 된 것이다.

말이 나와서 말인데, 강대국들의 핵잠수함이나 잠수정은 외교에서 민감한 문제가 된다. 아무리 미국이라도 중국이나 러시아, 프랑스, 영국의 잠수정들까지 싱가포르 앞 해협을 통과해라 마라 할 권한까지 있는 건 아니기 때문이다. 그래서 싱가포르는 군사첩보 전쟁과 군사외교의 장이 된다(외교도 첩보활동도 활발한 지역). 냉전시대 한국과 비슷한 상황이라고 할 수 있는데, 한반도가 겨우 4대 강국 간의 전쟁이라면, 싱가포르 앞바다는 G7+러시아, 중국+아세안 10개국+호주, 중동, 인도, 브라질, 남아공, 칠레까지 참전한 대규모 싸움터라는 점이 다를 뿐이다. 그래서 싱가포르를 '지구의 배꼽'이라고 부르는 사람도 있다. 이곳에서 정보를 놓치면 강국이 될 수 없기 때문이다.

냉전과 억압된 정치적 자유

똑같이 대영제국의 아시아 지역 사무소로 출발한 싱가포르와 홍콩의 차이가 발생하는 지점이 바로 여기다. 홍콩은 무역항이자 외환거래의 중심지로 자리매김하면서 정치적 자유를 자연스레 활용할 수가 있었다. 홍콩은 1970~1990년대에 영화, 드라마, 음악 시장을 활발히 창조해내 아시아 사람들을 열광시켰다. 천안문 시위자들의 도피처가 되기도 했으며 30년 넘게 대륙의 민주화를 위한 촛불시위도 멈추지 않았다.

그런데 싱가포르는 경제적 자유는 주어졌지만 군사적 중요성이 너무 컸던 탓에 사회 전체에 가해지는 '안보' 압력이 높았다. 공산주의, 사회주의, 민주주의라는 가치 대신 리콴유와 PAP인민행동당, People's Action Party 중심의 화인정권의 필요성과 정권안정의 요구가 절대적이었던 것이다. 중립국이라고 표현할 때는 주로 사상의 자유를 필수조건으로 꼽지만, 싱가포르는 철저하게 안보 중심의 상업국가이다보니 이데올로기의 자유는 배제된 통제국가로서의 성격이 짙었다. 그래서 싱가포르가 중립국이라는 사실에 고개를 갸우뚱하는 사람이 많은 것이다. 소설 『광장』의 이명준이 인도로 가는 건 납득이 되지만 싱가포르로 가는 건 어색하게 느껴지는 것도 이 때문이다.

그런데 태국이나 말레이시아, 인도네시아 등지에서도 어쩔 수 없이 이런 경향성이 엿보인다. 아세안은 이른바 1960년대 이후 비동맹주의를 실천해왔다고는 하지만, 실질적으로는 공산주의 이념에 대한 철두철미한 탄압이 계속되었고, 냉전체제와 군부 득세에 따른 강고한 민족주의 정권이 여타의 민주주의 가치를 억압한 측면이 있다고 할 수 있다. 중립국의 주된 이미지인 사상의 자유는 부족했던 것이다.

최근 싱가포르에서도 야당이 크게 약진하며 민주주의에 대한 열망을 내비치기 시작했다. 싱가포르와 아세안 지역에 더 많은 자유와 다양성, 민주주의의 확산이 필요하다는 것은 두말할 나위 없다. 냉전체제는 여전히 아시아에서 극복해야 할 숙제인지도 모른다.

PS

조선인 가운데 일찌감치 싱가포르를 방문한 인물은 몽양 여운형 선생임. 1928~1929년 중국 상하이의 푸단대학교 체육 교수로 재직하던 중 학생 수학여행단을 이끌고 싱가포르에 가서 '제국주의에 대항하는 투쟁'이라는 강의를 해서 영국 경찰들에게 여권을 빼앗기고 추방당했다고 한다. 인물은 인물임.

가사노동, 이주노동자, 싱가포르와 한국

싱가포르에서 만난 필리핀 출신 가사노동자

싱가포르 건설공사를 책임지는 외국인 노동자들

필자는 첫딸을 낳은 2008년부터 싱가포르로 떠나기 직전인 2017년 7월까지 정확히 10년간 중국 동포 출신 아주머니를 가사노동자로 고용해 집에서 주 5일을 함께 살았다. 아내 역시 직장인이었기 때문에 불가피한 선택이었다. 당시 두 분을 면접했는데, 한국의 40대 아주머니는 임금으로 월 220만 원을, 이분은 월 170만 원을 제시하셨다. 경제논리에 의해 당연히 후자를 선택했다.

필자가 그리 좋은 고용주였는지는 모르겠다. 곧바로 2009년 경제위기가 터지고 위안화 가치가 급등하자 그분은 최소 10만 원 인상을 요구하셨다. 당시 필자는 "보너스를 조금 더 드릴 테니 일단 첫 계약대로 가자"고 버텼고, 그 결과 10년 내내 170만 원으로 마무리했다. 명절 보너스도

꼬박꼬박 챙겨드리고 휴가도 적극적으로 배려했다고는 하지만, 금액적으로 따져보면 나쁜 고용주가 맞는 것 같다. 중간에 물가인상률만큼 한 번은 올려드려야 했다.

처음에 이분을 뽑고 필자는 엄청난 두려움에 떨었다. 이분의 신분을 보장할 방법이 없었기 때문이다. 세금과 의료보험료를 부담하지 않는 대가였다. 소개를 받았다지만 소개는 소개일 뿐, 하루 종일 갓난아기와 집에 단둘이 있는 상황인데, 혹시나 아이를 데리고 도망가면 어쩌나 하는 걱정이 불쑥불쑥 솟구쳤다. 무척이나 막막했던 기억이 난다. 다행히 아주 훌륭한 분이었고, 온 가족이 중국과 한국을 오가며 재산도 모았다. 지금은 딸 가족과 인천 송도 한복판에서 편안한 노년 생활을 보내고 계신다.

싱가포르와 홍콩

2004년 필자는 몇몇 동료와 함께 세계의 이주노동자 문제와 한국이 얻을 교훈을 확인하러 각국의 도시 취재에 나섰는데, 우연찮게 필자에게 싱가포르와 홍콩이 배정됐다. 언제라도 가볼 수 있는 가장 밋밋한 선택지였다. 그런데 당시 자문을 맡은 전북대 설동훈 교수께서 "싱가포르는 엄청 중요한 사례이니 자세히 보고 오라"고 신신당부를 하는 거다. 당시 한국에서 "우리도 외국인 가사도우미를 수입하자"는 여론이 일기 시작했지만, 싱가포르는 그리 유명하거나 중요한 참고지역이 아니었다. 직접 가서 살펴보니 교수님 말씀대로 외국인 노동자 정책만큼은 무척이나 인상적이었다. 번거로운 가사노동을 전부 외주로 맡긴 상황이었다.

싱가포르는 특히나 인적 자원이 부족한 동네다. 그래서 여성도 사회활동을 해야 했기에 일찌감치 가사노동을 외국인 노동자에게 맡기게 되었다. 2004년 당시 싱가포르의 1인당 GDP가 3만 달러였는데, 인도네시아와 필리핀에서 데려온 가사노동자에게 월급 60만~70만 원과 1년에 왕복 항공권 1장을 임금으로 지급하고 있었다. 형편이 괜찮은 부자들은 당연하다는 듯 2명의 외국인 가정부를 고용했다. 당시 이들의 인권문제가 상당한 사회문제로 떠오르곤 했다. 몸이 심하게 아프거나 사소한 법적 분쟁이라도 생기면 곧장 고국으로 돌려보냈기 때문이다.

그런데 싸고 편리해 보이던 싱가포르 가사노동자 정책의 이면에는 여러 고충이 있는 것 같았다. 저렴한 임금으로 무차별적으로 고용하는 데는 물론 나름의 합리적인 이유가 있었다. 당시 한국에서 같은 직종의 최저 임금이 월 170만 원이던 시절이다. 그런데 싱가포르는 60만 원에 가능했다. 주변국의 저렴한 노동환경이 있었기에 가능한 일이었다. 인도네시아와 필리핀의 동일 직종 임금이 월평균 30만 원 이하를 맴돌던 시절이었다. 그러니 저가항공으로 쉽게 이동할 수 있는 지근거리인 싱가포르에서 그들을 비싸게 쓸 이유가 없었던 것이다.

보다 결정적인 대목은 싱가포르의 좁은 행정구역이었다. 당시 한국 에선 첫 고용계약을 맺은 사업장에서 도망 나간 외국인 노동자들이 큰 사회문제가 되곤 했다. 임금을 더 주는 업종을 찾아 근무지를 이탈해 5년이고 7년이고 숨어 살았던 것이다. 그런데 싱가포르는 적어도 그런 걱정은 필요 없었다. 도망갈 곳도 없고, 신분이 불확실한 사람을 고용할 업주도 없었다. 싱가포르는 불법체류자가 살기엔 땅이 너무 좁았다.

13년 뒤의 싱가포르

싱가포르의 집값과 임대료는 13년 사이에 약 3배 정도 상승해 있었다. 월세 200만 원 이하의 콘도를 찾기가 하늘의 별 따기였으니 말이다. 1인당 GDP가 3만 달러에서 2019년 6만 달러로 2배 증가했으니 당연한 결과였다. 그래서 궁금했던 점은 2004년 당시 60만~70만 원이던 가사노동자의 월급이었다. 2017년 기준으로 80만 원 정도였고, 이는 싱가포르 전역이 비슷했다. 불과 15퍼센트 정도 상승에 그친 것이다. 제도 역시 달라진 게 거의 없었고 수입인력 규모 50만 명도 엇비슷했다.

싱가포르는 오래전부터 외국인 노동자 에이전트 제도를 운영해왔다. 일종의 인력 수입·송출 전문회사다. 이 업체가 적절한 인력을 골라주고, 각종 계약 및 보증채권으로 상호간 신뢰를 끌어올리고, 향후 생길지 모르는 법적 갈등과 세금문제까지 처리한다. 혹시나 해서 더 살펴보니 달라진 점이 딱 하나 있었다. 노동자의 국적이 조금 더 다양해진 것이다. 세계에서 임금이 가장 싼 미얀마 출신이 대거 늘었고, 대신 영어를 잘해 인기가 높던 필리핀인 수요는 크게 줄었다. 13년 동안 임금상승이 10만 원에 그친 이유를 알 것 같았다. 부자 나라는 더 부자가 되고 가난한 나라 노동자는 언제 어디에나 존재하니 당연한 일이었다.

한 가지 더 눈에 띈 점은 휠체어 탄 어르신들을 케어하는 외국인 노동자들이 길거리에 부쩍 많이 보였다는 점이다. 거의 노인 1명당 도우미 1명이 붙어 있는 것 같았다. 13년 사이에 싱가포르는 극도의 고령화 사회로 변모해버렸다. 그러니 병원이나 요양원에 있는 노인들을 관리할 외국인 노동자가 반드시 필요해진 것이다.

최근 한국의 입주 가사노동자의 임금 시세를 알아보니 하루에 8만 5,000원 정도, 한 달 기준으로는 250만 원 선이었고, 외국인 가사노동자는 여전히 180만 원 선을 지키고 있었다. 이 분야는 임금이 크게 오르락내리락하는 분야가 아니었던 것이다.

싱가포르를 찾는 젊은이들

그런 와중에 싱가포르의 유명 대형 호텔 등에서 일하는 한국인 노동자들이 급증했다는 사실은 특기할 만한 대목이었다. '호텔리어'를 꿈꾸는 젊은이들이 영어 실력과 호텔 경력을 쌓기 위해 일자리를 알아보던 중 싱가포르의 매력에 끌려 자원해서 오는 경우였다. 이들은 대개 에이전트와 2~3년 계약을 맺고 필리핀 등지에서 1달 정도 영어 교육을 받은 뒤 실무에 투입되었다.

역시 문제는 낮은 임금과 불공정 계약조건이었다. 싱가포르의 깐깐한 외국인 노동자 정책상 한국인 젊은이라고 월급을 많이 줄 리 없었고, 계약기간 내에 월급을 올려줄 리도 없었다. 한 달의 고된 노동으로 이들이 받는 액수가 1,400싱달러 정도, 그러니까 120만 원 정도에 불과했다. 전체 임금이야 그 이상이겠지만, 에이전트가 10퍼센트를 떼어가고 세금 10퍼센트가 빠지면 딱 그 정도만 남는 경우가 허다했다.

일부는 항의해보기도 하고, 계약기간을 채우지 않고 돌아가기도 했다는데, 계약파기로 인한 손해는 거의 노동자가 지게 되어 있다. 더 큰 문제는 싱가포르에서의 삶에 만족하는 경우였다. 싱가포르는 이들 저가 노동자에 대한 관리가 무척이나 까다롭다. 젊은 여성 인력에 대해서도 마찬가지다. 인력에 대한 평가는 연봉으로 판가름하는 경우가 많은데, 일정 시간이 지난 뒤 싱가포르에 더 살고 싶어도 연봉의 하한선을 채우지 못해 쫓겨나는 경우가 왕왕 발생했다.

불공정거래

확실히 노동문제에서 싱가포르는 뚜렷하게 갑질을 하고 있는 셈이고, 싱가포르를 동경하는 주변국들은 싱가포르에 노동력이라는 단물을 빼앗기고 있었다. 마땅한 대응방법이 없는 것도 문제다.

예를 들어 싱가포르에 살다보면 외국인 노동자와 관련된 민망한 경우를 자주 접하게 된다. 건물 화장실 청소나 길거리 쓰레기통 수거 등 번거롭고 더러운 일은 100퍼센트 외국인 노동자의 몫이라고 보면 틀리지 않는다. 싱가포르의 화장실은 관리가 잘되기로 유명하다. 화장실에 비치된 업무 확인서를 보면 하루에 최소 6번 방문해 각종 비품과 청결 상태를 확인하게 되어 있다. 거의 매 시간 그 확인서에 노동자가 체크를 해야 하는 것이다. 자국민 노동자라면 그렇게까지 가혹했을까?

길거리에서 쓰레기통을 수거하는 노동자들은 더 치욕스러운 노동조건을 감내한다. 매일 쓰레기통을 치우면서 자신이 치운 쓰레기통을 스마트폰으로 촬영해 저장해야 하는 경우다. 싱가포르 관리자들의 탁상행정이 낳은 비극이기도 하고, 외국인 노동자들을 믿지 못하겠다는 불신이 낳은 처참한 광경이기도 했다.

청소노동자가 청소차에서 뛰어내려 쓰레기기를 급히 수거하고 빈 쓰레기통을 자신의 폰카로 찍어 저장하는 광경은 필자가 싱가포르에서 목격한 가장 슬픈 장면 가운데 하나였다. 아, 이런 노동조건이 가능할 수도 있구나, 깨끗한 싱가포르 거리가 왠지 미워졌다.

PS

1. 2004년의 홍콩은 그나마 조금 더 인간적이었다고 느꼈음.
2. 필자의 집에서는 로봇 청소기가 바닥 청소를 담당하고 있음. 강추함.
3. 모 미국인 교수님 부부와 세미나를 하던 중 싱가포르의 외국인 노동자 이야기가 화제에 올랐다. 그분이 "아, 싱가포르식 노예제도 말이지요?"라고 반문하셔서 학생들이 모두 깜짝 놀랐다. 그분 왈, "그건 노예제도가 맞아요. 싱가포르식 노예제도." 아……

미얀마의
부동산 광풍(2012~2015)

미얀마 양곤 시내의 일상적인 거리 풍경

도시 전체가 공사장이 된 양곤 중심가

2012년도는 미얀마 현대사에서 새로운 전환점이 된 시점다. 미얀마 군부는 2011년도에 떼인세인 행정부 출범을 기점으로 미국과의 역사적 대타협을 통해 다당제 선거를 도입하고 아웅산 수찌를 선거에 참여시키고 언론검열도 푸는 등 민주화 세력과의 본격적 공존을 모색하기로 한다. 그 반대급부로 미국과 일본 등 서방세계가 금수조치를 중단했다. 즉 미얀마 경제가 세계시장과 다시 연결된 것이다. 그전까지 미얀마는 현대적 삶을 유지하기 위해 중국과의 내륙 교역에 절대적으로 의존하는, 모든 것이 부족하고 빈곤한 국가였다.

2012년에 한국의 경제지들도 각종 특집기사를 내며 미얀마 붐을 조성하고 전한 바 있다. 그때 정말 많은 한국 기업들이 새로운 시장을 찾아 양곤에 물밀듯이 찾아들었다. 당시 양곤은 호텔이 부족했고, 영어가 가능한 통역인력도 많지 않았고, 인터넷은 물론이고 휴대전화조차 귀하던 시절이었다. 필자도 그때 처음 미얀마를 방문해 그 역사적 순간을 경험한 기억이 생생하다.

양곤 시내의 낡은 주택이 '50억 원'

그런데 2012년 개혁개방이 본격화된 건 맞지만, 시기적으로 이때는 미국보다 중국의 영향력이 압도적으로 커진 시기였다. 중국의 '일대일로一帶一路' 정책은 2014년부터 수면 위로 떠올랐지만 실상은 그 이전부터 물밑에서 진행되고 있었는데, 최대 수혜 지역이 파키스탄이나 미얀마가 될 거라는 소문이 중국 전역을 휘감던 시기이기도 했다. 즉 중국인들이 2010년부터 몰려들어 미얀마의 개혁개방에 군불을 때기 시작했다. 지금에 와서 돌이켜보면, 2010년을 전후해 '중국의 팽창과 인도양 진출 모색 → 다급해진 미국 → 미얀마와의 관계 정상화 추진 → 2012년 미얀마 경제 대폭발'이라는 수순을 밟은 것으로 보인다.

2011년부터 중국 자본이 본격적으로 밀려옴과 동시에 2012년 서구와 일본의 자본까지 몰려들기 시작하니, 미얀마 전역에서 유전이라도 터진 것처럼 부동산 가격이 폭등하기 시작한다. 당시 부동산 열풍이 얼마나 거셌냐면, 다 쓰러져가는 양곤 시내의 100평짜리 저택 호가가 50억 원에 형성될 정도였다. 미얀마 북부 만달레이에 삥우린이라는 중국 무역거점 도시가 있는데 이 도시의 영국식 고택도 40억 원을 웃돌았으니, 개방만 하면 모두 부자가 될 거라는 생각에 당시 미얀마 엘리트는 물론 지식인과 서민들까지도 엄청난 신바람에 휩싸였다.

중국의 무지막지한 매점매석

한국에 있는 지인들이 제3세계를 생각할 때 가장 오해하는 대목 가운데 하나가 바로 부동산 가격이다. 예를 들어 한국의 중소도시 아파트 가격은 대략 2~5억 원이고, 풀옵션 원룸의 월세는 50만~70만 원 정도인데, 제3세계로 가면 이것이 3분의 1, 4분의 1 정도로 떨어질 거라는 막연한 기대를 하는 분이 많다는 것이다. 중국이나 동남아에서 살아본 분들은 이게 얼마나 터무니없는 생각인지 잘 알 것이다. 이미 전 세계가 부동산 가격에서는 큰 차이가 없는 시대가 되었다. 미국에서 아이폰이 1,000달러면 서울도 도쿄는 1,100달러이고 양곤에 가면 1,200달러가 되는 것과 흡사하다. 부동산에도 거의 비슷한 논리가 적용된다.

양곤 부동산 가격 폭등의 주범은 중국인과 중국의 금융기관들이었다. 그야말로 막대한 해외자산투자에 정부보증기관들의 위안화를 동원했던 것이다. 어떤 논리에서 그것이 가능했는지는 모르지만(아마도 위안화 세계화 프로젝트의 일환이 아닐까 싶다), 한국에 고속도로와 수도권 철도가 건설됨으로써 부동산 가격이 폭등한 것처럼 중국이 인도양으로 진출하려면 중국 쿤밍에서 시작되는 철도와 가스관이 양곤을 지날 수밖에 없기 때문에 중국 자본이 양곤의 부동산을 사들이기 시작한 것이다.

그런데 외국인은 합법적으로 미얀마 땅을 소유하기가 어렵다. 또한 미얀마는 사회주의 국가라서 땅의 소유권이 개인들에게 흩어져 있지 않았다. 군부와 정부가 가진 땅이 많고, 시 소유의 땅, 불교계의 땅 등 집단

소유의 땅이 많았다. 민법 체계도 확실하지 않고 무척 애매한 측면이 있었다. 다시 정리하면, 부동산 가격이 폭등했지만 실거래로 금방 이어진 것은 아니었다는 얘기다.

중국은 미얀마 국적을 가진 화교를 통해 이 난관을 정면 돌파하고, 정권교체를 앞둔 군부를 살살 꾀어가며 토지의 사유화를 이끌어낸다. 그리하여 2012~2015년에 군부와 시 정부가 소유한 상당 부분의 땅이 군인 및 친정권 인사들 명의로 민영화되었다. 이후 중국은 거래선을 가진 화교들을 통해 상당량의 땅을 확보하고 군인들은 천문학적 액수의 재산가가 되는 역사적 개혁개방의 현물화가 이루어진 것이다.

2016년 이후의 경기침체

흥미로운 점은 1999~2000년의 인터넷 버블처럼, 2012년에 시작된 미얀마 부동산 광풍도 수찌의 집권이 확실시된 2015년 말 이후 거짓말처럼 사그라들었다는 것이다. 50억을 호가했던 주택은 그 반값에도 팔리지 않고 공장 부지와 고급 콘도 거래도 2016년에서 2019년까지 지속적인 침체를 이어간다. 그러자 사람들이 수군거리기 시작했다.

"수찌와 야당 인사들은 감옥에 오래 있어서 경제를 잘 몰라서 그런 게 아닐까?"

지금도 이와 비슷한 말을 하는 지식인들이 많다. 수찌와 NLD는 경제에 무능하다는 주장 말이다. 이 주장은 1990년대 이후 한국의 야당과 민주 세력에 줄곧 씌워져온 프레임과 너무 흡사해서 놀랍다. 양곤의 집값이 50억을 오르내리고 군부와 연관된 일부 인사들이 부자가 된 것은 미얀마의 개방 결정에 대한 중국과 미국의 일종의 축하선물이지, 미얀마 군부가 심모원려한 정책으로 경제를 활성화한 것이 아니다. 중국 기업인들도 곧바로 거품임을 확인하고 더 이상 투자를 이어가지 않았다. 한국 기업인들 중에는 막차를 탔다가 지금도 고생하는 분들이 많다.

2016년 출범 이후 아웅산 수찌 정부는 지속적인 경기침체와 투자부족에 시달리며 유례없는 불경기의 늪을 거쳤다. 야당 투사에서 정치인으로 변신한 민주계열 인사들의 능력이 부족한 탓도 있었지만, 50년째 사회주의 체제에 익숙해 있던 공무원들의 능력도 한참 부족했으며, 미얀마에 대한 국제적 관심이 2012년에 비해 크게 사그라든 데도 원인이 있었다. 더 깊이 들어가면 쓸 만한 땅은 이미 다 팔렸고, 군부가 도로와 전기 등 투자를 위한 인프라 사업은 하나도 해결하지 않은 채 돈만 챙기고 튄 탓도 크다고 하겠다.

북한도 부동산 붐이?

이 대목에서 누구나 중국과 북한의 경우는 어떨지 궁금할 것이다. 혹자는 말한다. "북한을 개방하고 싶다고? 북한 군부와 고위 엘리트들을 천문학적 부자로 만들어주면 가능할 것이다."

한강이 내다보이는 서울 강남의 40평대 아파트 가격이 30억 원을 넘는다면, 북한이 개방을 선택할 경우 대동강이 보이는 고층 아파트 가격 또한 가장 먼저 30억이 될 것이다. 북한 군부가 땅에 대한 민영화를 전격적으로 시행할 수도 있다. 잘 모르시는 분도 있겠지만 북한에도 화교가 적지 않다. 그들을 통해 중국자본이 북한의 토지를 빠르게 매점매석할 수도 있을 것이다. 그리고 북한에서 가장 먼저 백만장자가 되는 이들은 막대한 토지를 불하받은 군부 인사의 아들딸일 수도 있을 것 같다…… 는 대화를 양곤에서 지인과 나눈 일이 있다.

얘기를 풀어놓고 보니 우울하지만, 미얀마의 전격적인 개혁개방을 이끌어낸 것은 중국의 막대한 '위안화 다발'이었으며 50년 군부의 퇴로를 열어주기 위한 불가피한 선물이었다는 해석에 슬며시 고개가 끄덕여지기도 했다.

PS

1. 현재 미얀마의 부동산 시장은 여전히 침체를 벗어나지 못하고 있음. 심지어 코로나로 외국인이 대거 사라져 그 골은 더욱 깊어졌음.
2. 그럼에도 수도 양곤을 둘러싼 지역에 산업단지를 짓고자 하는 해외 각국의 경쟁은 더욱더 치열해지고 있음.

삥우린, 메이묘,
무슬림 화교 미얀마인, 교차로

미얀마의 대표적인 식민도시 메이묘의 공원 풍경

인도와 중국 그리고 버마 문명의 교차지대인 삥우린의 2012년 도심 풍경

필자는 2012년 여름에 처음 미얀마에 갔는데, 당시 주駐인도네시아 대사를 지낸 이선진 교수님의 소개로 양곤에서 건설업을 하는 김모 대표를 만나게 됐다. 이 두 분은 모두 만달레이 북쪽 중국의 발 빠른 움직임에 유달리 관심이 많았더랬다. 양곤으로 떠나는 필자에게 이 교수님은 이 같은 당부를 했다.

"정 기자, 남쪽 양곤만 봐서는 미얀마가 잘 안 보일 겁니다. 무조건 북쪽, 만달레이에 가봐야 해요. 거기서 중국의 화물트럭이 밀물처럼 쏟아져 내려오는 모습을 직접 보고 오세요."

하지만 당시는 2013년을 전후한 중국의 IT 대약진을 겪기 전이라 중국의 초강대국화를 짐작하지도 못했고 양곤의 쇠락한 풍광이나 미래 사업환경, 민주화운동 정도에나 관심이 있어서, 고속버스로만 10시간이나 걸린다는 만달레이 행을 선뜻 결정하기 어려웠다. 돈도 돈이지만, 한정된 시간이 문제였다. 그런데 김 대표 역시 만달레이 행을 계속 권유하는 거였다. "당신이 진정한 기자라면, 미얀마의 진면목을 보고 싶은 사람이라면 무조건 만달레이로 가야 해요. 그리고 삥우린을 둘러보세요. 가서 보면 미얀마를 보는 시각이 달라질 겁니다. 언제 또 미얀마에 오겠습니까. 나를 믿고 그냥 가보세요." 필자도 발끈해서 오케이하고 바로 버스터미널로 향했고, 이후 시각도 인생도 많이 변했다.

식민도시 삥우린

미얀마는 유라시아에서도 면적이 상당히 큰 나라다. 67만 제곱킬로미터가 넘으니 한반도의 3.5배, 미국의 대형 주인 텍사스 주 규모다. 섬나라인 인도네시아를 빼고는 동아시아에서 국토 면적으로 비교할 나라가 없을 정도다. 그러다보니 태국과 국경을 접한 남부지역에서 중국 국경까지 가려면 2박으로도 힘들고 3박 4일 정도는 잡아야 한다. 소수민족 구성과 언어도 복잡해 처음 접하면 혼란을 일으키기 쉽다.

양곤에서 왕조시대의 수도인 만달레이에 가려면 고속버스로 최소 10시간이 걸린다. 잔뜩 긴장하고 버스에 타니 손님이 고작 4명이었다. 2012년도 얘기다. 당시에 버스 번호와 시간표가 전부 미얀마 문자로 되어 있어서 놀라기도 했다. 아라비아 숫자가 아니라 도저히 읽을 수가 없었다. 잔뜩 긴장한 채 버스에 탔는데, 뒷자리의 산적 두목처럼 생긴 사내가 날 보고 인사를 했다.

그: 어디서 왔소? 어디로 가오?

나: 한국 서울에서 왔소. 삥우린 갑니더.

그: 왓따메…… 진짜인겨? 한국 사람이 거길 왜 가오? 내 고향이 거기 메이묘요. 거기 도착하면 이 번호로 나한테 연락하소. 내가 밥 한 번 살 테니.

버스에 타자마자 삥우린에 사는 친구가 생겨버렸다. 참고로 메이묘Maymyo는 영국식 이름이고, 삥우린은 미얀마식 이름이다. 만달레이에 도착해 KOICA한국국제협력단, Korea International Cooperation Agency 단원 집에서 묵으며 처음으로 북부 내륙지역을 감상했다. 화창한 여름이었고, 만달레이 외대 한국어과 학생들의 유창한 한국어 실력에 기분이 좋아졌는데, 동시에 당시 만달레이 전력 사정이 워낙 나빠서 살기는 간단치 않음을 느꼈다. 이어 다시 버스를 타고 삥우린으로 향했다.

만달레이가 왕조의 수도답게 고원지대의 분지에 자리하고 있다면, 삥우린은 수도 인근에서 더 높은 고산지대로 향하는 입구 정도에 해당한다. 영국 식민지 관료들이 만달레이를 정복하고 보니 날씨가 무덥고 습해 인근 해발 1,000미터의 서늘한 삥우린에 군사기지, 행정기지를 만들고 철도망도 연결해 식민도시로 만들어버렸다. 그 덕분에 지금도 미얀마군 사관학교가 이 삥우린 초입에 위치한다. 이제는 중국으로 연결되는 휴양지이자 무역중심지로 바뀌는 중이다.

무슬림 중국인

필자를 반갑게 맞이한 이는 삥우린의 젊은 화교들이었다. 버스에서 만난 그 친구는 알고 보니 이 지역에서 활동하는 윈난성 출신 사업가의 큰사위였다. 그의 친가는 3대 전 윈난 북쪽에서 미얀마 국경을 넘어온 회족回族 출신이었다. 무슬림 중국인은 중국에도 흔치 않다. 외모로 봐서는 티베트인인지 신장新疆쪽인지 중국인인지 헷갈렸다. 그의 집안은 독실한 무슬림으로, 본인은 10년 전 대만에서 대학을 다니고 요리를 따로 공부했으며, 동생은 요르단에서 중국어 교사와 번역 일을 한다고 했다. 자연스레 동네 친구들도 대부분 화교였다. 중국어도 쓰고 미얀마어도 쓰는 일종의 경계인들이었다.

“우리는 매일 한국 드라마도 보고 한국 영화 DVD도 봐서 한국 사람이 궁금했는데 너무 반갑소.”

그의 친구들은 삥우린에서 요식업도 하고, 호텔 사업과 커피 농장도 하는, 잘 나가는 화교 2세, 3세 사업가들이었다. 2차 세계대전을 전후해 많은 중국인이 버마 국경을 넘었고, 그들은 자연스레 그 이전 시대에 윈난에서 넘어온 1세대 화교들과 결합해 대규모 상업집단이 되었다. 중국과의 국경무역이 1990년대 후반부터 활발해졌기 때문에 만달레이-삥우린-무세 지역이 미얀마 경제의 새로운 중심축이 되었다. 그들은 낮에는 본업에 매진하고, 해 질 녘에는 낡은 영국식 저택에서 테니스를 치며 하루를 마감하며, 저녁엔 맥주와 가웅쇼(머리 마사지)를 즐기며 시간을 보냈다.

그 친구의 삶의 모습을 지켜보는 것만으로도 흥미로운 여정이 되어버렸다. 그 친구의 설명에 따라 100만 평이 넘는 삥우린의 영국식 공원을 둘러보며 낯선 감상에 젖기도 했다. 세상의 끝이라고 불린 미얀마에, 그것도 버스로 10시간을 걸려 들어오니 100년 된 아름다운 영국식 정원이 있고, 그런 풍요로운 환경에서 화교 미얀마인 젊은이들이 한가로이 테니스와 맥주를 즐기고 있었다. 내가 세상의 끝에서 온 건지, 아니면 그들이 세상의 끝에 있는 건지 잠시 혼란스러웠다. 멀리서 나를 지켜보던 미얀마 아이들이 외쳤다.

"꺼거, 꺼거……(아저씨, 아저씨……)"

그 꼬마들의 눈엔 필자가 중국인으로 비쳤나보다.

2017년과 2019년의 방문

2017년에도 나를 초대해주어 그 친구 집에 방문했고, 최근인 2019년 12월에도 다시 찾았다. 2017년에는 아예 2주 동안 기거하며 본격적으로 미얀마어를 배우기 시작했다. 한 친구의 식당에서 서빙 일을 보던 10여 명의 아이들에게 미얀마어를 배웠는데, 10일 넘게 온종일 배워도 별 효과가 없을 정도로 미얀마어는 어렵고 성과를 내기 힘들었다. 2019년에 다시 방문하니 도시가 너무 빨리 변해서 종잡을 수가 없었다. 나에게 미얀마어를 가르쳐준 아이들도 뿔뿔이 사라지고 없었다. 한 친구는 아이들 교육을 위해 대만 타이베이로 이주했다고 했다.

나와 8년을 알고 지내는 그 산적 같은 친구 얘기로 마무리를 짓자. 그간 필자는 그 친구를 대만에서 요리를 전공한 부잣집 사위 정도로 알고 있었는데, 2019년에 재회하고 그게 전부가 아니라는 것을 알게 되었다. 장인어른이 일찌감치 광산업에 투신해 2012년 이후 미얀마에서 손꼽히는 광산 재벌이 되어 있었던 것이다. 수도 네피도에 거대한 본사 빌딩이 있는 것은 물론이고, 양곤 중심부에서 그리 멀지 않은 곳에 거대한 빌딩 2채를 막 완공한 상태였다. 내부를 화려한 티크 장식으로 마감하고 1, 2층은 중국산 자동차 브랜드 전시장으로 쓰기 위해 치장을 해놓았다. 사위 부부에겐 약 40억짜리 호화 저택을 지어주었다. 300평, 5층 규모의 초호화 주택이었다. 내부에 엘리베이터도 있는. 필자가 근래 가본 어떤 집보다 호사스러웠다. 버마 광산 부자의 레벨이 이런 거구나, 감탄했다.

필자가 물었다.

"야, 솔직히 부담스럽지 않냐? 난 네가 커피 농사 짓는 평범한 농부인 줄 알았는데, 언제 양곤에 이렇게 큰 저택까지 지었냐?"

"글쎄, 이게 뭐 내 거겠냐? 장인어른이 외손주들 위해 하시는 일이겠지."

코로나 위기가 터지자 이들 가족은 곧장 수도 네피도로 피신하면서 나와 헤어졌다.

"당신도 어여 한국으로 돌아가. 미얀마 의료 시스템은 너무 부실해. 아무도 당신의 안전을 지켜줄 수 없어. 그걸 아니까 우리 같은 화교들은 스스로의 안전을 위해 숨어 들어가는 거야. 당신은 당신을 지켜줄 고국이 있잖아. 우린 그게 없는 사람들이고. 그럼 다음에 또 보자고."

그의 인사말에서 화교들의 삶도 만만치 않음을 느꼈다. 필자가 미얀마에서 사용한 번거로운 짐들은 지금 그 초호화 주택 창고 한 켠에 보관되어 있다. 언제쯤 다시 갈 수 있을지.

PS

미얀마 화교들은 중국보다 오히려 대만과 특별한 관계다. 국공내전에서 패배한 국민당 군대 수만 명이 버마 국경을 넘어간 후 대만 정부가 그들 가운데 상당수를 단계적으로 대만으로 이주시킨 이력이 있기 때문. 그 인연으로 냉전시기 미얀마 화교들은 주로 대만에서 공부하고 경제활동을 하면서 부를 쌓았음.

아시아의 부동산 가치:
투기와 공공성

이제는 싱가포르의 아이콘이 된 마리나베이샌즈(MBS)의 모습

싱가포르의 흔한 고층아파트 모습

최근 아시아 부동산 시장이 얼마나 미쳐 있는지는 각 나라를 대표하는 주요 경제도시들에 가보면 쉽게 알 수 있다. 10년 전 상하이와 광저우 2선 시내의 부동산 가격이 10억을 찍는 모습을 상당히 경악스럽게 바라본 기억이 나는데, 1년 반 전 방문한 호치민의 4층 신축 주택 가격이 15억을 넘나드는 모습을 보고는 '아, 확실히 아시아 부동산 시장은 크레이지하다'고 느꼈다.

그 주택을 소유한 이는 30대 초반의 대학원생이다. 공무원 부친과 의사 모친이 평생 모은 돈으로 5년 전 호치민의 토지를 2억대에 분양받아 2억으로 집을 지었는데, 그사이에 투자금의 3배 이상 뛴 것이다. 얼마나 탁월한 인프라와 학교가 있는지는 몰라도, 베트남의 국민소득 대비 과하다는 생각이 들었다. 그럼에도 시장가격이라는 것은 보통 사람의 상상력을 훌쩍 뛰어넘곤 한다.

모든 부동산이 이렇게 비싼 것은 아니다. 필자가 한때 일본 규슈 여행에 흠뻑 빠져 후쿠오카에서 전철로 1시간 걸리는 가라츠와 사가라는 동네를 자주 방문했는데, 그곳은 고급 콘도도 3억 원대면 구할 수 있었다. 낡은 주택은 그 가격 이하도 많았고. 한국 남부지역 중소도시만 가도 2~3억 원대 아파트가 즐비한 것을 고려하면, 부동산이라는 건 역시 '50년 미래가치를 죄다 반영한 농축된 선물시장'에 가까운 게 아닌가 하는 생각까지 들 정도다.

싱가포르의 공공성=박탈감?

최근 한국의 정치권에서도 공공연하게 회자되는 '싱가포르식 주택공급 방식'에 대해 필자도 최근 다양한 방식으로 고민을 해봤는데, 딱히 결론 내리기가 쉽지 않았다. 일각에서는 만능처럼 소개되지만, 장점이 많은 반면 한계도 필연적으로 존재한다.

싱가포르의 HDB(공공주택) 공급 방식이란, 쉽게 말해 아파트의 미래가치인 확정되지 않은 토지지분에 대한 가치를 정부와 소유자가 절반씩 나눠 가지자는 얘기다. 한국처럼 소유자가 90퍼센트의 이득을 독식하는 구조가 아니라, 정부 50퍼센트 소유주 50퍼센트 정도로 나눈다는 의미이다. 비율을 콕 집어 말할 수는 없지만, 정부가 칼자루(토지 한정 임대)를 쥐고 있으니 공공아파트 가격의 안전성을 보증해주는 방식이기도 하다.

이 같은 공공정책이 가능했던 배경엔 독립 초기인 1960~1970년대에 싱가포르 정부가 집요하게 토지 공개념을 관철해 약 50퍼센트에 불과했던 정부의 토지 소유 비율을 80퍼센트까지 늘린 데서 비롯된다. 일부 외국기업과 특혜성 외국인을 제외하고는 싱가포르 땅이 대부분 정부 소유이기에 가능한 주택분양 방식이다. 우선 분양회사가 땅을 50년 혹은 99년 경매방식으로 임대한다. 주택연금이 주도해 그 땅에 건설사와 함께 아파트를 짓고 분양자, 직장, 정부 3자가 할부로 원금을 납부한다. 당연히 HDB는 싱가포르 시민만 소유하고 사고팔 수 있는 공공재다. 한국의 의료보험과 흡사한 측면이 많다.

그래서 싱가포르에서 결혼하는 신혼부부라면, 마치 대학교 기숙사를 신청하듯 자신이 원하는 크기, 위치, 디자인의 HDB를 골라 분양신청을 하고 35년에 걸쳐 갚는 것이다. 소유권을 미리 주는 방식이기 때문에 적당한 조건을 채우면 팔 수도 있는데, 30평대가 4~6억원, 신축 아파트 40평대라면 10억 원 정도다. 홍콩의 20억짜리 닭장 아파트와 비교하면 천국에 가깝다. 많은 도시들이 따라 하고 싶지만, 출발이 달라 이제는 쉬이 따라 하기 어려운 정책이 되어버렸다.

개방과 토지 가격

싱가포르의 부동산 가격은 2006년에서 2015년 사이에 드라마틱한 상승장을 거쳤다. 필자가 처음 싱가포르를 방문한 2005년 무렵 20평대 후반 콘도(고급 아파트)의 월세가 1,200싱달러, 환율 600원으로 따져 70만 원 선이었다. 그런데 2015년에는 3,800싱달러, 환율 800원으로 계산해 300만 원 선까지 치솟았다. 실거래가는 3억 원대에서 13억 이상으로 올랐으니, 싱가포르의 2000년대는 부동산의 시대라고 정의 내릴 정도로 공포스러웠다(지금은 소폭 진정세).

당연히 그 이유는 싱가포르의 국제화, 중국자본의 대거 유입, 아세안 부자들의 잇단 싱가포르 행 등이었다. 개혁개방의 2차 웨이브였던 셈이다. 앞에서 설명한 대로 싱가포르의 공공주택은 시민권자만 소유할 수 있고 콘도는 외국인도 가능한데, 외국인의 경우 취득세와 양도세가 내국인과 다른 이중시장의 형태를 띤다. 문제는 공공주택을 통해 싱가포르 주민의 주거 안정성과 가격 안정성은 잡았지만, 싱가포르 부자들이 콘도 등 상업용 부동산으로 막대한 투자수익을 보아 날이 갈수록 양극화가 심해진 것이다.

같은 기간에 HDB는 2억에서 5억이 되었다면, 10억 콘도는 20억, 20억 콘도는 50억이 되어버렸다. 두세 채씩 사놓은 부동산 부자들은 그야말로 막대한 시세차익을 거두고, HDB 소유자들은 주거안정은 얻은 대신 미칠 듯한 상대적 박탈감에 시달리게 된 것이다. 이것은 2018년에 나온 영화 《크레이지 리치 아시안》의 배경이자 2010년 싱가포르 야당 돌풍의 원인이기도 했다. 결국 싱가포르 정부도 앗 뜨거워, 하며 여러 가지의 외국인 중과세 정책을 내놓게 된다.

도쿄, 런던, 상하이, 서울

부동산 가격 결정의 요인이야 유동성, 세금, 입지환경 등 수천 가지도 넘겠지만, 필자의 체감으로 가장 큰 영향을 미치는 부분은 개방과 발전 가능성, 이 두 가지가 아닐까 싶다. 2000년 이후 영국이 유로 체계의 주요 수혜자가 되면서 런던의 부동산 가격이 매년 천정부지로 치솟았던 것이 대표적이다. 따지고 보면 1980년대에 도쿄, 2000년대에 상하이가 그 길을 걸었고, 2020년대에는 서울이 똑같은 길을 걷고 있다는 생각이 들 정도다. 외국인도 미래를 보고 오기 때문에, 종합하면 부동산=미래가치라고 보인다.

거시적으로 보자면, 한국의 대외 신인도가 상승하고 코로나에 대한 선제적 대응 및 한국 기업들의 빠른 글로벌화가 낳은 종합적 경제성과의 반영이 서울을 중심으로 한 부동산 가치의 폭등으로 이어진 게 아닌가 하는 생각이 든다(아쉬운 점은 지난 3년간 줄곧 오름세를 보인 부동산 시장에 대한 그랜드 디자인은 없이 뭔가 조치를 취한 것처럼 언론 플레이에만 집중한 국토부 공무원들이 아닐까).

확실한 것 하나는 투기세력에서 자유롭거나 공공정책에서 뚜렷이 성공을 거둔 나라를 찾아보기 힘들다는 점이다. 특히 아시아의 부동산 시장은 기득권의 주요 수익원으로 자리 잡은 지 오래다. 대부분의 고위 관료들이 현금성 뇌물 대신 토지 관련 개발 정보와 경매·분양·불하 등 합법적인 시장을 통해 막대한 이익을 챙기는 것이 당연시되어왔다. 못사는 나라일수록 그 정도가 더 심했다는 생각이다. 중국이 그랬고, 베트남과 미얀마도 마찬가지였다. 관료들이 가장 먼저 백만장자가 되는 기현상의 원인이 바로 토지와 부동산 시장이었다.

서울은 오랜 기간 탄탄한 안정세를 누려왔지만 최근 위기에 빠진 셈이다. 뚜렷한 방법이 없다. 고액 불로소득에는 확실하게 과세를 하고, 중산층 시민에게는 투자수익의 기회를, 저소득 신혼부부에게는 주거안정성을 동시에 제공해야 한다. 이른바 '미션 임파서블'이지만, 최대한 가능하게 머리와 국민적 합의를 모아야 한다.

젊은이와 외국인

올해 초 코로나 위기 속에서 필자는 미얀마에서 살 만한 집을 구하기 위해 여러 부동산 관계자들을 접선하며 시장조사를 했다. 앞에서 잠깐 언급한 대로 양곤의 콘도와 아파트는 5년 전 4억에 분양한 물건이 2억대로 추락할 만큼 오랜 침체기를 거치는 중이다. 게다가 외국인 명의는 쉽지 않고 현지인 명의로만 등기가 가능해 10년 뒤 법적 분쟁의 소지도 없지 않다. 엑시트도 어렵다. 한 부동산 전문가는 이렇게 말했다.

"저는 양곤의 부동산 시장을 낙관적으로 봅니다. 지금도 끊임없이 중국인과 한국인 그리고 지방의 젊은이들이 찾아오잖아요. 현재 미얀마 은행의 시중금리가 12퍼센트이다보니 현지인들은 집을 구입할 이유가 없지만, 조만간 여기도 호치민처럼 뜨거워질 거라 확신합니다."

당시 양곤 변두리의 7,000만 원짜리 낡은 아파트 구입을 고민하던 필자는 속으로 풋, 하고 비웃었지만, 어쩌면 지금 우리는 아시아 '골드러시'의 시대를 살아가는 중인지도 모르겠다는 생각이 들었다.

PS

1. 해외 부동산 구입은 그곳에서의 장기 거주를 해야만 가능한 일. 해외 부동산 투자는 절대로 간단치 않은 번거로운 일임.
2. 외국인과 젊은이 들이 좋아하는 아시아의 국제도시는 어디일까? 결국은

서울……?

동남아의 수도 몰빵:
미얀마, 보르네오

말레이시아의 수도 쿠알라룸푸르의 쌍둥이 빌딩

수도 이전이 확실시되는 인도네시아 수도 자카르타의 전경 출처: 위키피디아

멀리 첨단 빌딩이 보이는 방콕의 중심가

필자는 2003년부터 2006년까지 주로 서초동을 오가며 법조 관련 기사를 썼더랬다. 내공과 실력, 배포가 다 부족했던 때라 하드한 특종기사는 쓰지 못하고 주변만 맴돌았는데, 그래도 한창 기가 살아 있던 시절이라 검사님과 삿대질하며 싸워보기도 했고, 총장님에게 격려도 받고, 심지어 가난한 판사님에게 고급 양주까지 얻어 마시며 사법부의 내밀한 부분 근처까지 엿본 적이 있다.

눈치챘겠지만 당시는 노무현 정부 때였다. 사상 처음으로 한국의 구체제가 근본적으로 뒤흔들리는 시기였다. 파열음은 주로 대통령과 사법부(검찰 포함)의 싸움에서 비롯됐다. 대북송금 특검, 한나라당 대선자금 수사, 탄핵소추 기각, 수도 이전 헌재 판결, 노무현 측근비리 특검, 강금실-

송광수의 기싸움, 공수처 설치 논란…… 당시에는 미처 눈치채지 못했지만 대한민국 내부에서 거대한 권력 이동이 일어나고 있었고, 그것을 최대한 저지하기 위해 사법부와 법조계가 선봉이 되어 청와대와 대립각을 세운 상황이었다.

서설이 길었지만, 당시 개헌을 추진할 역량이 부족했던 참여정부는 굉장히 다양한 방법으로 개혁동력을 지키려고 노력했는데, 그중 상당히 중요했던 아젠다가 바로 '수도 이전' 카드였고 헌재가 나서 급제동을 걸어버리면서 1차 무산된다(이후 행정수도법안은 MB에 의해 누더기가 되었다). 지금도 계속되는 행정부와 사법부 간의 중차대한 '정통성' 대결이 시작되는 순간이었다.

동남아시아의 수도문제

필자가 가끔 지인들에게 내는 동남아 퀴즈 가운데 '태국 제2의 도시 인구 문제'가 있다. 수도 방콕 광역권의 인구가 대략 1,000만이라는 사실은 널리 알려져 있다. 그럼 제2의 도시 치앙마이의 인구는 얼마일까? 정답은 20만이 조금 넘고 주변을 다 합쳐도 30만 정도라는 것이다. 태국이 워낙 면적이 큰 나라여서 인구 10만 명급 도시가 수백여 개 산재한 탓도 있지만, 한마디로 그냥 수도 몰빵의 증거다. 모든 산업이 방콕 주변에만 있다. 나머지는 그냥 시골이다.

태국의 수도집중 문제는 너무도 심각해서, 이 한정된 지면에 다 열거하기 힘들 정도다. 그냥 방콕 시민이라는 것 자체가 하나의 계급이자 정치 성향을 상징한다. 왕당파이자 옐로셔츠다. 예외가 없다. 수백 년간 방콕을 중심으로 관료와 군인 그리고 귀족들이 집중 거주하며 부를 일구고 나라의 권력을 좌지우지한 결과가 바로 '방콕공화국'이다.

나라의 북쪽인 치앙마이 방향에 살면 2등 시민, 동북 방향인 이산Isan 지방에 살면 3등 시민이 된다. 지방에 사는 부자나 귀족들도 알고 보면 다 방콕에 근거를 갖고 있다. 2010년 탁신에 열광한 레드셔츠가 비非방콕 연합세력이라고 설명해도 무방한 이유다. 그래서 보통선거를 치르면 방콕이 불리하니, 방콕은 절대로 국왕과 군대를 포기 못한다. 선거제도 폐지라도 불사할 기세다.

최근 수도 이전이라는 결단을 내린 인도네시아의 상황도 만만치 않다. 1.4억이 넘는 인구가 좁은 자바 섬에 몰려 사는데, 그중 3,000만에 가까운 거대 인구가 자카르타를 중심으로 빼곡히 들어차 있다. 섬나라이고 경제력이 자카르타 몰빵이다보니 교통과 부동산 가격에서 문제가 대폭발한 상태다. 어떤 개선책도 불가능할 정도로 난개발과 인구집중이 심각하다. 자카르타에 가본 사람이라면 단 1시간 만에 이해할 수 있는 참혹한 현실이다. 교통정체가 극심해 일상적인 일정을 도저히 맞출 수가 없는 수준이니까.

인도네시아 내륙지역에 반둥이라는 유명한 식민 휴양관광도시가 있는데, 자카르타와의 거리가 150킬로미터도 안 된다. 그런데 주말이면 자동차로 편도 8시간씩 걸린다. 필자의 경우 자카르타 시내에서 공항까지 3시간 걸린 적도 있다. 운전사가 말하길, "이 정도면 선방한 거요." 그래서 그후엔 위험천만하지만 오토바이로 다녔다. 부동산 가격은 또 얼마나 비싼지, 한국 대사관이 신축공사를 하며 이웃한 70~80평의 주택 매입을 고려했다가 집주인이 50억 원을 부르는 바람에 포기한 일화가 있을 정도다. 조코 위도도 대통령이 수도를 보르네오 섬으로 바꾸려고 하는 실용적인 배경이다.

흥미로운 미얀마 네피도

버마 군사정부는 1989년 신군부의 집권 이후 국명을 '미얀마'로 바꾸고 수도를 양곤에서 북쪽으로 320킬로미터 떨어진 허허벌판의 네피도로 바꾸려는 계획을 세운다(본격적 이전은 2005년에 시작된다). 당시 서구사회와 국제 인권단체들은 격렬하게 반대했다. "서구와 끝까지 대립하려는 군부의 마각" "양곤의 뜨거운 민주화 시위에 질린 군부의 은둔 계획" "핵개발 음모" "소수민족 탄압 본격화" 등등 여러 가지 말이 나돌았다. 당시 군부의 수도 이전 계획은 국제사회로부터 엄청난 비난을 받았다. 수도 양곤은 바다로 열린 국제도시지만, 네피도는 허허벌판이고 아무런 인프라가 없었기 때문이다.

필자는 2019년 12월 처음으로 네피도를 둘러볼 기회를 얻었다. 이미 15년이 된 미얀마의 신新수도는 나름의 훌륭한 도시 인프라와 수려한 빌딩들을 자랑하고 있었다. 아웅산 수찌 이하 모든 정치인이 거기에 있다. 그렇다고 양곤의 경제수도 위상이 흔들린 것도 아니다. 양곤에 해외투자가 몰린다.

흥미로운 점은 미얀마를 연구한 역사학자들은 일찌감치 미얀마의 수도 이전을 예측하거나 지지했다는 사실이다. 아웅 뜨윈Aung Thwin 하와이대 교수가 대표적인데, 그는 이미 1980년대부터 "버마는 본디 북부의 대

평원을 마음의 고향heart land으로 삼기 때문에 식민제국의 수도였던 양곤을 버릴 공산이 크다"고 예측한 바 있다. 리버만Lieberman이라는 영국학자도 "버마는 본디 농업 중심의 버마족과 무역 중심의 몬 왕국 2개의 체제가 서로 교체되며 통합된 국가"라고 정의한다. 버마족이 주도권을 갖게 되면 수도를 북쪽으로 옮기려는 움직임이 있을 수 있다는 얘기다.

한동안 미얀마의 수도 이전 문제는 국내외적으로 뜨거운 감자로 통했지만, 시간이 흐른 지금은 국가를 온전히 통합하려는 군부와 보수파의 '진정성 있는 결정'으로 어느 정도 재평가를 받는 분위기다. 객관적으로 봐도 양곤은 거대한 미얀마를 통솔하기엔 너무 외진 위치다. 한반도로 따지면 경주 정도의 치우친 곳이다보니 북부지역과 소통이 쉽지 않다. 당연히 갈등이 봉합되지 않고 무력 투쟁이 격화되기 일쑤였다. 수도가 너무 멀면 독립/분리 세력이 활기를 띠는 법이다.

수도 이전이라는 정치 싸움

이렇게 다양한 동남아 사례를 소개한 것은 '수도 이전'이라는 문제가 정치·경제학적이면서 지리적이고 역사적인 문제라는 것을 설명하기 위해서다. 정답이 없는 싸움이면서도 국가체제가 발전과 진화를 거듭하기 위해서는 반드시 어느 시점에 피할 수 없는 역사적 결단의 문제가 되어버리고 만다. 합의를 통해 이것을 행동으로 실천해내는 역동성이 그 나라의 저력이라고 할 수 있을 정도다.

필자가 방콕이라는 도시를 너무나 사랑하면서도 방콕을 포함한 태국의 미래를 어둡게 보는 이유가 바로 수도 이전을 논의의 대상으로 삼을 수조차 없을 만큼 꽉 막힌 태국의 정치지형 때문이다. 방콕은 이미 300년간 너무도 권력화되어 개혁 자체가 불가능한 공룡이 되어버렸다. 왕당파와 옐로셔츠가 방콕을 포기하지 못하기 때문에 태국은 더더욱 현재의 교착상태를 개선할 수 없다. 이른바 방콕의 딜레마다.

반면 인도네시아는 희망이 생겼다. 10년 전부터 필자는 자카르타에 갈 때마다 많은 사람들로부터 신수도 후보지에 대한 이야기를 들어왔다. 많은 전문가 예측과 더불어 후보지에 대한 투기도 성행했다. 그런데 지난 10년간 수도가 자바 섬이 아닌 보르네오 섬 남동부로 결정될 거라는 예측은 듣도보도 못했다. 조코 위도도가 이번 결정에 얼마나 신중하고 은밀했는지 그리고 그것이 자바 섬의 권력을 혁파하기 위한 얼마나 대담한 시도인지를 보여주는 증거라고 본다. 이번 이전 계획이 현실화된다면 인도네시아의 미래는 무척이나 밝게 빛나리라고 본다.

마지막으로 미얀마 역시 어떤 이유에서인지는 몰라도 군부가 매우 역사적인 결단을 해냈다. 무척이나 흥미롭다. 미얀마는 지금보다 50년 뒤의 미래가 더 궁금해지는 땅이다.

PS

1. 그럼 한국은? 일단 세종시로 일부 옮긴 것도 대단한 결정이라고 봄. 나아가 부산과 대구, 광주가 더 커져야 함.
2. 베트남은 하노이와 사이공이 경쟁하는 체제라 더 비전 있어 보임.
3. 인도네시아의 결단으로 보르네오 섬이 역사적 전기를 맞이했음. 쿠칭과 코타키나발루부터 여행하길 권장함.

시민권의 가치:
동남아시아의 사례

군인들과 나란히 기념촬영 중인 방콕 여성

2010년 탁신에 반대하는 방콕 시민들이 국기를 흔드는 모습

싱가포르에는 한국인 대학 교수님들이 참 많다. 언젠가 필자 또래의 한 교수와 테니스를 치다가 무척 흥미로운 이야기를 들었다. 이분은 주로 미국에서 박사 및 박사후과정을 지냈고, 이후 싱가포르에 일자리를 잡은 케이스다.

그: 싱가포르 친구들의 텃세가 굉장하네요.

나: 왜요? 무슨 일이 있었나요?

그: 아니 글쎄, 엊그제 대학 교수용 콘도의 테니스장을 이용하려는데, 분명 우리는 예약을 했는데 직원 간 인수인계 미비로 전달이 안 됐나봐요. 그래서 분명 예약을 했고 어차피 쓰는 사람도 없으니 그냥 좀 쓰자고 통사정을 했거든. 그런데 그 현장 경비원이 절대 안

된다고 해서 말싸움이 벌어진 거야.

나: 그래서 어떻게 됐나요?

그; 그 사람이 자기는 싱가포르 시민권자이니 어떻게 싸우든 자기가 이긴다네? 그걸 자기 입으로 말하더라고, 허허. 그래서 결국 테니스를 못 치고 물러났어. 내가 살다 살다 시민권 보유 여부로 말싸움에서 져보기는 처음이야. 미국에서도 이런 차별은 안 겪어봤는데……

주권sovereignty과 시민권citizenship

동남아시아에 사는 한국 사람들이 가장 놀라고 치를 떨 정도로 당혹해하는 점은 동남아 국가들의 한없이 높은 자존심과 자국민 우대 정책이다. 한마디로 외국인 차별 정책. 자국에서 자국민이 유리한 것이야 물론 글로벌 관습헌법에 해당한다. 그러나 적어도 적당한 룰 안에서 이루어져야 납득도 하고 사업 유지가 가능할 텐데, 너무 원칙 없이 이루어진다는 점이 문제다.

가본 사람은 알겠지만, 싱가포르에서는 담배와 관련된 수많은 경고를 듣게 된다. 아무 데서나 담배를 피우면 안 되고, 꽁초도 버리면 안 되고, 1갑 이상 밀수도 안 되고, 껌도 안 되고…… 벌금이 대충 60만 원 이상 나올 수 있다는 위협도 따라붙는다. 그런데 정작 싱가포르 사람들은 어디서나 자연스레 담배를 피우고, 꽁초도 아무렇게나 버린다. 외국인인 내가 놀라서 "야, 그래도 괜찮아?" 하고 걱정하면 황당한 답이 돌아오기 일쑤다. "응, 나는 괜찮은데 너는 괜찮을지 모르겠다. 흐흐흐, 난 시민권자잖아."

아니, 이게 무슨 황당한 소리일까. 실제로 싱가포르 시내에서 담배로 단속되는 사람은 거의 외국인들이다. 이건 한국에서 음주단속을 했는데 외국인만 단속하고 한국인은 놔주는 것처럼 황당하기 그지없는 일이다. 싱가포르 경찰은 시민권자에게 한없이 관대하다. 적당히 악수하고 현장을 떠나는 일이 태반이다. 여타 동남아 국가들도 자국민을 우대하는 정책에는 차이가 없어 보인다. 외국인에게 더 엄격한 것이다. 적어도 '보편성' '공정함' '외국인 우대'를 기본 마인드로 장착한 한국인의 눈에 동남아의 태도는 이해하기 쉽지 않다.

'시민은 곧 주인master'...... 제국의 악습

하도 황당해서 싱가포르 사람들의 내면을 들여다보기 위해 심층면접(?)을 시도해본 적이 있다. 도대체 시민권이라는 것이 어떤 의미를 지녔느냐는 것이다. 친구들의 대답을 종합해보니 시민권이란 이 나라의 주인이라는 의미였다. 재산권과 투표권을 갖고 납세와 국방의 의무를 지는 것 말이다. 여기까지는 아주 상식적이다. 문제는 어떤 형식의 주인이냐는 것이다.

"그 주인이라는 건 말이지 1930년대에 싱가포르에 살던 영국인이 한 것처럼 스포츠클럽에서 맘껏 테니스를 치고, 경찰 수사는 요령껏 피해가고, 하인도 마음껏 부리며 돈을 버는 것이지. 당연히 세금도 잘 내야 하고……"(살짝 각색한 버전이다.)

그렇다. 싱가포르 사람들의 머릿속을 장악한 시민의 개념은 사해평등주의의 보편적 시민이 아니라, 자신들이 쿨리coolie 시절에 받들어 모시던 영국인 주인님의 모습을 상정한 측면이 일부 있다. 그러니까 제국주의 시대의 주인님의 모습을 닮기 위해 고생해서 경제도 발전시키고 자주권을 빼앗기지 않기 위해 노력했던 것이다. 좁은 사회라는 특징도 반영되었겠지만, 싱가포르 사람들은 경찰 수사를 받는 것을 일생일대의 치욕으로 느낀다고 한다. 어차피 한 다리만 건너면 다 아는 사람이나 친척이니까. 그래서 경찰은 영국식으로 최소한의 치안유지에만 힘쓰고, 화살은 자연스레 외국인을 향하게 된다.

토지는 외국인에게 안 팔아!

일본의 한 사채자본이 몇 년 전 미얀마의 부동산 건설사업에 투자했다가 크게 손해를 본 일이 업계에서 화제가 된 적이 있다. '일본 야쿠자가 미얀마에서 털렸다고?' 간단한 내용은 이렇다. 널리 알려진 대로 미얀마, 태국, 베트남 등은 외국인의 토지 소유가 엄격히 제한된다. 편법이 있다면 법인을 만들어 간접 소유하는 것인데, 그 법인의 지배주주는 현지인이어야 한다. 현금 엑시트도 어렵다. 서류를 한 무더기를 내야 토지 판대금을 간신히 외국으로 송금할 수 있다. 물론 세금도 적지않다.

그런데 일본 사채자본이 양곤에 건축을 하기 위해 현지 토지소유자와 합작을 했다는 것이다. 땅은 미얀마 소유이고 일본인이 건물 두 동을 짓는 식으로 말이다. 완공되면 한 동은 미얀마인이, 다른 한 동은 일본 측이 소유하기로 계약을 했다고 한다. 그런데 공사가 예상대로 진행이 되었을까? 1년, 2년, 3년 정도 지연이 되었던 것 같다. 그래도 완공되었으니 나눠 쓰면 그만인데, 현지 업체 측에서 소송을 걸었다는 것이다. 예상보다 2~3년이 늦어져서 손해가 막심하고, 그간의 임대료를 이리저리 상계하면 두 동 다 미안마 것이다. 이 신박한 논리에 일본 측도 깜짝 놀라서 최고의 변호사를 쓰는 것으로 방어했다고 한다.

법원의 판결은 팔이 안으로 굽은 형국이었다. 현지인 측이 사법부에 영향을 끼칠 수 있는 힘이 압도적이었기 때문이다. 이 같은 불공정 관행은 지금도 왕왕 벌어지고 있다.

"옛날에 너희도 이랬어."

이런 피해에 항의하면 돌아오는 답변은 "여기는 우리 땅이야. 옛날 제국주의 시대에 너희도 이랬어" 식의 막막한 메아리일 때가 많다. 많은 동남아시아 국민들이 아직도 피해의식에 젖어 있다는 사실을 보여주는 사례이면서 우리는 과거에 어땠는지를 생각해보게 만든다.

최근 한국에 먼저 코로나가 퍼지자 베트남이 협의도 없이 한국 국적기를 일방적으로 회항시켜 많은 한국인이 베트남의 의리 없는 조처에 분노한 일이 있다. 따지고 보면 국가 간의 비즈니스적 신의보다 베트남 자국의 이익이 압도적으로 중요했기에 취해진 조처였다. 주권이라는 대의 앞에서는 어떤 가치도 힘을 쓰지 못하는 지역이 바로 동남아시아다. 자연스레 개개인의 애국심과 나라와 민족에 대한 자부심 또한 어느 지역과 비교해도 높으면 높았지 낮지 않다. 그래서 나이브한 세계시민의식으로 무장한 현대인들이 종종 동남아시아 현지에서 갈등에 부딪친다.

그러나 흐름과 분위기만 알면 충분히 피해갈 수 있는 갈등이다. 그들의 주권을 최대한 존중하고 절대 낮춰보지 않는 것. 외국인이 해외에서 생존하는 최고의 방법은 현지인 존중뿐이더라. 리스펙!

PS

1. 동남아 현지 사업은 여러모로 난관의 연속이다. 현지에 동화되어 뿌리내리겠다는 생각 없이는 실패가 더 가깝다.
2. 그러고 보면 아시아는 외부의 칭찬과 존중에 목말라 있는 듯. 외국인들이 한국문화를 찬양하는 영상들이 한국의 유튜브에서 인기를 끄는 것도 마찬가지 원리임. 아시아는 국제사회의 칭찬에 장기간 목말라 있음.

3부

아시아의 영웅 혹은 빌런?

아웅산 수찌를 위한 변명

2019년 양곤 시내에 내걸린 아웅산 수찌 지지 광고판

최근 서구언론에 의해 극적으로 평가가 뒤바뀐 아웅산 수찌
출처: 위키피디아

최근 짧은 논문을 쓰면서 기자와 학자의 차이에 대해 다시 한번 생각하게 된다. 기자는 대략 동시대 사람들에 관심이 많다. 정확히는 '살아 있는' 인물이 직면한 딜레마적 상황을 어떻게 풀어가는지에 관심을 쏟는다. 이걸 업계 용어로 '정무적 판단'이라고 한다. 굉장히 미시세계를 다루기 때문에 불확정적 요소가 많고 심리적 요인도 개입한다. 딱히 원칙도 방향도 없는 세계이다보니, 적당히 대중이 원하는 영웅적 내러티브를 써내거나 빌런Villain, 악당의 탈을 씌우는 역할을 맡기도 한다. 그래서 정치인이나 명망 있는 인사들은 기자를 보면 경계를 하곤 한다.

반면 학자는 이론을 발견하거나 적용하기 위한 과학적 방법론을 추구하는데, 이건 설명이 좀 어렵다. 미얀마 정치인 아웅산 수찌의 예로 설명하면 수월할 것 같아서 이야기를 꺼내본다.

논란의 중심 '수찌'

귀국 후 코로나로 인한 15일의 격리기간 동안 난생처음으로 아웅산 수찌에 대해 집중적으로 고민할 기회를 가졌다. 그동안 학계에서는 수찌의 삶이나 행보가 본격적인 논의대상에서 제외됐기 때문이다. 미얀마 현대정치에 대한 학술논문이 100편 있다면, 수찌의 이름이 포함되지 않은 논문이 90편 이상일 것이다. 나머지 10편은 단순히 이름만 담겼을 가능성이 크다. 아주 가끔 수찌 행정부의 당면과제를 다룬 논문들이 있긴 하지만, 그건 새로운 내용이나 접근방식을 담았을 경우이고 극소수다.

문제는 수찌가 1988년 이후 32년째 미얀마 정치의 중심에 선 인물이고 아버지 아웅산까지 포함하면 거의 80년째라는 데 있다. 외면하기에는 너무 장구한 시간이고, 그녀라는 존재는 언론과 대중이 적당한 내러티브를 입히기에 최적의 소재가 되어버렸다. 2010년 이전에 그녀가 (아버지의 대업을 이은) '세계적 민주투사'였다면, 2016년 이후 그녀는 '타락한 인권-민주주의 운동가'의 표상이 되었다.

이런 이중적 평가는 현실 정치인이 감내해야 할 숙제이고, 자연스레 언론에는 좋은 먹잇감이 된다. 반면 살아 있는 인물에 무관심한 학계에서 수찌는 참으로 애매한 대상임이 분명하다. 다루기 어렵고, 외면하기엔 중요하고. 현재 글로벌 언론과 대중이 다루는 미얀마 담론의 95퍼센트는 현 미얀마 국가고문인 수찌에 집중된 것이 현실이다. 당장 수찌 말고 현 시대 미얀마인의 이름을 댈 수 있는 사람이 몇이나 될 것인가?

"인간은 이론화할 수 없다"

수찌의 인생을 짧게 요약하면 이렇다. 1945년생인 그녀는 1947년 만 3세가 되기 전 국가의 독립영웅이던 아버지를 정치테러로 잃고 준準정치인이던 어머니 손에 큰다. 1962년 버마가 군부독재 체제로 바뀌고, 수찌는 명문가 자제답게 인도와 영국에서 학업을 이어가며 생활한다. 그렇게 1988년 이전까지 고국의 정치적 격동과 무관하게 런던에서 영국인 남자와 결혼해 두 아이를 낳고 평범하게 살았다. 그러던 중 1988년 8월 8일 시민혁명으로 그녀의 삶에 결정적 변화가 일어난다. 어머니 병간호를 위해 잠시 귀국한 그녀는 고국의 비참한 현실을 목격하고 잔류를 결정한 뒤 야당을 이끌고 1990년 선거에서 대승을 거둔다. 이후 남편의 병세가 위중함에도 불구하고 20년에 가까운 가택연금을 견뎌내고 그 와중에 노벨평화상도 타면서 미얀마의 민주주의 여신으로 거듭났다. 누가 봐도 동화나 드라마 같은 스토리다.

그리고 인고의 시간을 거쳐 2012년 보궐선거를 통해 국회의원에 당선되고, 2015년 선거에서 압승하며 국가 지도자 수준의 직책과 권력을 갖게 된다. 문제는 그 이후에 터졌다. 그녀가 권력을 쥐었다지만 현실정치는 그녀가 외친 방향과는 정반대로 군부정치와 거의 동일한 방식을 따르고 있다는 것. 대표적인 것이 로힝쟈 난민을 탄압한 군대와 극우파 불교도를 미온적으로 처리한 일이다. 변방에 위치한 130여 소수민족과의 화끈한 타협이나 양보도 없었고, 경제는 장기침체에 가까운 길을 가고 있으며, 엎친 데 덮친 격으로 바이러스까지 유행해 별 희망이 보이지 않는다.

2020년 11월에는 5년에 한 번 열리는 총선이 기다리고 있다. 여기서 NLD민주주의민족동맹, National League for Democracy가 과반이 안 되면 수찌는 전 세계의 조롱거리가 될 것이며, 연립정당으로 간신히 50퍼센트를 넘긴다 해도 민심은 이미 군부로 다시 이동한 거나 다름없기에 늙은 수찌는 국가고문이라는 허약한 타이틀 아래 권력 싸움에서 밀릴 공산이 크다. 타락한 천사의 철저한 몰락을 바라는 대중의 욕망도 작지 않아 보인다. 대중은 진정으로 명망 있는 인사의 몰락을 즐기는 걸까? 그것이 대중의 본심일까?

필자가 경험한 2012~2020년의 양곤

필자는 2019년 9월부터 2020년 6월 초까지 미얀마 양곤에 거주했다. 잠시 싱가포르에 체류한 적도 있지만 주로 미얀마에 있었다. 2012년, 2017년에 이은 세번째 방문이기도 했다. 필자가 눈이 아홉 개도 아니고, 미얀마의 극히 일부분을 보고 왔을 뿐이지만, 그 와중에 느낀 미얀마의 현실은 '착실히 앞으로 진보'하고 있다는 것이었다. 수찌와 NLD가 무척이나 애쓰고 있다는 게 몸으로 느껴졌다.

우중충한 뒷골목이 하나둘씩 청소되고, 비만 오면 물이 차 걷기도 힘들었던 도로가 하나둘씩 포장되고, 깨진 하수도 덮개가 새로이 교체되고 있었다. 악명 높던 전기와 수도 설비가 개선되고, 길가를 메운 쓰레기가 사라지고, 썩어가던 건물 외벽에 50년 만에 처음 페인트가 칠해지기 시작했다. 군부가 10년으로 줄인 정규교육 학제가 12년으로 늘어나고, 20년 가까이 텅텅 비었던 대학 캠퍼스도 학생들로 붐비기 시작했다.

NLD 소속 정치인과 행정가들은 젊은 시절 10년, 20년씩 수감 생활을 한 탓에 경험과 지식은 부족했지만, 사상 처음으로 주어진 예산과 권한을 시민의 복지와 편의를 위해 투자하고 있다는 것이 나 같은 외국인의 눈에도 보일 정도였다.

그렇다면 현실적으로 수찌와 NLD 정부에 그만 한 권한이 있는가? 권력이 교체됐다고 하지만 수찌는 대통령도 아니고 3개 부문 장관에 불과하다. 군부 측 의원들이 의회의 30퍼센트 이상을 차지했고 군부가 인사권까지 틀어쥔 국방 관련 예산이 과도하게 책정된 탓에, 수찌는 권력의 60퍼센트 정도를 쥔 정치인에 불과하다. 미얀마의 1년 국가예산이 20조 원 정도인데, 수찌가 집행하는 예산은 12조 정도라는 얘기다. 60년 장기 군부통치를 끝내고 2016년에 집권한 민주투사에게 고작 4년 만에 환상적인 결과를 내라는 세계 언론의 요구는 과도한 측면이 있다. 어찌 보면 우리는 모두 '천사와 마녀'라는 내러티브에 중독된 것일 수도 있다.

로힝자는 왜?

아라칸 주의 무슬림 난민인 '로힝자족'에 대한 수찌의 미온적 대처가 논란과 갈등을 불러온 것은 사실이다. 전 세계 언론은 수찌의 과감한 결단을 요구했다. 그러나 수찌는 이를 거부하고(혹은 미루고) 국가시스템의 보수적 작동방식을 존중했다. 이것에 대해서는 열 가지도 넘는 해석이 존재하지만, 그냥 간단하게 '어쩔 수 없는 현실적 한계'가 작용했다고 설명하고 싶다. 왜? 그건 앞으로 풀어야 할 숙제일 거다. 어차피 인간은 이론화할 수 없고, 수찌의 선택도 훗날 역사가 판단할 것이다.

현재 미얀마 내의 보수 세력, 불교민족주의, 극우파 세력은 수찌가 소수자 인권을 최우선으로 챙기지 못할 정도로 굉장히 강하다. 그러니 정치인이 그 세력을 존중하는 것을 무작정 욕할 수는 없는 것 아닐까? 따지고 보면 DJ도 김종필과 손잡았고, 노무현도 정몽준과 손잡았기에 정권이 교체된 것이다. 그런데 미얀마 군부는 자그마치 60년간 권력을 독점해왔다. 생각을 한번 해보시라. 공무원, 사법부, 검찰, 교수, 국정원, 세무서 등 모든 권력기관이 군부에 맞춰 움직이다가 사상 처음으로 정권이 교체된 상황이다. 지난 60년간 보수파와 군부가 국가의 권위를 높이기 위해 노력한 것은 인정하지만, 앞서 설명한 대로 민중의 삶의 질을 살피는 정부는 정권이 교체되고 선거권이 보장된 사회에서나 처음으로 가능했던 것이다…… 필자가 수찌라면 현재의 박한 평가가 참으로 억울할 듯싶다.

PS

1. 모든 정치인에 대한 진짜 평가는 그가 권력을 놓은 뒤에나 가능함. DJ나 노무현도 현직 때 평가와 퇴임 후 평가가 달라진 사례.
2. 언론의 프레임은 견고해서 언제나 대중을 사로잡지만 그게 100퍼센트 정답은 아닐 수 있다…… 물론 이 글도 틀릴 가능성이 있고.

미얀마와 한국의 공통점:
유엔사무총장

제3대 유엔사무총장 우 딴트U Thant

제8대 유엔사무총장 반기문

반기문 전前 유엔사무총장을 생각하면 우리나라의 소중한 기회를 날려 버린 엘리트라는 생각이 자꾸 든다. 유엔이라는 국제기구의 위상과 중차대함을 고려할 때, 한국이라는 나라에 딱 한 번 주어지는 기회였음이 분명하기 때문이다. 그런 중요한 자리에, 그것도 무려 10년이라는 충분한 시간이 주어졌음에도, 아무런 족적을 남기지 못하고 허무하게 퇴장했다는 점이 좀 황망하다. 역사는 그를 무엇으로 기억할 것인가? 아무것도 없다. 조금이라도 있으면 좋겠는데 그냥 전무하다.

다른 건 뭐 그렇다 치더라도, 한국인 유엔사무총장이 북한조차 제대로 방문하지 못했다는 대목은 고개를 갸우뚱하게 만들기 충분하다. 정치적 논란과 강대국의 견제를 감당할 만한 정치적 비전이나 식견을 갖추지 못했다고 볼 수밖에 없다. 이것이 나만의 편견일까? 유엔은 세계평화를 위해 존재하는 국제협의체 아니던가? 싸움은 말리고 흥정은 붙이고, 뭐 그런 것이 외교일 텐데…… 속 깊은 내용이야 전혀 모르지만 아쉽고, 한국 엘리트 외교관의 '철학의 한계'를 보는 것 같아 더욱 속상하다.

아시아 최초의 국제기구 사무총장

한국과 미얀마가 비교되는 지점은 여러 개가 있을 텐데, 가장 대표적인 것이 '아시아 유이의 유엔사무총장 배출국'이다. 이건 미얀마 역사와는 무관하게 국제적 상식으로 볼 수 있다. 우 딴트U Thant(1909~1974). 미얀마는 패밀리 네임이 없는 문화다(남몽골 문화). '우'는 어르신을 향한 존칭이고, 이름은 그냥 딴트다. 이 양반은 1961년부터 1971년까지 3대 유엔사무총장으로 일했는데, 출범 초기 취약하던 유엔을 단단한 반석 위에 올려놓은 명사무총장으로 불리며 지금도 존경받고 있으며, 미얀마에서 그 위상은 레전드에 가깝다.

그의 이력은 위키피디아나 나무위키에서 쉽게 확인할 수 있다. 식민지 시절 독립운동가이자 기자, 교육자로 출발해 해방 버마의 각료로 40대를 지내고, 인도네시아 반둥에서 열린 비동맹회의의 서기, 유엔대사를 기점으로 외교관으로 변신해 50대 초반의 나이에 유엔사무총장 자리에 오른 입지전적 이력의 인물이다. 유엔사무총장 시절 일을 너무 잘해서 유엔안보리로부터 최초의 재선 총장, 삼선 총장까지 제안을 받았지만 건강을 핑계로 퇴임했을 정도다.

그런데 여기서 생각해봐야 할 대목이 유엔사무총장의 자격조건이다.

과연 어떤 인물이 유엔사무총장이 될 수 있는가? 우선 개인적으로는 영어가 능통해야 한다고 생각한다. 그리고 국가나 지역 안보기구의 외교 관련 수장을 경험했어야 한다. 또 잘했어야 하고. 마지막으로는 출신 국가인데, 일단 G7 정도, 안보리 국가 출신은 무조건 안 된다. 유엔은 1국가 1표를 기반으로 하는 약자들의 연합에 가깝기 때문이다. 제3세계 신생 독립국과 강대국 사이에서 중재가 가능한 중진국, 중견국, 강소국가 정도라야 한다. 우 딴트와 반기문 모두 이 조건에 잘 들어맞았던 것이며, 한국과 미얀마의 절묘한 지정학적 조건이 반영된 인사라 할 수 있다.

글로벌 지도자를 배출한 미얀마의 역량

여기서 우리는 1960년대에 유엔사무총장 역할을 너무도 훌륭하게 수행한 우 딴트의 개인적 역량에 놀라지만, 그런 인재를 배출한 버마 문명의 깊이에도 감탄해야 한다.

우 딴트가 아무리 영국 식민지 출신이라고 해도 당시 영어가 공용어로 널리 사용된 것도 아니고, 심지어 그는 해외 유학을 하지 않은 순수 국내파였다. 또 버마의 고유한 문화이자 종교라고 할 수 있는 불교도로서 깊은 신앙심을 적절히 현대화하여 국제정치질서에도 현명하게 적용한 지성인이었다. 국제무대에서 제국주의 국가 및 권력자들과 맞짱을 떠서 전혀 밀리지 않던 세계 최고 수준의 외교관이자 지략가, 당대의 휴머니스트였다는 얘기다.

그런 높은 수준의 식견을 바탕으로 1962년 쿠바 미사일 위기, 콩고 내전, 인도-파키스탄 분쟁, 중동전쟁 등에서 유엔의 존재감을 빛내고 막

독립한 제3세계 국가들을 효과적으로 지원하면서, 당시 미래에 대한 회의감이 짙던 유엔이라는 조직을 진정한 국제기구로 만드는 데 혁혁한 공을 세운 것이다. 이는 1948년 독립을 이끈 버마 청년세대의 반제국주의 독립정신이 시대정신과 민주주의 정신을 두루 갖췄음을 입증하는 사례이자, 당시 버마의 문화적 역량이 어떤 나라와 비교해도 뒤떨어지지 않았다는 것을 입증하는 사례이다.

시대를 이끈 인재는 그 자신만이 빛나는 게 아니라 조국와 주위의 문명권까지 동시에 빛낸다는 사실을 50년 전에 입증한 것이다. 1960년대의 버마는 싱가포르보다 더 미래가 밝은 아시아의 선진국이었다.

여담이지만, 1974년 우 딴트가 폐암으로 미국 뉴욕에서 사망해 유해가 고국 버마로 돌아왔을 때 랑군대학교 학생들은 그의 장례식을 시민사회장으로 치르고 싶어했고, 군사정부는 그런 꼴을 보려 하지 않았다. 이 일을 계기로 학생들이 대규모 반정부시위에 나서고, 군사정부는 수백 명의 학생을 총으로 쏴 죽이고야 간신히 시위를 진압한다. 우리의 서울대학교에 해당하는 랑군대학교는 이후 폐교와 개교를 반복하다 1988년 이후 유명무실화한다. 군사정부란 그토록 잔인한 법이다.

PS

1. 이런 측면에서 필자는 2002년 무렵 WHO 사무총장을 지냈던 이종욱 박사의 부재가 너무 아쉬움.
2. 우리나라 외교관님들의 분발이 필요함. 세대가 바뀌면 획기적으로 나아지리라 기대함.

아시아의 평행세계:
여운형과 아웅산

미얀마 화폐에 묘사된 독립영웅 아웅산 장군
출처: 위키피디아

해방된 조선의 첫 대통령이 유력시됐던 몽양 여운형 선생
출처: 위키피디아

아시아 현대사를 공부하다보면 깜짝깜짝 놀랄 때가 많다. 특히 한국의 현대사와 엇비슷한 시기에 엇비슷한 구조의 사건이 일어난 것을 확인하게 될 때 그렇다. 예를 들어 민주화운동이 필리핀에서 1986년에 일어나고, 한국에서는 1987년 여름에, 미얀마에서는 1988년에, 중국에서는 1989년에 일어난 것(천안문 사태)이 대표적인 사례가 아닐까 싶다.

필자의 학창 시절에만 해도 이 사건들이 독재에 대항한 민주운동이라고 배우기는 했지만, 매우 긴밀하게 연결된 현대사의 동일한 지평선 위에 존재한다는 것까지는 미처 배우지 못했더랬다. 널리 알려진 대로 1980년대 후반은 냉전체제에 균열이 가던 시기였다. 아시아에서는 1960년대부터 반공주의 군부체제가 들어섰는데, 주로 미국의 지원을 받거나 미국에 대항하려 했던 그 체제들이 1980년대 후반에 접어들면서 내부 모순에 의해 하나둘씩 파열음을 내기 시작한 것이다. 결국 1991년 베를린 장벽이 붕괴하면서 소련 체제가 몰락함으로써 유사한 경향성이 더 뚜렷해진 셈이 되었다.

미얀마와 한국의 엇비슷한 역사

특히 미얀마의 현대사는 한국 현대사와 거의 동일한 구조로 작동했다고 보면 이해하기 쉽다. 우선 미얀마는 영국과의 3차례의 전쟁을 끝으로 1885년에 북부 만달레이에 수도를 둔 꼰바웅 왕조가 막을 내리게 된다. 이후 1890년까지 영국에 대한 항쟁이 산발적으로 계속된다. 당시 수많은 버마 왕조 병사들이 영국군의 현대식 무기 앞에 잡초처럼 스러졌다. 조선은 공식적으로는 1910년에 일본에 합병됐지만, 1890년대도 무척 중요한 시기였다. 1895년 초에 동학농민운동을 제압한 일본은 곧바로 청나라와 전쟁에 돌입했고, 순식간에 청나라를 압도하며 사실상 조선을 품에 안았기 때문이다. 시기적으로 10년여의 차이는 있지만 제국에 의한 강점이라는 점에서 출발은 엇비슷했던 셈이다.

1943년부터는 아예 일제가 버마를 직접 지배하면서 조선과 버마가 동일한 시공간 속에 놓이기도 했으며, 1945년 두 아시아 국가는 같은 논리로 일본의 지배로부터 독립이 가능해진다. 그러나 널리 알려졌듯이, 이 두 나라의 완전한 독립은 1945년이 아닌 1948년에 이루어진다. 버마에는 영국이, 한반도에는 소련과 미국이 군대를 주둔시키고 일종의 독립 테스트에 돌입했기 때문이다. 그렇게 버마는 1948년 1월 4일, 한국은

1948년 8월 15일에 정부를 수립한다.

두 나라 모두 초기에는 의회민주주의로 출발하지만, 한국은 그사이 몇 차례 개헌을 통해 대통령제로 바꾸는 변주를 보인다. 1960년 4·19 의거로 그 시도가 막을 내리면서 뭔가 달라지는 듯싶더니 다시 동일한 모습으로 합쳐진다. 한국은 1961년에 군사혁명이 일어나고, 버마에서는 1962년에 쿠데타가 발생한 것이다. 이후 버마에서는 '불교식 사회주의'라는 용어가 나오고, 한국에서는 '한국식 민주주의'라는 표현이 한때 유행했다. 서기 대신 단기檀紀가 널리 사용되고 한자 대신 한글 사용이 독려되었다.

오랜 군부독재에 대한 저항인 민주화운동 역시 한국이 1년 앞선 1987년에 비교적 성공적으로 치러내 야당이 의회 다수석을 차지하는 성과를 거두었지만, 안타깝게도 미얀마는 1990년 총선에서의 야당 압승(의석 90퍼센트 점유)이 신군부에 의해 부정당하면서 차이가 커진다. 민주화운동의 희생자 수를 비교하는 것은 무척이나 경망스러운 일이겠으나, 한국은 1980년 광주에서만 700명의 시민이 군부의 총칼에 목숨을 잃었고, 미얀마 양곤에서는 1988년 공식집계로는 3,000명 내외지만 적어도 5,000명 가까운 사람들이 목숨을 잃었을 정도로 참혹한 비극 속에 군부체제가 21세기까지 연장된다.

아웅산과 여운형

이 같은 평행적인 현대사가 펼쳐진 배경으로는 여러 요인이 거론되겠지만, 아시아라는 지리적 배경과 중국과 국경을 공유한 중견국가라는 점이 결정적 영향을 미쳤을 것이다. 해양과 대륙에 동시에 면한 지정학적 특수성 말이다. 그러나 1947년 7월 19일에 벌어진 두 사건만큼 충격적인 우연의 일치가 또 있을까 싶다.

바로 여운형 선생과 아웅산 장군의 암살사건이다.

이 두 명의 역사적 인물이 3,000킬로미터 넘게 떨어진 지역에서 같은 날 비슷한 시간에 암살로 쓰러졌다는 사실은 어찌 보면 우연의 일치라고 보는 것이 합당할 것이다. 이제 갓 32세가 된 버마의 독립영웅과 산전수전 다 겪은 61세의 조선 독립 영웅의 죽음은 차이점이 훨씬 커 보이기 때문이다. 미 군정 치하의 조선을 살펴보면, 1945년 12월 고하 송진우를 시작으로 1949년 백범 김구에 이르기까지 10명이 넘는 주요 인사들이 상대 세력에 의해 죽임을 당한 일종의 암살의 시대였다. 좌익, 우익, 무정부, 친미, 친소가 뒤섞여 지금도 진범이 누구인지 모르는 사건이 많다.

아웅산 장군의 경우는 범인이 확실하다. 우쏘U Saw(1900~1948)라는 토종 정치인이 사주한 범죄다. 이 우쏘라는 인물의 정치이력은 조금 애틋한 데가 있다. 그는 아웅산이 급부상하기 전인 1940년까지 버마에서 토지지주 세력의 압도적 지지를 받은 독립운동가 출신의 최대 언론사 사주였다. 그러니까 식민지 시절 버마 의회의 최대 파벌 지도자였지만, 2차 세계대전 직전 영국과 일본 사이에서 줄타기를 하다가 영국 정보기관에 끌려가 아프리카 우간다에서 4년간 수감 생활을 한 점이 정치이력에 치명타가 됐다. 전쟁 직후 귀국하고 보니, 자신이 쌓은 업적은 오간 데 없고 30대 초반의 풋덩이 아웅산이 독립영웅으로 국민의 존경을 한몸에 받고 있었다. 이에 분노한 우쏘가 아웅산의 암살을 주도한 것이다.

통일정부와 연방 유지

이 두 사건은 따로 떼어놓고 보면 유력한 대권주자의 죽음이라는 공통점을 빼고는 딱히 비슷한 점을 찾기 힘들 수 있다. 그런데 완전히 방향을 바꾸어 '연방제 유지'라는 관점에서 살펴보면 얘기는 달라진다. 두 인물 모두 통일된 국가를 꿈꾸었고 그 방면에서 여타의 경쟁자를 압도하며 국민은 물론 영국과 미국으로부터 상당한 신뢰를 얻은 인물이기 때문이다.

1947년 선거에서 승리한 아웅산에게 남은 과제는 북부 산악지대 여러 소수민족의 분리독립 문제였다. 당시 영국과 끈끈한 관계를 유지해온 소수민족들은 버마가 주도하는 연방질서에 편입되기를 거부하고 독립국으로 출범하기를 꿈꾸었더랬다. 이에 아웅산은 '삔롱협약'이라는 역사적 합의를 통해 '우선 버마 중심의 독립질서에 편입하되, 10년 후 분리도 가능'이라는 절충안으로 일시적으로나마 영국과 소수민족, 그리고 버마까지 설득하는 데 성공하게 된다.

여운형 역시 느슨한 사회주의자로서 당시 남과 북에서 동시에 지지를 받을 수 있는 유일한 인물이었다. 그 역시 남과 북이 각자 독립된 정부를 갖기보다는 하나의 통일정부로 가야 한다고 미 군정과 북한을 설득하는 데 모든 역량을 집중했다. 사실 몽양 여운형의 암살 동기와 배후는 지금까지도 베일에 가려져 있고 정황에 의한 가설뿐이지만, 필자의 추론을 더한다면 1) 여운형의 지도자 등극을 반대하는 세력에 의해 암살되었다. 2) 남북통일정부 추진을 반대하는 세력에 의해 암살되었다고 보는 것이 설득력 있어 보인다.

이후의 전개

두 거인이 쓰러진 뒤에도 양 국가의 현대사는 무척이나 흡사하게 흘러간다. 아웅산을 대신한 우누 총리(재임 기간 1948~1962)의 지휘 아래 평화적인 연방틀을 어느 정도 유지하던 버마는 약속했던 10년이 지나 1950년대 후반이 되자 여러 소수민족 정부가 연방 탈퇴를 추진했고, 이후 버마족과 소수민족은 장장 70년에 걸친 사실상의 내전 상태에 돌입한다. 내전 초기 카렌군에 의해 양곤 함락 위기까지 몰렸을 정도다. 버마 국민의 지지를 받은 군부가 득세하며 1970년대 이후 전 국토에서 군부가 군사적 우위를 확보한 상태라지만 여전히 휴전상태라고 보는 것이 맞다.

한반도의 경우 여운형이 암살되고 남북한에 동시에 2개의 정부가 들어서면서 분단이 공고화되었고, 1950년 역사상 가장 치열한 내전인 한국전쟁이 발발해 1953년까지 이어지고, 이후 70년 가까이 휴전상태다. 완벽한 독립과 분열 없는 통일연방국가를 꿈꾸었던 두 위인이 암살된 날짜가 같은 것은 단순한 우연일까 아니면 우연을 가장한 필연일까?

PS

1. 아웅산과 여운형 모두 사회주의 성향의 언론인 출신임. 모두 영어를 무척 잘해서 영국이나 미 군정과 직접 협상이 가능했음.
2. 아웅산의 암살을 사주한 우쏘라는 인물은 한국에서는 비교할 만한 인물을 찾기 어려움. 지주 세력을 대표하면서도 민중의 높은 지지를 받았고 동시에 제국에 협력하며 총리급 지위에 올라간 인물이 조선인 가운데는 없기 때문.

3. 여운형은 남과 북 양쪽에서 잊혔지만 아웅산은 버마 독립과 연방통일의 상징적 존재로 남았음.

양곤 게스트하우스, 필리핀 386, 사법개혁의 중요성

1986년 필리핀 시민혁명의 원인을 제공한 독재자 마르코스와 이멜다 부부
출처: 위키피디아

해외살이는 늘상 돈과 친구가 부족한 게 문제다. 그래서 미얀마 양곤에 거주할 때는 게스트하우스에 머물렀는데, 흥미로운 사람들을 자주 만나게 되어 좋았다. 혼자 값싼 원룸에 살아본 적도 있는데 외로움과 답답함에 너무 힘들었다. 게스트하우스에선 장기투숙자끼리 반찬과 담배라도 나누며 소통할 수 있어서 좋다. 숙박비는 호텔보다야 싸지만 모텔이나 원룸보다는 비싼 편이다. 여러 국적의 사람들을 접하며 그들의 이야기를 듣는 간접 경험이 꽤나 쏠쏠하다. 필자가 머문 게스트하우스의 최고참 장기투숙자는 필리핀에서 온 50대 중반의 아저씨였는데, 인상이 험상궂고 무뚝뚝해 친해지기 어려운 스타일이었다.

화려했던 과거

몽골부터 인도네시아까지 동아시아를 두루 활보한 필자가 가보지 않은 유일한 나라가 바로 필리핀이다. 이상하게 필리핀과는 인연이 닿지 않았다. 필자는 1986년 TV로 중계된 마닐라의 피플 파워, 시민혁명을 어렴풋이나마 경험한 세대다. 그것이 한국의 1987년에 큰 영향을 끼쳤다. 장준하 선생이 수상했다는 막사이사이상의 권위는 기억에 없지만, 독재자 마르코스와 그의 아내 이멜다의 이미지는 뚜렷하게 남아 있다.

한때는 아시아에서 가장 부유한 도시로 홍콩 대신 마닐라가 꼽히기도 했지만, 1980년대 이후의 필리핀은 실패한 현대국가의 사례로 분류된다. 400년이 넘는 식민지 경험의 폐해와 섬으로 조각난 영토 탓에 국론통일이 되지 않은 것이 그 원인으로 지목되었다. 그러나 실상은 기득권의 반발을 제어하지 못하고 사회의 균형이 완전히 깨졌기 때문이라고 책에서 읽었다.

필자보다 대략 10살은 많아 보이는 거친 이미지의 필리핀 아저씨와 자연스레 안면은 텄지만, 과거 이력까지 듣는 데는 두 달이 넘게 걸렸다. 자신은 세부Cebu 인근 태생으로, 대학에 다니던 1980년대 초 군부독재에 대항해 싸우다가 투옥의 고초도 겪고 그후엔 기업 활동을 하다가 최근엔 사회 컨설턴트로 변신해 아세안 국가들의 공무원이나 NGO 등을 돕고 있다고 했다. 한국으로 따지면 386 운동권 출신의 국제활동가인 셈이다.

나: 형님, 제가 예전엔 필리핀에 관심이 많았습니다.

그: 아, 그래요?

나: 그럼요. 두테르테가 대통령으로 당선될 무렵 관련 기사를 열심히 읽었더랬죠. 두테르테에 대한 요즘 평가는 어떤가요?

그: 어때 보여요?

나: 글쎄요. 막가파 같은 측면도 보이는데, 외국인 관점에선 마약사범을 강하게 처벌하기도 하고 부패한 정치를 개혁하려는 의지도 보여서 처음엔 독재자 스타일의 개혁파로 보았던 기억이 납니다. 그 이후엔 정확한 정보가 없는데 형님은 어떻게 보세요?

그: 밖에선 그렇게 보는군요. 실상은 엉망진창이죠. 두테르테가 사형시킨 마약사범들은 대부분 조무래기 거래상들이에요. 마약이나 매춘 같은 불법 사업의 진짜 주인은 전부 상류층과 권력자들이죠. 두테르테는 그들을 처벌한 적이 한 번도 없어요. 심지어 두테르테의 아들도 넓게 보면 마약사업을 하고 있는걸요. 그러니 그냥 쇼이자 포퓰리즘이죠. 그는 필리핀 사회의 개혁에 관심이 없어요. 하지만 100퍼센트 재신임될 겁니다.

중요했던 사법개혁

게스트하우스에서 만난 필리핀 386의 관점을 요약하면 이렇다. 1970년대까지 필리핀은 미국과 일본의 원조로 상당히 안정적인 사회질서와 생산력을 갖고 있었지만, 마르코스와 군부는 필리핀을 현대적인 국가로 발전시키지 못하고 부패로 오랜 정체기를 보낸다. 1986년에 집권한 코라손 아키노와 이후 지도자들이 민주주의를 정착시키고 시민사회의 역량을 증진하기 위해 나름 노력을 기울였고 1990년대에 들어서 변화의 기운이 충만했지만, 아무도 알아채지 못한 사이에 거대한 벽 같은 것이 다시 나타났다. 지도층의 부패 말이다. 마르코스가 쫓겨났는데도?

나: 그 새로운 부패의 핵심이 무엇이었나요?

그: 사법부가 변화 없이 부패한 거죠.

나: 사법부요? 판사가요?

그: 판사와 검사 전부죠. 당연히 경찰도 포함입니다. 사법부가 그러하니 자연스럽게 정치권도 퇴보하게 되는 거죠. 생각해보세요. 대통령이나 정치인은 길어야 5년, 10년이죠? 그런데 필리핀 귀족사회는 3대, 5대를 넘어 10대째 이어지고 있어요. 사법부도 상당히 귀족화의 길을 걷고 있죠. 스페인제국 시절부터 이어져온 사법부에요. 어렸을 땐 저도 정치권과 관료들이 가장 썩었다고 생각했는데, 알고 보니 사법부가 제대로 작동을 안 했던 거더군요. 검사 한 명이 부패하면 정치인 수십 명이 부패한 것과 같고, 그게 판사라면 정치인 수백 명이 부패한 것과 마찬가지입니다. 필리핀이 왜 범죄천국일 것 같나요? 간단해요. 처벌을 제대로 안 하니까, 못하니까요. 지방 호족들과 기득권이 그 혜택을 독점하죠. 그런데 사법부를 견제할 세력이 마땅히 없어요. 기자들도 쉽게 총을 맞는 나라인걸요.

이거 어디선가 많이 들어본 말인데. 최근 10년간 한국이 안고 있던 문제와 별반 다르지 않다는 생각이 퍼뜩 들었다. 그러고 보니 아세안에서 사법부의 문제를 지목하는 기사를 별로 본 적이 없다. 정치인이나 군인들이 문제가 되었을 뿐이다. 필리핀은 사법개혁에서 막혔던 거구나. 기득권이 된 사법부는 다시금 사회에 부메랑이 된다.

균형과 견제

이 50대 중반의 필리핀 아저씨는 "필리핀은 아시아에서 가장 선진적인 민주주의 시스템을 갖추고도 국가 현대화에 실패한 나라"라고 정의했다. 그러고 보니 필리핀은 우리로 치면 조선시대인 1900년도에 이미 미국의 민주주의 제도와 교육 시스템을 도입해 정착시킨 아시아의 프런티어였다. 하지만 100년이 지난 지금 그 결과물은 '두테르테'라는 수준으로 전락하고 말았다.

국가권력은 입법부-행정부-사법부의 3두 마차가 서로 견제와 균형을 이루면서 이른바 국가 시스템의 골격을 만들어간다. 여기에 경제주체들과 시민사회 그리고 개개인들이 결합해 그 내용을 채우는 형식이다. 우리는 이 같은 국가 시스템을 당연하게 여기지만 현실적으로 그리 간단하지 않다. '과연 누가 최종 심급(결정권자)인가?'라는 근본적인 문제가 남는다.

제국주의 시대에는 모든 것을 제국주의 정부가, 권위주의 시대에는 당연히 최고 권력자와 청와대가 일종의 '최종 심급'으로 작용했을 터. 그러니까 진정한 권위주의 타파는 국가의 3부와 5부 전체적으로 이루어져야 하고, 서로 견제하며 한정적인 권력을 행사하고 책임지면서 건설해가는, 중단 없는 지난한 과정으로서의 개혁이라는 얘기다.

PS

1. 독재자를 쫓아낸다고 곧장 민주화가 되는 것은 아니었음.
2. 판검사 되기가 지나치게 힘들고 외부와의 소통과 교류가 안 되면 쉽게 귀

족화하더라. 한국 사법부의 전관예우도 귀족화의 사례임.

3. 두테르테는 다바오 시장 출신의 일종의 지방호족.

아시아에서 공화정의 의미,
탁신의 실패

2011년 4대강 사업 시찰을 위해 충청남도 세종시를 방문한 탁신 전 태국 총리

아시아는 워낙 크고 넓어서 단기간에 학습이 어렵다, 아니, 거의 불가능하다. 나라와 민족이 원체 많은데다 국가 간의 상호 연결성을 꽤 주의깊게 봐야 하는 탓도 있다. 통째로 소화할 수는 없는 노릇이니, 본인에게 어필하는 인물이나 사건을 붙잡고 끈질기게 물고 늘어져야 한다. 많은 아시아, 아세안 전문가들이 그런 지난한 과정을 거쳤다.

필자의 경우 그 인연의 시작은 탁신 친나왓 태국 전 총리(재임 기간 2001~2006)다. 깜냥도 안 되면서 탁신이라는 인물을 이해해보겠다고 덤볐다가 일이 커져서 여기까지 왔다. 2009년 여름의 일이다. 노무현의 죽음이 있었고, 여기에 긴장한 이명박 정부의 신공안몰이가 시작될 무렵이었다. 당시 이명박의 정체와 멘털리티가 너무도 궁금했던 필자는 뭔가

감을 잡기 위해 전 세계에서 그와 가장 비슷한 인물을 수소문해보았고, 당시 레드셔츠 vs 옐로셔츠 싸움의 중심인물인 탁신 전 총리가 가장 비슷할 것 같다는 가설에서 탁신 연구에 나섰다. 당돌했던 시절의 얘기다.

겉으로 보면 MB와 비슷, 그러나

탁신은 경찰관료로 사회생활을 시작했고, 젊은 시절 통신사업을 성공시키고 그것을 발판으로 총리에까지 오른 입지전적 인물이다. 국가 엘리트이자 사업가 출신의 인기 정치인이다. 한국으로 따지면 LG텔레콤 규모의 통신사를 사들여 SK텔레콤급으로 키워낸 것이다. 그런데 총리가 되기 직전 정치인 시절에 자신이 최대 주주인 이 통신사의 지분을 싱가포르의 국부펀드인 테마섹에 판 것이 문제가 되었다. 이 문제로 검찰과 부패방지위원회의 수사를 빡세게 받았고, 헌법재판소 판결까지 갔으며, 결국 이러한 논란을 근거로 2006년 잠시 미국 뉴욕으로 출장을 간 사이에 군부가 쿠데타를 일으켜 실각하게 된다. 당시 필자는 사업가 출신 탁신의 부패한 이력과 성향이 한국의 MB와 무척이나 닮았다고 생각했다(턱없는 오산이었다).

마땅한 한국어 자료가 없어서 원서를 구해 직접 번역을 해가면서 공부를 시작했는데, 그렇게 나온 책이 2010년 9월 동아시아 출판사에서 출간된 『탁신-아시아에서의 정치 비즈니스』다. 그런데 그렇게 몇 권의 책을 읽고, 기사를 분석하고, 전문가들에게 귀를 열고 자문을 해봐도 당시 30대 중반에 접어든 기자라는 직업인의 눈에 탁신은 좀처럼 이해하기 어려운 인물이었다. 딱히 뭐라고 논평을 하기가 힘들었다. 가치판단의 과정을 거쳐야 인물을 논할 수가 있는 법인데, 탁신은 우리 인식구조의 문법을 전혀 따르지 않는다는 얘기다. 보통 사람을 평가할 때 쓰는 '선과 악' '득과 실' '진보 vs 보수' 프레임으로는 도저히 설명히 불가능했다.

탁신 친나왓, 레드와 옐로

탁신을 이해하려는 필자의 노력은 꽤 오랜 시간 계속됐다. 당시 필자가 회사 내에서 거의 백수에 가까운 한직에 있었기에 가능한 일이었다. 2010년 여름에는 번역 작업을 마무리하기 위해 태국 치앙마이 인근에 있는 탁신의 생가에 가고 친척들을 만나보기도 했다. 당시 레드셔츠 운동이 들불처럼 지방으로 번져가고 있었고, 치앙마이 시내에서는 폐타이어로 바리케이드를 치고 불을 질러 경찰과 극한의 장기 대치를 할 정도였다(경찰이 멀리서 저격을 했기 때문에 이를 피하기 위해 폐타이어로 연기를 피운 것이다).

책의 저자인 파숙퐁파이칫 교수와 통화하고 인터뷰도 해보려고 했는데 잘되지 않았다. 그래서 대신 수도 방콕에서 벌어지는 반탁신-옐로셔츠 운동을 취재하고 많은 태국 시민들을 인터뷰하기도 했다. 당시 방콕 시민들에게 탁신이란, 비유하자면 최순실 사태 이후의 박근혜 이상의 타도 대상이었다. "감히 왕실을 모욕하고 직선제 총통을 꿈꾸는 태국의 반역자"라는 표현이 일상적으로 오갔다. 그런데 당시 필자의 머릿속에는 탁신은 부패한 정치인이지만 상당히 많은 농민의 지지를 받는 재벌 출신의 개혁적 정치가라는 형용모순의 표현만 맴돌 뿐이었다. 아니, 이거 뭐야?

탁신의 여동생이 총리가 되다

책이 나오자 가장 반갑게 맞아준 분이 부산외대 태국어과 김홍구 교수님이다(현 총장님). 한국에 태국 관련 책이 거의 없는데 큰일을 했다는 격려와 함께, 태국 대사관 관계자와 레드셔츠 관련 인물들을 소개해주기도 하셨다. 이를 배경으로 당시 태국의 총리였던 잉락 친나왓을 인터뷰하려고 당시 태국 총리실 옆 비서실에 가서 벽 하나 사이까지 접근했지만, 의전실과의 협의 문제로 끝내 인터뷰는 성사시키지 못했던 아쉬운 기억이 있다.

당시 태국에서는 2006년 탁신이 쿠데타로 실권은 했지만 그 이후에 벌어진 거의 모든 선거에서 친탁신계 정당이 압승을 이어가고 있었다. 탁신은 해외에서 프리미어리그 맨체스터 시티를 매입해 경영도 하고 아랍에미리트에서 투자사업도 벌였지만, 보수파와 검찰은 '태국에 입국하는 순간 구속'이라는 신호를 보냈고, 결국 탁신의 여동생 잉락 친나왓이 총리후보가 되어 선거에서 압승했다. 이 와중에 필자가 인터뷰를 하러 간 것이고.

그러니까 2007년부터 2014년까지, 선거를 하면 탁신당이 승리하고 사법부와 방콕 기반의 보수정당이 탁신파의 부패혐의로 정권을 전복하기를 반복하는, 일종의 치열한 고지전이 벌어졌다. 결국 이 모든 논란은 무척이나 태국적인 방식으로 종결되었다. 쁘라윳 짠오차 총사령관(현 태국 총리)을 필두로 하는 군부가 최후의 쿠데타를 일으키고 사실상 선거를 무기한 연기해버린 것이다. 왕실의 대권 이양과 정권부패가 이유라고 밝히기는 했지만, 민주주의가 크게 후퇴했다.

탁신과의 만남, 수자원공사, 공화정

그러는 와중에 필자는 탁신을 직접 대면하게 된다. 2011년 11월 23일의 일이다. 해외가 아닌 한국의 세종신도시에서였다. 당시 태국은 큰 수해를 입은 탓에 나라 전체가 큰 홍역을 앓고 있었는데, 탁신은 해외에서나마 여동생을 지원하고 싶어했고, 당시 MB의 수자원공사는 4대강 홍수관리 시스템을 해외에 수출해 4대강 사업의 정당성을 입증받고 싶어했다. 접점이 전혀 없을 것 같은 태국과 한국의 두 실용주의 정치인의 교차점이 만들어진 순간이었다.

당시 필자는 그 소식을 접하고 바람처럼 차를 몰아 대전수자원공사와 공주 세종보로 달려가 탁신 친나왓을 친견하고 감탄하게 되었다. 말로만 글로만 접하던 국제적 정치인을 직접 목격하는 감격적인 순간이기도 했다. 그런데 당시 탁신을 한국으로 초대한 인물은 D텔레콤이라는 통신부품사를 운영하는 모 회장님이었다. 그가 필자를 보더니, 잠시 뒤 서울행 KTX ○시 차를 타면 탁신과 자신이 있을 테니 그리 알라 해서, 그날 세종에서 서울역에 이르는 1시간 남짓한 시간 동안 탁신과 무려 영어로 인터뷰를 하게 되었다.

필자의 질문은 비교적 단순했다. 부패혐의로 몰린 당신의 정치관은 무엇이냐는 것이었다. 당신 같은 사람이 왜 굳이 정치를 하는가? 후회는 없나? 당시 인터뷰는 녹음파일로 남았지만, 압축해서 요약하면 그는 사업가 기질의 전형적인 문제해결주의자였다. 일본의 코로나 대응을 참지 못해 분노한 손정의처럼 말이다.

"태국에는 수많은 현안이 산적해 있고, 우연치 않게 나에게 기회가 왔고, 누구보다 잘 풀어나가고 있다고 믿었다. 보수파는 내가 부패했다고 하지만, 태국에서 그 누가 부패혐의에서 자유로울까? 내가 포퓰리스트라고? 선거에 이기고 국민의 삶을 개선하는 정책이 포퓰리즘이라면, 그건 진짜 억울하지만 어쩔 수 없는 일이다."

솔직히 당시에는 그와 만났다는 사실에 흥분했을 뿐, 그가 하는 이야기가 무슨 의미인지 제대로 캐치하지는 못했다. 누가 봐도 그는 너무나 거대한 재벌이자 부패한 태국 정치판의 수혜자로 비쳤기 때문이다. 게다가 그의 정책은 지나치게 과감하고 권위주의적이었으며, 가난한 이들에게 지지를 받았다. 반대로 품위와 재력을 갖춘 방콕의 중상류층과 지식인들은 그를 지독히도 비난했다.

2011년을 지나 2014년 쿠데타와 2018년의 너무도 엉성했던 군부정당의 선거승리까지 지켜본 후에야, 탁신이 했던 시도들이 태국에서 공화정을 시도한 나름의 진지한 모험이었다는 데 생각이 미치기 시작했다. 지난 20년간 태국에서는 공화주의자들이 왕정 중심 질서와 그렇게 싸워온 것이고, 탁신은 그 과정에서 의미 있는 실패사례였다는 데 생각이 이른 것이다. 그러고 보니 아세안의 대부분의 문제들은 공화정이 충분히 정착하지 못한 데서 비롯한 것이라는 생각이 들었고, 이는 일본이나 한국 등 동북아시아의 문제이기도 했다.

PS

1. 탁신의 여동생 잉락 친나왓 총리 인터뷰는 국내 굴지의 C일보가 탁신 아들의 결혼식장을 찾아가 성사시켰음. D텔레콤의 그 회장님이 주선한 거라

고. 덕분에 필자는 별수 없이 물먹은 셈이 됐음.

2. 탁신 방한 당시 기자회견이 열렸는데 5분 만에 성급히 종료되었음. H사 기자가 첫 질문부터 탁신의 인권유린과 부패혐의에 대해 집요하게 질문하자 인터뷰 자체가 종료된 것. 조금 더 멋진 질문으로 충분히 생산적인 기자회견을 할 수 있었는데 아쉬웠음.
3. 수자원공사의 물관리사업 태국 패키지 수출사업은 처절한 실패로 끝났음. 태국은 지방의 땅 소유주, 경작농민, 환경단체, 지방정부 등의 복잡한 이해갈등 문제를 정면 돌파할 중앙정부의 행정력이 부재하고 자연자원 개발에 대한 시민사회의 합의능력이 미진했음. 탁신이 현직 때 신권위주의를 쓴 이유이기도.
4. 오히려 2005년 탁신 시절의 태국 정국과 2019년 한국의 정치지형이 닮아 보이기도.

지리地理의 비극:
캄보디아의 삼랑시

2012년 한국을 방문한 캄보디아 야당 지도자 삼랑시

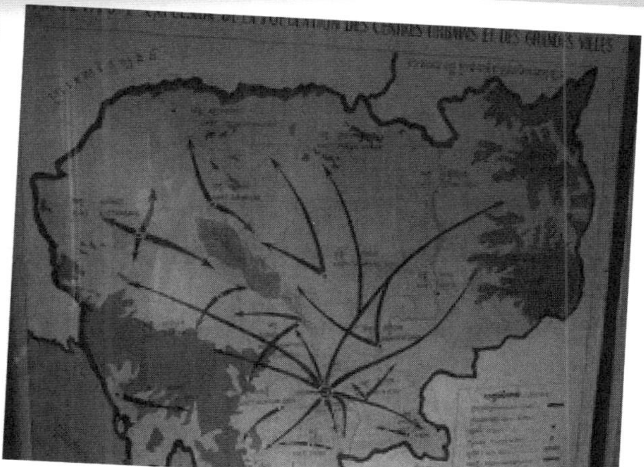

태국과 베트남 사이에 낀 캄보디아의 둥그스름한 국토 형태

동남아시아나 아세안을 소외된 지역, 한국인의 사고체계 바깥에 존재하는 영역이라며 가엾게 여기거나 업신(?)여기는 경우가 왕왕 있는데, 곰곰이 따져보면 그 안에서도 더 소외된 지역이 있다. 베트남이나 인도네시아만 해도 요즘 한국인들에게 핫플레이스로 떠오르고 있다. 지나치게 소외되어 존재감이 느껴지지 않는 나라는 바로 캄보디아다.

원래 캄보디아는 이 정도로 따돌림당하는 지역이 아니었다. 1990년대 후반 본격적인 평화체제가 들어선 이후 2000년대 후반까지 한국 기업들의 가장 뜨거운 관심을 받던 나라가 캄보디아였다. 대형 건설업체와 봉제업체들이 우르르 몰려갔고, KOICA의 사업이 가장 활발했으며, 민간 봉사단체도 다수 진출했다. 수많은 노동자와 신붓감이 한국으로 건너오기도 했다.

지구 최강의 문화유산 앙코르와트를 보유한 나라, 위대한 앙코르 왕국의 후예. 찬란한 캄보디아는 어디로 사라졌단 말인가? 정말이지 현재 한국에서 캄보디아의 위상은 형체도 없이 사라질 지경이다. 씨엠립 항공편까지 끊긴 이 시점에서 존재감은 거의 '제로'다. 왜 이렇게 되었을까?

'크메르의 세계'

필자에겐 동남아 지역을 놓고 10년 가까이 치열하게 토론을 벌여온 재야의 스승이 한 분 계시다. 나이 차가 많이 나지 않는 형님-아우 정도의 관계다. 한국과 일본에서 인도 불교철학을 공부하신 분으로, 여러모로 사연이 깊은 분이다. 이 형님이 2000년대 초중반 복잡한 가정사 탓에 인생의 전환점을 찾기 위해 찾아간 곳이 캄보디아와 태국의 한 국경도시였다고 한다. 극단적인 선택까지 고려하고 찾아갔지만 우여곡절 끝에 결행은 못하고 그 마을에서 몇 달을 기거하며 크메르어를 배우게 된다.

동남아 언어를 접해본 분이라면 알겠지만, 동남아, 특히 대륙부 지역은 언어만큼은 인도문명의 절대적 영향을 받았다. 인도철학 전공자가 살펴본 크메르어는 1,000~2,000년 전의 인도문명이 고스란히 저장된 타임캡슐 같은 놀라운 언어체계이자 사상 그 자체였다. 그렇게 그는 10년 정도 재야에서 크메르를 중심으로 동남아 사회를 비판적으로 연구하게 된다. 한때 다음카페에서 동남아 전문 카페로 유명했던 '크메르의 세계' 운영자 '울트라노마드' 님 얘기다. 한동안 그 카페를 통해 상당히 급진적인 동남아 정치담론을 교류하고 오프라인 모임을 주도했다.

현재 이분은 버스킹 밴드의 노장 기타리스트로 홍대와 이태원 부근에서 활약 중인데, 지금도 '혁명'을 꿈꾸는 급진주의자이자 문재인 정부 비관론자다. 그래서 술만 마시면 나와 티격태격 다툰다. "문재인 정부의 계급성 다 드러났다. 이 꼴불견을 봐줄 이유가 없어." "아, 형님, 난 가진 게 많은 찐보수야. 아직은 포기 못해!"

지리의 비극

이건 필자만의 생각은 아니고 그 형님의 고찰이다. 캄보디아의 비극은 도대체 어디서 왔을까? 왜 캄보디아는 전 세계에서 가장 극단적인 정치 투쟁의 피해자가 되었을까? 어째서 킬링필드로 200만 명이 목숨을 잃고, 베트남전쟁 후 다시 훈센이라는 사상 최악의 지도자에게 35년째 지독한 독재지배를 받고 있는가? 캄보디아 민족이 그리 약하지도 않고, 문명이 덜 발달한 것도 아니었는데 말이다.

울트라노마드님은 그것을 현대전쟁의 시기에 일어난 '지리의 비극'에 가깝다고 보았다. 캄보디아가 강대국인 태국과 베트남 사이에 끼어 있기 때문이라는 의미가 아니라, 숲이나 계곡, 변방이라고는 찾아보기 힘든 둥그스름하고 평평한 지리적 특성 때문이라는 것이다.

"한반도가 분단된 이유는 분단되기에 좋은 지리적 형태를 갖고 있었기 때문인데, 반대로 캄보디아는 분단조차 불가능한 지리지형 탓에 소수파가 빨치산 전쟁을 치를 공간을 찾기 어려웠어. 그러다보니 친미파-친중파-친베트남파-친왕파 등 각 계파가 수십 년간 근본 없이 빼앗고 빼앗기다 최후에 터진 게 바로 킬링필드라고. 지금도 캄보디아엔 야당 세력

하나 없잖아. 버틸 수가 없거든. 다 죽거나 아니면 쫓겨나는 지형이야. 그래서 지리의 비극이지."

삼랑시Sam Rainsy

경제 대통령을 표방한 MB가 2001년부터 2007년까지 훈센의 경제고문을 했다는 사실을 모르는 사람이 많다. 아마도 그 시절엔 훈센에게 90도로 폴더인사를 하고 다녔을 것이다(한국의 비극이기도 하다. 훈센의 꼬붕이던 인물을 일국의 대통령으로 앉히다니). 그런데 2008년 MB가 한국의 대통령이 되면서 관계가 역전됐다. 훈센은 버선발로 MB의 취임식에 달려왔다. 만나자마자 MB를 껴안고 난리가 났다. MB의 대통령 취임 이후 앞서 소개한 《프놈펜포스트》의 영국인 기자가 서울에 있는 필자에게 국제전화를 걸어왔다.

"이봐, 훈센이 이번에 당선된 한국 대통령하고 엄청 친하다고 자랑질하는데 뭐 아는 거 있어? 한국에서 캄보디아에 엄청난 경제지원을 할 거라는데 진짜야?"

글쎄, 당연히 구라겠지. 이 판국에 MB가 고작 캄보디아를 챙기고 있을까? 무엇보다 확실한 건 훈센과 MB의 정치 스타일이 비슷했다는 사실이다. 훈센은 야당을 지독하게 괴롭히더니 영구집권을 위해 정보기관을 동원해 언론을 탄압하고, 야당을 사실상 해체하고, 야권 지도자를 해외로 쫓아내버렸다. 캄보디아 민주주의의 주역이자 가장 오랜 동남아 야당 인사 삼랑시(71) 얘기다. 부총리를 지낸 아버지를 둔 명문가의 자제로, 프랑스에서 오래 공부한 학자 스타일의 민주인사다. 그는 캄보디아 현대사의 비극의 주인공 중 한 사람이면서 훈센의 거의 유일한 대항마이자 색 바랜 희망에 가깝다. 35년을 집권한 훈센보다 나이가 많으니 말이다.

인터뷰

그는 아마 한국을 두세 번쯤 찾았을 것이다. 동남아 야당 지도자가 한국과 일본을 찾는 이유는 그곳에서 일하는 자국 노동자들로부터 정치자금을 모으기 위해서다. 정말이지 눈물겨운 장면들이 많다. 야당 지도자가 한국을 찾으면, 그들은 월급 150만 원 받아서 대부분 가족에게 송금하고 본인은 월 15만 원으로 가난하게 생활하면서도 고국의 민주주의와 미래를 위해 허리띠 졸라매며 100달러, 200달러씩 갹출해 내곤 한다. 거의 예외가 없다. 그러니 동남아 노동자들의 월급을 잘 챙겨줘야 한다. 아시아 민주주의를 위한 분담비용이기도 하다.

그가 두번째로 한국을 찾은 2014년 2월 10일, 필자와 울트라노마드님은 정의당 심상정 의원실과 그를 초청한 노동단체의 협조로 삼성동의 한 호텔에서 그를 인터뷰하게 되었다. 우리 두 사람은 그동안 외신으로만 접해온 삼랑시와의 직접 대면에 무척 긴장했고 극도로 흥분했다. 괜찮은 만년필까지 선물로 사서 들고 그를 만나러 갔다.

예상대로 그는 너무나 세련되고 예의 바른 프랑스 신사였다. 선거가 제대로 치러졌다면 캄보디아의 권력은 진즉 삼랑시에게 가 있을 것이다. 그 악조건에서도 125석 가운데 55석까지 차지한 데는 삼랑시와 야당의 힘이 있었다.

"정말이지 민주주의를 하고 싶습니다. 국민의 열망도 높고 모든 준비가 끝난 상태입니다. 그러나 훈센만은 아직도 준비가 되지 않은 것 같습니다."

그는 캄보디아를 너무도 사랑하는 극동의 두 젊은이에게 약 2시간 반 동안 무척이나 신사적으로 훈센을 비판하고 자신의 비전과 한국의 역할에 대한 주문을 아끼지 않았다. 어찌 보면 삼랑시는 외국 언론에 화끈한 발언을 할 수가 없는 처지다. 정권에 꼬투리를 잡히면 처벌을 피할 수 없기 때문이다. 과거에도 사소한 발언으로 수차례 추방당하곤 했다. 그러나 용감하게 인터뷰에 응했고 세련되게 대처했다. 이것은 그가 얼마나 세계적인 지성인인지를 입증하는 사례일 것이다. 그러나……

2018년 캄보디아 야당은 완전히 해체되고, 삼랑시는 다시 프랑스로 쫓겨갔다. 캄보디아의 독재자는 베트남과 중국을 등에 업고 여전히 가족정치를 이어가고 있다. 인민의 자유는 사라지고, 경제는 더 이상 추락할 곳조차 없다. 지리의 비극이자 훈센이 초래한 비극이다.

PS

1. 삼랑시에게 선물한 만년필은 지금쯤 어디에 있을까?
2. 아시아 최고의 문명의 상징인 앙코르와트의 찬란함이 그리운 코로나19 시국임.
3. 2019년 여름 삼랑시가 다시금 한국을 찾아 자국 출신 노동자들을 만나고 광주에서 연설회까지 했다고.

국가영웅의 세대교체도 중요한 이유: 호세 리살

필리핀의 영원한 국가영웅 호세 리살 출처: 위키피디아

필리핀의 수도 마닐라에 위치한 호세 리살 기념탑 출처: 위키피디아

전 세계에 가장 널리 퍼진 민족이 있다면 영국인과 필리핀인일 것이다. 중국인도 그렇지만, 중국인을 꼽는 건 반칙이다. 사이즈가 다르니까. 유대인도 많다지만 아시아에는 흔치 않다. 아무튼 필리핀 사람이 아닐까 싶다. 전 세계에 필리핀 사람이 없는 나라는 없기 때문이다. 유비쿼터스 ubiquitous하다고 해도 좋다.

필리핀 사람이 전 세계에 흔한 이유는 첫째, 임금이 싸고, 둘째, 영어가 가능하고, 셋째, 상대적으로 일을 잘하기 때문이다. 혹자는 예술성도 탁월하다고 하는데, 그건 쉽게 비교하기 어려우니 제외하자. 필자가 아주 잠시 미국 텍사스와 영국 시골에 살아봤는데, 병원에 가니 간호사 중에도 필리핀 사람이 꽤 있었다. 외모로 볼 때 현지인과 구분하기 힘들 정도였다. 홍콩과 싱가포르는 물론이고, 한국에도 필리핀 사람은 차고 넘친다. 이렇듯 필리핀 사람이 전 지구적으로 퍼진 것은 오랜 경제양극화와 가난 탓이다.

호세 리살 José Rizal, 1861~1896

필리핀에서 가장 흔히 접하게 되는 고유명사가 바로 '호세 리살'이다. 공항, 건축물, 기념탑, 해군 전함 등 이 사람의 이름을 마주치지 않고 필리핀을 여행하는 것은 불가능할 정도라고 들었다. 한국에서 흔히 쓰는 '홍길동'만큼 흔하고 유명하고 위대한 인물이다. 하지만 부끄럽게도 필자는 40대를 넘어설 때까지 그가 뉘신지 정확하게 알지 못했다. 우리가 필리핀의 국가영웅까지 공부해야 할 의무는 없으니까. 게다가 그는 1860년대에 태어났으니 19세기 인물, 너무나 옛 시대의 인물이다.

그런데 싱가포르에 가서 필리핀을 공부하려고 하니 호세 리살부터 시작해야만 했다. 예외가 없었다. 커리큘럼에 그의 소설 『나를 만지지 마라 *Noli Me Tangere*』가 포함되어 있었는데, 반드시 거쳐야 하는 통과의례 같았다. 책을 읽어보고 19세기 중반의 필리핀 상황이 상당히 선진적이고 유럽 첨단문명과 직결되어 있음에 충격을 받았다. 조선반도가 중세 왕정체제에 여전히 매몰되어 있던 시대에 말이다. 그러니까 호세 리살의 근대화 정신은 어떤 측면에서는 아시아에서 가장 선구적인 사상이었다고 해도 과언이 아니었다. 그의 이력은 35년의 생애를 고려해봐도 상당히 다채롭고 역동적이다. 스페인에서 의학 공부를 하고 돌아온 뒤 불과 10년 동안 투철한 독립운동가, 탁월한 안과의사, 언론인, 소설가, 사업가, 교육가 등 본인의 능력을 1,000퍼센트 발휘한 행동하는 지식인이었다.

그의 최대 업적은 어릴 적 자신의 모국이라고 생각한 스페인제국을 상대로 한 치열한 독립투쟁이다. 더 정확하게 말하면, 그는 필리핀이라는 민족을 정립하고 독립사상을 고취한 민족 지도자인 것이다. 그는 조금은 억울하게 무장 독립투쟁의 배후로 몰려 총살형을 받고 사망했는데, 그의 죽음은 필리핀의 독립으로 이어졌고 125년이 지난 지금도 독립영웅이자 자신을 희생한 성자, 나아가 필리핀의 영원한 국부로 추앙받고 있다.

영웅에도 유효기간이 있을까?

35세에 요절한 호세 리살의 이상을 이어받은 사람이 보니파시오(1863~1897)라는 영웅적 투사와 아기날도(1869~1964)라는 귀족 집안 출신 독립투사였다. 1897년 보니파시오가 같은 독립군Katipunan 내 경쟁자인 아기날도에게 처형을 당하면서 필리핀의 역사는 귀족 중심으로 굳어진다. 혁명가를 출신계급으로 구분하는 건 어폐가 있지만, 그게 바로 필리핀의 현실이었다. 엇비슷하게 30세 전후였던 이 두 혁명가는 스페인과의 싸움 도중 노선투쟁을 벌이게 되고, 초대 지도자이자 하층민 출신인 보니파시오가 귀족 출신 아기날도에게 급작스레 밀리며 죽음으로 파국을 맞이했다. 생몰연대를 봐도 충격이지만, 이후 아기날도는 95세까지 장수하며 미국의 식민지 경영과 필리핀의 독립을 모두 목격한 뒤 평화롭게 영면했다.

필리핀 제2의 국부이자 독립영웅 아기날도의 인생은 참으로 미스터리하다. 기록된 이력만으로는 훌륭한 점이 너무나 많지만, 의심쩍은 면 또

한 적지 않다. 초창기 독립운동 과정에서 너무 많은 동료와 경쟁자들을 죽이거나 암살했고, 계급적으로는 필리핀 기득권의 이익을 보호하는 상징적인 존재로 남았다. 똑똑하고 현명했다고 볼 수도 있도, 영악하고 계산적이었다고 볼 수도 있겠다. 그 덕분에 스페인-미국-일본-미국-필리핀으로 무려 5번이나 정권이 바뀌는 와중에 필리핀 귀족인 크레올, 즉 토지소유 계급이 '토지개혁'을 피해 필리핀 독립정부를 자신들의 입맛에 맞게 설계해낼 수 있었다.

필리핀 엘리트들도 그 점을 잘 알았는지, 차마 아기날도를 제1의 국부로 모시지는 못하고, 줄곧 호세 리살을 영원한 국부로 추앙하고 있다. 호세 리살은 120년 넘게 그 누구도 절대 건드릴 수 없는 성역이 된 것이다.

국부정치의 한계

호세 리살은 개화기 필리핀이라는 나라를 발명해낸 선각자에 가깝다. 보니파시오와 아기날도의 대결은 누가 옳거나 더 유능하고의 문제는 아니었다. 출신계급에서 승부가 갈린 셈이다. 그 결과 보니파시오는 완벽하게 잊혔고, 아기날도의 후예들은 여전히 필리핀의 주류 엘리트 계급으로 남았다.

제1국부라는 위상은 호세 리살을 박제화하는 효과를 불러왔다. 실제로 기존 엘리트의 집권을 영속화해주는 거대한 상징코드이자 신화가 되어버린 것이다. 이후 모든 정치인이 호세 리살을 추앙하고 그의 후예임을 자처한다. 일본의 메이지 유신을 이끈 사쓰마 번(가고시마 번)과 조슈 번(야마구치 번)의 동맹을 통해 집권한 야마구치 파벌이 지금까지 총리를 배출하는 것과 같은 식이다.

호세 리살의 뒤를 이을 새로운 영웅을 만들어내지 못한 것은 필리핀 사회의 정체를 상징한다. 덕분에 양극화가 지속적으로 악화되었다. 국부가 고정된 사회는 지배계급이 고착화한 사회이기 때문이다. 국부는 위대하지만 동시에 위험한 존재임을 일깨워주는 사례가 된다. 호세 리살 같은 선각자가 북한의 김일성처럼 성역화되는 사회는 얼마나 끔찍한가? 영웅도 마땅히 세대교체가 필요하다.

PS

1. 그럼에도 호세 리살은 훌륭한 분이 맞음.
2. "국부를 만들자"라는 구호처럼 후진 정치구호도 없음.
3. 최근 필리핀에서 미약하나마 보니파시오를 새롭게 조명하고 있다는 사실이 흥미로움. 아기날도의 진짜 정체는 필자도 잘 모르겠음. 탁월한 정치인이긴 하지만……

싱가포르:
헹스위킷 vs 니콜 시아

싱가포르의 4세대 지도자로 부상한 헹스위킷

2012년 한국을 방문한 니콜 시아를 인터뷰 중인 필자

싱가포르의 정치를 논할 때 빼놓아서는 안 되는 대목이 1994년 봄 국제외교저널 『포린어페어스*Foreign Affairs*』를 통해 이루어진 '아시아적 가치' 논쟁이다. 당시 리콴유 총리는 「문화는 숙명이야Culture is destiny」라는 글을 통해 유교적 규율을 중심으로 하는 아시아적 가치가 분명히 존재한다는 주장을 펼쳤고, 이에 한국의 김대중 총재가 「문화는 숙명일까?」라는 글로 동양적 가치에 내재한 보편적 민주주의 전통에 초점을 맞춰 그것을 조목조목 반박한 사건 말이다. 당시 그 잡지의 편집장이 지금도 CNN에 가끔 얼굴을 비추는 파리드 자카리아였는데, 그가 '문명충돌론'으로 유명한 새뮤얼 헌팅턴의 제자라는 것도 화제를 모았다.

아시아적 가치 논쟁이 지금도 의미가 있는 이유는 현재 세계경제의 중심추가 서서히 동북 아시아로 이동하고 있기 때문이다. 조금 거칠게 정리하면 중국과 싱가포르는 아시아적 가치가 있다고 믿는 입장이고, 한국과 홍콩, 타이완 등은 아시아적 가치보다는 '보편적인 민주주의'에 무게추를 놓고 있는 상황이다. 흥미롭게도 '아시아적 가치' 논쟁에 참여한 나라들은 자신들의 주장을 입증해야 하는 숙제라도 받은 듯 무서운 성장세를 유지하고 있다. 싱가포르와 한국 역시 성장세가 두드러진다. 여러 아세안 국가들과 일본은 그때나 지금이나 아시아적 가치 논쟁에서 발을 뺀 상태다. 논쟁에 참여하는 것만으로도 막대한 의미가 있다는 얘기도 된다.

싱가포르 엘리티즘의 적자 헹스위낏

리콴유 주장의 핵심이자 정치철학은 '엘리트에 의한 지배elitism'로 볼 수 있다. 그 자신이 엘리트고 집권당 모두가 엘리트다. 그런데 이런 엘리트주의는 자유민주주의의 핵심인 보통선거와 충돌을 일으킨다. 이것이 싱가포르가 안고 있는 딜레마이자 아시아적 가치가 시험대에 오르는 지점이다.

2020년 7월 10일 열린 싱가포르 선거에서 필자가 주목한 지역은 이스트 코스트 GRC다. 전통적 중산층이 밀집한, 서울로 따지면 동대문구나 서대문구에 해당하는 지역이다. 여기서 5명의 국회의원을 뽑는데, 싱가포르 여당인 PAP의 최고 거물 헹스위낏Heng Swee Keat이 출격했다. 그가 여유 있게 승리한다면 PAP 정권은 당분간 안정세를 누릴 것이고, 리센룽은 안심하고 그에게 총리직을 맡긴 뒤 막후 지도체제로 돌입한다는 계획이었다.

그러나 다음날 새벽의 선거결과는 모두를 깜짝 놀라게 했다. 여당이 53.4퍼센트에 그치고 야당(노동당)이 무려 46.6퍼센트를 득표하며 불과 6,000여 표 차이로 바짝 따라붙은 것이다. 여당은 당황한 기색을 감추지 못했고, 헹스위낏의 장밋빛 미래는 순식간에 일그러지고 말았다.

참고로 GRC를 번역하면 '중대선거구'이다. 그런데 싱가포르는 매우 독특한 선거제도를 운영 중이다. 여당 5명과 야당 5명이 출마해 팀제로 승부를 겨뤄 이기는 쪽이 5석 모두를 가져가는 방식이다. 여당의 압도적 승리를 위해서다. 개별적으로 선거에 나섰다가 5석 가운데 1~2석 정도를 야당에 빼앗길 위험이 있으니 말이다. 1석도 주지 않고 싹쓸이하겠다는 의지의 표현이기도 하다.

싱가포르 정치의 희망 니콜 시아

신중하게 이 지역구를 택한 PAP의 헹스위낏은 어떤 인물인가? 싱가포르 엘리트 관료체제의 적자로, 이미 20대 초반에 경찰관료로 정치권에 입문해 옥스퍼드와 하버드라는 학벌을 획득하고, 젊은 시절 리콴유 총리의 비서를 거친 뒤 3개 부처 장관을 안정적으로 역임하고, 4년 전부터는 싱가포르 최고의 실세 자리인 재무부장관으로 일하고 있는, 현 리센룽 총리의 오른팔이자 차기 총리 내정자이다. 말 그대로 관료의 꽃! 걸어온 인생이 그야말로 꽃길 자체인, 싱가포르 엘리트 교육 시스템의 살아 있는 모델이자 상징이다.

그런데 이런 거물과 맞서 용감하게 싸운 야당의 중심인물이 올해 34세의 젊은 정치인 니콜 시아Nicole Seah다.

니콜 시아는 싱가포르에서 대표적인 차세대 정치인으로 널리 인정받는 인물이다. 중고등학교 때부터 사회활동에 참여한 그는 대학 시절 온라인 매체 운동에 뛰어들면서 사회운동에 발을 내디뎠고, 불과 24세의 나이로 2011년 총선에 출마, 당시 총리를 역임한 고촉통과 맞붙어 43퍼센트라는 득표율을 기록하며 전국적인 선풍을 일으켰다. 복잡한 야당 상황과 리콴유 사망으로 인한 후폭풍으로 2015년 선거에는 출마하지 못했지만, 이번 2020년 선거에서 또 한 번 총리급 후보와 맞짱을 뜨며 싱가포르 민주주의의 희망으로 자리매김했다.

그녀의 장점은 나이에 걸맞지 않은 품격 있는 대중연설과 밑바닥부터 다져온 싱가포르 주민과의 끈끈한 유대감이다. 그녀는 정계 입문 초기부터 로컬 피플의 주거안정과 빈민 및 차상위계층에 대한 정부의 적극적인 지원을 주문하며 양극화 사회로 흐르는 싱가포르 사회에 강력한 브레이크 역할을 해왔다. 특히나 붙임성 있는 성격과 대중연설 능력으로 "언젠가 이 젊은이가 싱가포르 총리가 될 수 있지 않을까?" 하는 기대감을 선사함과 동시에 집권여당에게는 상당히 신경 쓰이는 인물이 되었다.

2012년 한국에서의 인터뷰

필자가 니콜 시아를 인상 깊게 기억하고 있는 데는 이유가 있다. 2011년 총선을 마치고 1년 뒤 그녀가 한 국제기관의 초청으로 한국에 들렀을 때 필자와 광화문에서 2시간가량 인터뷰를 했기 때문이다(지금 생각해봐도 참으로 무모한 시도였다). 특별한 계기가 있었다기보다는 24세의 나이에 당당히 정계 진출을 선언하고 싱가포르 정치계에 새바람을 몰고 온 사실이 너무도 신기해 급작스럽게 인터뷰를 요청했고, 그녀가 수락하면서 만남이 성사되었다. 그런데…… 조금은 부끄럽게도 당시 필자는 그녀의 억센 싱가포르 영어 발음을 거의 알아듣지 못했더랬다. 인터뷰 도중 그녀가 자꾸 "어떻게 생각해요? 왜 나만 혼자 얘기하는 것 같죠?" 하는데, "으음…… 으음…… 그래요, 적당히 알아듣고 있어요. 녹음한 걸 나중에 다시 들어볼게요"라고 둘러댄 기억이 있다. 그때의 부끄러움 탓에 아직도 다시 만나지 못하는 중이다.

그녀는 이번 선거에서 다시 낙선하며 의회 진출을 5년 뒤로 기약하게 되었다. 아마 다음 선거부터는 더 이상 '청년후보'라는 타이틀이 붙지 않을 것이다. 결혼은 진즉에 했지만 말이다. 선거가 없는 기간에 그녀는 평범한 가정주부의 삶을 영위하고 광고회사를 다니며 커뮤니티 활동에 매진한다고 한다. 이제는 노동당 안에서 위치가 더욱더 커졌지만 말이다.

참고로 싱가포르 야당 정치인의 인생은 고통스럽기로 유명하다. 1990년대 후반에 야당 돌풍을 일으킨 치순잔 박사는 직장인 국립대학에서 해고당했으며, 선거법 위반에 걸려 교도소 수감은 물론 막대한 벌금으로 오랜 기간 고통을 겪은 것으로 유명하다. 심지어 야당 후보가 당선된 지역구에는 예산배정을 줄이는 방식으로 야당 견제에 한 치의 느슨함이 없는 곳이 싱가포르다. 정치판은 어디나 엇비슷하다는 생각도 든다.

PS

1. 필자는 싱가포르에서 공부만 한 탓에 니콜 시아를 다시 만난 적은 없다.

2. 환하게 웃는 수려한 외모도 그녀의 대중적인 인기 포인트.
3. 싱가포르도 언젠가는 정권이 교체될 거라 전망함. 여러 청년 정치인들이 민주주의의 토양을 다지고 있고 그것이 2020년 선거결과로 증명되고 있음.

싱가포르, 말레이시아,
적과의 동거, 고속철도 전쟁

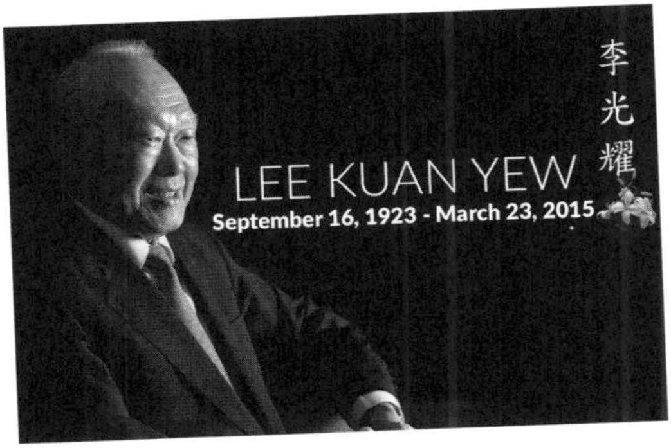

오늘날의 싱가포르를 설계한 리콴유 초대 총리

말레이시아 현대화의 기수 마하티르 전 총리 출처: 위키피디아

오늘날의 싱가포르를 설계한 리콴유 초대 총리 출처: 위키피디아

이 둘의 관계를 라이벌이라고 해도 좋을지 모르겠지만, 겉으로 드러나는 싱가포르의 최대 경쟁자이자 가상의 적은 여러모로 말레이시아일 수밖에 없다. 한일韓日관계와 똑같지는 않지만 무척이나 비슷한 상황이 왕왕 벌어진다. 국가 크기나 인구로는 말레이시아가 압도적이지만 경제력과 글로벌 영향력은 싱가포르가 말레이시아를 추월하는 것도 흥미롭다.

아세안에서는 상식으로 통하지만 한국에는 널리 인식되지 않은 역사적 사실은 이 둘이 한때나마 한 연방에서 한솥밥을 먹었다는 사실이다. 1960년대에 말레이연방이 경제권을 가진 화교 세력과 정치적 영향력을 독점한 말레이 간의 대립으로 갈등에 빠지자, 1965년 연방 지도층은 어쩔 수 없이 지역 내 최대 무역항(연방의 돈줄)인 싱가포르의 연방 퇴출을 결정하게 된다. 싱가포르에 화교들이 집중적으로 거주하고 있었기 때문이다. 경제라는 살을 내어주고 권력이라는 뼈를 취한 것이다.

싱가포르가 분리되면서 인종구성비도 극적인 변화를 겪었다. 독립 당시 말레이 5 대 화교 4 정도였던 말레이시아의 인종구성비가 싱가포르의 연방 퇴출 이후 6.5 대 2.5까지 조정된 것이다. 그 결과 말레이에서는 말레이계 정권이 수립되어 2017년까지 권력을 독점했고, 싱가포르에서는 화인정권이 똑같은 방식으로 권력을 유지하고 있다. 이른바 적대적 공존이라고 해야 할 듯싶다. 남한과 북한의 냉전시대 상황과 흡사하다고 느껴지는 대목이다.

화교 vs 말레이

자연스레 미디어에서도 흥미로운 장면이 자주 발견된다. 베일에 싸인 싱가포르 집권층의 모습이 말레이 미디어를 통해 이해될 때가 많다. 당연히 싱가포르 언론은 말레이시아 정치권을 집중 분석하고 날카롭게 조롱하는 경우가 많다. 상대방의 치부를 자국 국민들에게 드러내 내부 불만을 외부로 향하게 하는 효과가 있는 것이다. 여튼 흥미진진한 사이다.

2008년에 집권한 귀족 출신 나집 라작 말레이시아 총리는 10년에 걸쳐 국가경쟁력을 시나브로 갉아먹은 것으로 유명하다. 나라의 지도자가 국가 비전에 관심이 없고 개인의 치부에만 눈이 멀면 국가의 부와 비전을 이웃 나라에 빼앗기는 것은 당연한 이치다. 싱가포르는 나집 정권 시절 말레이 쇠퇴의 반사이득을 착실하게 보았다. 말레이와 연결된 물 공급, 해양영토, 항구 경쟁력 등 거의 전 분야에서 싱가포르가 협상의 우위에 선 것이다.

이에 화가 머리끝까지 뻗친 말레이의 전설적 인물이 바로 마하티르 전 총리(재임 기간 1981~2003)다. 2018년 그는 옥중에 있던 야당 지도자 안와르 이브라힘과 연합전선을 펴 나집 정권을 붕괴시키고 은퇴한 지 무려 15년 만에 최고 지도자로 복귀해 나집이 싸지른 병크 외교 사안들을 청소하는 데 전력을 기울였다. 이에 싱가포르 전체가 들썩이며 마하티르 체제를 걱정스럽게 쳐다보았을 정도다. '아, 싱가포르에겐 나집이 최고였는데…… 돌아와요, 나집 라작.'(최근 한국인이 일본 정국을 보는 심정과 흡사하달까?)

항구 경쟁력

우리는 싱가포르의 지정학적 위치를 찬양하고 부러워하지만, 동남아의 발전 역사를 되짚어보면 전혀 그렇지 않다는 것을 알게 된다. 싱가포르가 가진 천혜의 입지조건이라는 것이 절대적이거나 영원불멸하는 것이 아니라는 얘기다. 당장 400~500년 전으로 시계를 돌려보면 이 지역의 최대 항구도시는 말레이시아의 페낭과 믈라카였으며, 보르네오 섬의 쿠칭 그리고 네덜란드 상권이 힘을 쓴 마카사르 지역도 크게 번성했다. 인도네시아 서쪽 끝 반다아체 지역도 빼놓으면 섭섭할 것이다.

싱가포르는 개척된 지 겨우 200년이 지났을 뿐이다. 한마디로 싱가포르는 영국의 뒷배와 화교들의 엄청난 노동력과 창의력이 결합되어 인근의 모든 경쟁 항구들을 따돌리고 항구 경쟁력 측면에서 압도적 우위에 서게 된 것이다. 싱가포르가 급부상한 핵심요인은 저렴하고 품질 좋은 서비스이지, 지정학적 위치는 2순위에 불과하다는 얘기다. 당장 태국이 남쪽 반도 크라에 인도양으로 빠지는 운하만 건설해도 싱가포르의 물동량은 절반으로 떨어질지도 모른다. 싱가포르 정도의 입지는 주변 해역에 널리고 널렸다. 그걸 잘 알기에 싱가포르는 지금도 집요하게 항구 인프라에 투자한다.

당연히 마하티르 총리는 자신의 집권기인 1990년대에 싱가포르를 제압할 여러 비전을 세우고 차근차근 추진했더랬다. 한 국가의 지도자라면 이웃 나라보다 나아지려는 욕망은 기본적 미덕에 해당할 것이다. 우선 북부의 전통적인 무역항 페낭을 첨단 산업지구로 탈바꿈시키고, 수도 쿠알라룸푸르 인근 클랑 항을 싱가포르에 비견될 만한 국제무역항으로 만들기 위해 대규모 투자에 나섰다. 그러나 항구의 경쟁력이란 10년, 20년 투자로는 역부족이다. 적어도 100년이 걸리는 역사적 대업에 가깝다.

고속철도 종착역 논란

여기서 생긴 또 하나의 변수는 2000년대 들어와 아세안 지역에 건설 계획이 시작된 초고속 철도라고 해야 할 것이다. 아세안의 경쟁력이 취약한 이유는 지난 수백 년간 해양교통에 지나치게 의존한 결과 내륙지역의 교통 인프라에 아무도 신경 써서 투자하지 않았다는 데 있다. 미얀마에서 캄보디아에 이르기까지, 지금도 100년 전 영국제국 시대에 설치되고 일본 침략기에 살짝 보완한 철도 시스템에 의존하고 있을 정도다. 이웃한 중국 대륙이 철도와 고속도로로 촘촘히 연결된 것과 비교하면 아세안의 인프라는 한심한 수준이긴 하다.

결국 아세안 시대를 열기 위해 필요한 것은 고속철도에 대한 투자다. 이것 역시 아세안 공통의 비전과 이해관계를 조절하는 상위 기구가 통제하면 좋겠지만, 현재는 각 국가가 중국·일본·유럽·한국의 제안을 세심하게 비교하며 개별적으로 진행중이다. 이는 막대한 투자 규모에 대한 부담 때문인데, 당연히 진척이 느리고 상호간 연결성도 좋을 리 없다.

여기서 또 한 번 말레이시아와 싱가포르의 이익이 크게 충돌한다. 태국에서 시작된 고속철도와 말레이시아를 종단하는 철도가 만나고, 다시 이 철도가 싱가포르로 연결된다면 어떻게 될까? 싱가포르 입장에선 누워 있는데 꿀떡이 입으로 비집고 들어오는 상황이 된다. 도시국가 싱가포르는 굳이 철도노선에 투자하지 않아도 되는데, 말레이시아가 국토 전역에 고속철도를 깔아서 싱가포르까지 연결한다는 것이다. 돈은 말레이시아가 대는데 혜택은 싱가포르가 독식하는 구조가 되어버린다.

문제는 나집 정권이 싱가포르까지의 고속철도 연장을 너무 쉽게 허락했다는 데 있다. 2017년 말레이반도를 횡단하는 고속철도의 종착역이 싱가포르 북서부 주롱이스트 역 근처로 확정되자 싱가포르는 부동산 가격이 급반등하는 등 연일 축포를 쏘아댔다. 아마도 그간 싱가포르는 국가적 역량을 끌어모아 나집 정부를 설득했을 것이다. 말레이시아 입장에서는 국가경쟁력을 갉아먹는 철도 연결 계획에 신중해야 했고 최소한 공동의 비전을 제시해 투자분담 문제를 협상테이블로 끌어들여야 했다. 물론 그런 일은 일어나지 않았다.

2018년 마하티르가 집권하자마자 결정한 여러 개혁 가운데 최우선 사항은 대부분 싱가포르를 향한 것이었다. 당연히 고속철도 싱가포르 연결 계획도 잠정 중단되었다. 협상을 원점에서 다시 시작하자는 의미였다. 싱가포르는 침통해했고, 말레이시아 국민은 한숨 돌렸다. 이를 지켜보는 한국인 관전자 입장에서 필자는 무척이나 복잡한 심경에 사로잡혔다. 지도자가 나라의 운명에 지대한 영향을 끼친다는 아주 평범한 사실 때문에 말이다.

PS

1. 싱가포르와 말레이시아의 고속철도 연결문제는 남북관계와 한일관계를 두루 떠올리게 하는 사건임. 특히 한동한 한국에서도 논란이 되었던 한일 해저터널과 흡사한 구조의 사건.
2. 아세안의 고속철도 인프라 건설은 향후 이 지역의 정치경제를 뒤흔들 가장 민감한 사안임. 한중일 모두 깊이 개입되어 있기도.

위대한 인간의 시대적 한계:
마하티르

1980년대 이후 말레이시아의 부흥을 주도한 마하티르 전 총리의 2012년 모습

1997년 이후 말레이시아의 양심이 된 안와르 이브라힘(가운데) 출처: 위키피디아

필자는 군 복무 시절 IMF 외환위기를 맞이하고, 그 뒤 10개월이 지난 1998년 9월에 복학을 했다. 경영학 전공이었는데, 입대 전 전공과목에서 죄다 F학점을 맞거나 아예 수강신청조차 안 했던 터라 회계원리, 경제학 원론부터 다시 시작해야 했다. 간만에 수업에 집중하고 보니 경영경제 교수님들의 정치성향을 처음으로 진지하게 고민하게 되었다.

당시 DJ 정부가 외환위기 극복을 위해 매우 힘겹게 개혁개방 정책을 추진 중이었는데, 상당수의 경영학 교수들이 DJ를 맹렬히 비판하면서 말레이시아 마하티르의 정책을 칭송하는 게 아닌가? 어라? 우린 경영학과인데? 이는 1997년 당시 미국 아이비리그에서 투자이론을 배운 소장파 교수들도 전대미문의 외환위기 사태를 맞아 대응 방향을 잡지 못하고 갈팡질팡했다는 얘기다. 본인의 민족관과 경제관이 충돌했던 탓이리라.

심지어 한겨레신문 등의 진보지와 좌파 경제학자들도 DJ 정부는 "지나치게 친자본적, 친미적"이라며 말레이시아를 주목해야 한다는 얘기를 왕왕 쏟아내곤 했다. 외환시장을 강력하게 통제하고 경제주권을 확립하여 투기적 해외자본과 맞서 싸우면서 동시에 강력한 수출 드라이브 정책으로 위기를 극복해야 한다는, 어디서 어디까지가 좌파이고 우파인지, 학자의 정치적 목적을 위한 주장들이 우왕좌왕 난무하던 시기였다.

한참 지난 얘기가 되었지만 김대중의 개혁개방 노선은 입에는 쓰지만 한국경제의 미래를 바꾼 '신의 한 수'가 되었고, 마하티르의 '아시아적 가치'와 '국가통제 자본주의'는 잠깐 반짝이다가 후배들에 의해 완벽하게 왜곡돼버린 비운의 선택이 되고 말았다. 지도자는 본인의 의지도 중요하지만 방향 설정이 더 중요하다는 것을 함축하는 대목이다. 그러나 필자는 이런 결과와 무관하게 마하티르를 아시아 현대사에서 가장 중요한 인물로 꼽는 데 주저함이 없다. 시대적 한계를 맞닥뜨렸을 뿐, 본인의 비전과 실행력만큼은 창대하고 드높았기 때문이다.

자서전 닥터 인 더 하우스

필자가 2011년 태국의 탁신 연구서를 번역한 뒤 다음 타깃을 정하는 것은 그리 어려운 일이 아니었다. 당연히 한국인이 가장 이해하기 힘든 나라인 말레이시아와 그 설계자인 마하티르(1925~)에 관한 책일 수밖에 없었다. 그는 베트남의 호치민, 싱가포르의 리콴유와 더불어 가장 유명한 아시아인 가운데 하나다. 게다가 1997년 IMF 경험까지 있으니 그에 대한 기억이 생생했다. 하지만 생존인물이다보니 마땅한 연구서가 없어서 2011년에 갓 출간된 그의 자서전 『닥터 인 더 하우스*Doctor in the House*』를 번역 목표로 삼았다. 700페이지에 달하는 장대한 말레이시아 현대사의 서사시이기도 했다.

앞에서 말했듯이, 학자는 사회분석을 통해 인물을 평가하지만 기자는 사람을 통해 사회를 바라본다. 즉 기자에게는 사람이 분석대상의 거의 전부인 셈이다. 필자도 대화를 나누고 만질 수 있는 사람을 이해해야 비로소 말레이시아라는 낯선 땅이 열릴 수 있다고 믿었다.

이 장대한 책을 혼자 번역한 것은 아니고, 김은정 전 헤럴드경제 기자와 공동으로 번역했다. 이 밖에도 5명의 지인과 협력자들이 번역에 참여했다. 그때로 돌아간다면 다시는 번역 작업 같은 것은 하지 않으리라 다짐할 만큼 너무나 힘들고 고통스러운 작업이었다. 말레이 문화와 전통, 귀족의 호칭과 이름이 어찌나 어려웠던지, 좋은 기억이 단 하나도 없을 정도로 지난한 과정이었다. 동아시아 출판사의 한성봉 대표님이 가장 힘들었을 것이다. 이 책이 상업적으로는 폭망했으니 말이다. 다시 한번 죄송하고 감사드린다.

아시아적 가치, "동쪽을 보라Look East"

영국 식민 치하인 1925년에 태어난 마하티르는 싱가포르에서 의학을 공부한 정형외과 의사 출신의 정치인이다. 애초 정치에 관심이 많았던 그는 고향에서 의사로 활동하다가 독립된 나라를 위해 정치인으로 변신한다. 그는 의사 출신답게 합리성으로 무장하고 말레이 민족과 집권정당 그리고 국가의 현대화를 부르짖는다. 그런 그가 1969년 정치적 탄핵을 당하고 집필한 『말레이 딜레마』는 그의 세계관과 정치철학을 다룬 책으로, 그의 주된 고민인 "전통과 현대성의 딜레마를 풀 수 있다"는 주장을 담았다. 동양적 가치인 근면 성실함을 바탕으로 경쟁이라는 현대성도 함께 포용하자는 주장이었다. 개혁파의 리더였던 그는 1981년부터 2003년까지 총리로 일하며 사실상 말레이시아를 동남아 최초로 현대화된 국가로 변모시켰다는 칭송을 받았다.

그가 리콴유와 동시에 주창한 '아시아적 가치'의 본래 의미는 영국이라는 제국으로부터의 독립과 그 모범사례인 일본의 존재에 바탕을 둔 바가 크다. 대영제국 치하에 살던 피지배 국민으로서의 문제의식이 너무나도 절박했고 종속이 아닌 독립이라는 목표가 더 중차대했다는 의미도 된다. 그의 자서전에는 "말레이인이 드디어 영국에서……" "말레이 기업이 드디어 세계무대에서……" 같은 근대화 테제가 자주 눈에 띈다. 그리고 이 같은 문제의식은 곧바로 그의 시대적 한계로 작용하기도 한다. 1997년 그의 후계자인 안와르 이브라힘(1947~)과의 극한 대립이 바로 그것이다.

안와르는 자칭타칭 1990년대에 말레이시아가 내놓을 수 있는 최고의 정치인이자 마하티르가 인정한 공식 후계자였다. 뛰어난 이슬람 율법 해석 능력과 더불어 세계와 소통할 수 있는 글로벌 감각도 두루 갖춘 당대의 지성인이기도 했다. 이미 40대에 장관과 부총리를 경험한 그가 마하티르의 은퇴를 예비하고 있던 1997년, 뜻하지 않게 외환위기의 파고가 닥친 것이다. 이제 막 전통사회를 벗어나 세계무대로 도약하려 하던 말레이시아에게는 너무나 큰 시련이었다.

정치의 비정함

마하티르는 1997년의 외환위기를 '서구 제국주의자들의 음모이자 재침략'으로 규정한 것으로 보인다. 자국의 화폐가치가 아무 이유 없이 반 토막 나고 국가의 가치가 추락하는 상황을 그는 납득할 수가 없었다. 1925년생인 그로서는 영미 제국주의의 침공에 또 한 번 무릎을 꿇을 경우 지난 20년간 밀어붙인 현대화를 위한 노력이 모두 수포로 돌아갈까봐 두려웠는지도 모른다.

그러나 1947년생 안와르에게 백인에 대한 콤플렉스는 더 이상 존재하지 않았다. 그는 식민지 경험이 없는 전후세대였던 것이다. 그의 입장은 '자본시장의 논리가 그렇다면 마땅히 그것을 따르고, 그 룰 안에서 다시 경쟁력을 쌓아 아시아와 말레이시아에 내재한 고질적인 전근대 문제를 해결하자'로 요약된다. DJ와 마찬가지로 세계화론자였던 것이다. 심지어 당시 말레이시아의 경제부장관이 바로 안와르였다. 현직 총리와 차기 총리가 IMF 처방전을 두고 사실상의 이념투쟁, 가치투쟁을 벌인 것이다.

결과는 여러분이 아는 그대로다. 촉망받던 정치 지도자 안와르 이브라힘은 동성애 혐의, 즉 이슬람 사회에서 가장 죄질이 불량한 범죄 누명을 쓰고 구속과 기소를 반복하면서 말레이시아 주류 정치권에서 진흙탕으로 완전히 내동댕이쳐진다. 마하티르와 국정원의 작품이자 음모였다. 안와르는 이후 20년간 야인과 야당 지도자 생활을 하며 끈질기게 살아남아 2018년 정권교체의 주역이 된다. 사실 이 두 남자의 갈등과 재결합

스토리는 드라마보다 더 극적인 측면이 있다. 만일 외환위기 당시 안와르가 마하티르의 논리를 압도해서 2000년대 초반에 총리로 취임했다면 역사는 어떻게 바뀌었을까? 확실한 한 가지는 2018년에 93세 총리는 탄생하지 않았을 거라는 것이다.

인터뷰, 2012년 푸트라자야

2012년 8월 필자는 번역한 책을 가지고 마하티르를 인터뷰하기 위해 그의 거처가 있는 푸트라자야로 날아갔다. 당시 한국 정부는 말레이시아에 원전을 판매하기 위해 전방위적 외교활동을 벌이는 중이었다. 그 덕분이었을까, 무모한 인터뷰 제안이 성사되었다. 필자의 힘만으론 불가능한 과업이었고, 이용준 당시 주 말레이시아 대사의 도움이 절대적이었다. 필자가 제시한 인터뷰 명분이 뚜렷했기 때문에 가능한 일이기도 했다. "드디어 한국에서 마하티르 전 총리님의 자서전이 번역되었습니다. 그러니 한 말씀……"

당시 그의 나이 87세였다. 누가 봐도 한참 전에 은퇴한 인물이었고, 지구상의 그 누구도 그가 6년 뒤인 2018년에 총리로 재등극하리라고는 상상조차 하지 못하던 시점이었다. 그래서 인터뷰는 주로 과거 한국과의 기억, 한국에 대한 부러움, 현대건설 시절 MB와의 인연 등 별로 긴급성이 없는 이야기만 주고받았다. 그럼에도 그는 사이사이 당시의 나집 라작 정부에 대한 불만을 숨기지 않았다. 그의 기대를 충족하기에는 한참 부족했던 것이다.

"그래서 나는 한국의 발전을 경이롭게 바라봅니다. 초반에 내가 말한

룩이스트 정책은 당연히 일본을 의식한 이야기였지만, 1990년대에 일본은 너무 벅찬 상대였고 한국 정도가 말레이시아와 비교하기 좋았기 때문에 한국을 자주 방문했어요. 한국은 가난한 나라에서 정말 좋은 나라가 되었다고 봅니다. 하지만 우리 말레이시아는……"

당시 필자는 예의상 안와르에 대한 질문은 던지지 못했다. 그가 현역 정치인이 아니라고 보았기 때문이다. 그런 그가 2018년 안와르와 손잡고 또 한 번의 개혁을 부르짖자, 이번엔 진정으로 두 남자의 화해가 이뤄진 줄 알았다. 그러나 2020년 초, 이 두 남자의 결합은 보수파의 배신으로 인해 완벽한 비극으로 막을 내리고 말았다. 안와르에게 기회를 주지 못한 채 말이다. 이는 마하티르의 한계이자 시대의 한계인 셈이다.

PS

1. 그러고 보면 DJ가 참 대단한 인물. 집권 5년 만에 이룬 성과가 어마어마함. 지도자는 장기 집권이 중요한 게 아니라 정책의 방향을 잘 잡아서 실행하는 게 중요하다는 의미.
2. 싱가포르 유학 시절 친구들에게 마하티르와 함께 찍은 사진을 보여주니 "오, 너 진짜 기자 출신 맞구나" 하고 다들 보는 눈빛이 달라졌음. 2018년 마하티르가 정치 중심으로 복귀했기에 더욱더. 그는 여전히 아시아를 대표하는 역사적 인물 중 하나임.

아시아의 귀족주의:
나집 라작, 박근혜

말레이시아의 추락의 주역인 나집 라작 전 총리
출처: 위키피디아

아버지의 후광정치에 몰두했던 박근혜 전 대통령 출처: 위키피디아

2010년 10월경 언론재단에서 주최하는 '동남아지역전문가' 과정 연수를 짧게 다녀온 적이 있다. 서울에서 10여 회로 구성된 전문 강사진의 강의를 듣고 동남아 4개국 정도를 10일간 답사하는 프로그램이었다. 서강대 신윤환 교수님도 처음 만나보고 고참 외교관들의 아세안 특강도 듣는 등 의미 있는 시간이었다. 아무튼 그 기회를 통해 처음 말레이시아를 방문했더랬다. 당시 필자는 『탁신-아시아에서의 정치 비즈니스』를 막 번역해놓은 상태로, 동남아에 대해 좀 안다는 자부심이 팽배해 있었다. 그런데 막상 말레이시아를 처음 살펴보니 뭐가 뭔지 하나도 모를 정도로 생경해서 당황했던 기억이 난다.

이슬람이라는 종교도 생소하고, 말레이족은 타이족과 달리 더 모르겠고, 화교가 왜 그리 많은지도 모르겠고, 어찌해서 영어를 그리 잘 쓰는지도 알 수 없었다. 왕국인데 왕이 9명이나 되고, 동말레이시아는 또 뭐고. 내가 아는 정보는 마하티르라는 전 총리 이름 하나뿐이었다. 그래서 돌아오는 길에 당시 막 출간된 『마하티르 자서전』을 사면서 다음번엔 이 책을 번역해 공부해야겠다, 뭐 그런 결심을 했더랬다.

동남아는 10개 국가나 되기에 모두 자세히 아는 건 쉽지 않은 일이다. 그런데 누가 나에게 "딱 한 곳만 골라 장기 거주해야 한다면 어디를 선택하겠느냐"고 물으면 말레이시아를 꼽을 것 같다. 아주 오래된 생각이다. 태국, 베트남, 말레이시아를 놓고 고민하긴 했지만, 개인적 취향에는 말레이시아가 더 맞는 것 같다. 뭔가 심심한 나라인데, 심심하면서도 은근한 어묵탕처럼 매력 있는 나라다. 음식도 취향에 맞는 편이고 물가도 마음에 든다. 특출난 장점은 없지만 평균적으로 참 매력적이다.

도시괴담: '몽골 모델 폭사' 사건

당시 사회학을 전공한 한국인 연구자가 가이드를 해주었는데, 처음엔 좋은 얘기만 해줄 듯싶더니 조금 친해지자 바로 쓴소리를 날렸다.

"비전은 컸는데 한계가 뚜렷한 나라예요. 지도층이 너무 썩었어요. 검찰이나 경찰이 손도 못 대요. 여기는 말 그대로 왕국이에요. 귀족국가라는 거죠. 경찰이 왕족, 귀족의 비리를 조사할 수 있겠어요? 조선시대랑 똑같다고 보면 돼요."

그런 다음 들려준 얘기가 몽골 모델 폭사爆死사건이다. 2006년 한적한 교외 길에서 갑자기 여성의 손목이 달려가는 차량 위로 떨어진 사건이다. 그 손목이 들판에 떨어졌다면 아무런 후폭풍이 없었을 것이다. 어쩔 수 없이 사건을 조사해보니, 피해자는 몽골에서 말레이시아로 취업해 온 20대 후반의 패션모델이었다. 더 추적해보니 은퇴한 경찰이 청부살인에 관여했고, 이른바 뒤처리를 하다가 실수한 것이었다. 드럼통에 시신을 넣고 폭탄을 함께 넣었다나. 당시 말레이시아 사람들이 취합한 정보로는 나집 라작 부총리와 집권층 자제분들이 미녀들과 신나게 비밀파티를 벌였고, 모종의 이유로 그 미녀들 중 한 여성을 처치했다는 것이었다. 자세히 설명하기가 더러울 정도로 추악한 사건이었고, 2010년에는 알 만한 사람은 다 아는 도시괴담이 되어 있었다.

"그런데 그 사건의 중심에 있던 나집 라작이 2008년부터 실세 총리가 되었어요. 이제 이 나라의 수준을 짐작하시겠어요?"

당시 거리에는 '원one 말레이시아'라는 집권당 암노UMNO의 광고판이 거리를 메우고 있었다. 그리고 몇 년 뒤 국부펀드 1MDB 사건이 터진다. 별 내용은 아니고, 집권층이 국부펀드를 발행한다고 판을 짜서 수조 원의 이익을 편취한 사건이다. 나집 라작 총리의 10년 집권은 그렇게 말레이시아를 갉아먹는 일들로 점철되었다. 그 10년간 몽골 모델 사건은 도시괴담으로 떠돌 뿐, 정확한 조사가 이루어지지 못했다.

7월 28일 '나집 라작 12년 형'

2020년 7월은 말레이시아 역사에 한 획을 긋는 날이 될 것 같다. 부패와 무능의 상징인 나집 전 총리(1953~)가 드디어 사법부 1심에서 12년 형을 언도받았기 때문이다. 싱가포르 언론이 연일 톱뉴스로 보도할 정도니, 동남아 현대사에서도 정말 뜻깊은 사건인 것 같다. 필자가 한정된 정보를 총동원해봐도 동남아 전체에서 사법부가 전직 총리급 지도자를 비리로 단죄한 것은 이번이 처음인 듯싶다. 필리핀의 마르코스는 민중의 힘으로 권좌에서 끌려내려왔고, 미얀마의 네윈, 인도네시아의 수하르토도 엇비슷한 모양새였다. 캄보디아의 훈센은 여전히 권좌를 지키는 중이고.

짐작하겠지만, 전직 지도자를 단죄하기 어려운 이유는 집권세력이 교체되지 않고 있기 때문이다. 이는 아시아 현대사의 중대한 한계이자 숙제에 해당한다. 말레이시아가 독립한 것이 1957년이던가? 그 이후로 권력이 교체되기까지 60년이 걸렸다. 2017년 전직 총리인 마하티르가 후배 놈들의 부패에 질릴 대로 질려서 93세 나이에 정계복귀를 선언해 당시 교도소에 있던 안와르 이브라힘과 손잡고 부패의 화신 나집 라작을 선거에서 이긴 것이다. 말 그대로 드라마 아닌 드라마였다.

이 역사적인 정권교체로 몽골 모델 폭사사건도 재조명을 받게 되었고, 나집의 온갖 추문이 공론에 오른다. 그런데 잡다구리한 부패가 너무 많아 1MDB 비리를 중심으로 기소가 이루어졌다. 사법정의를 세우는 것이 얼마나 힘겨운지를 증명해낸 역사적 사건이자 기념비적인 승리라고 본다(그래서 필자가 말레이시아를 좋아하는 것일 수도 있다).

2세 정치인은 '나라의 짐'

동남아에 가보면 유독 2세 정치인이 많다는 것을 알게 된다. 이것도 구조적인 문제로 보인다. 부와 권력이 편중되다보니, 자연스레 권력이 시민사회에 흩어지지 못하고 자꾸 특정 집안에 고이고 쌓인다. 특히 냉전시대에 오래 집권한 독립세력의 문제가 만만치 않다. 나집 라작 역시 이런 케이스다.

그의 아버지 압둘라 라작은 파항 주의 귀족 출신으로 3대 총리를 지냈다. 1970년에 총리가 되었는데, 그 유명한 부미푸트라 정책(토착민 우대 정책)의 입안자다. 한국의 박정희와 비교될 정도의 철권통치로 유명했다. 그의 아들 나집 역시 아버지의 후광과 집안 특혜를 받아 자연스레 정치권에 데뷔해 착실하게 이력을 쌓아 부총리에 이른다. 총리가 될 만한 인재는 아니었지만, 의회민주주의에서 집권당이 썩으면 그 정도 수준의 파벌 대표가 총리가 되는 것이 세상 이치다.

나집의 이력은 한국의 박근혜와 일본의 아베를 연상시킨다. 뚜렷한 비전도 경쟁력도 없이 2세 정치인으로 데뷔해 파벌 대표로 국가의 리더가 되는 경우 어떻게 나라를 망치는지 여실히 보여주기 때문이다. 이들 2세 정치인들의 특징은 아버지나 할아버지 시대의 이념과 비전에서 크게 벗어나지 못한다는 것이다. 말 그대로 후광정치다. 시대에 뒤떨어진 낡은 정치를 하고, 자연스레 나라의 비전과 경쟁력을 갉아먹는 복고적인 정책만 남발하게 된다. 집안의 사업이 그렇게 세팅되어 있기 때문이다.

나라에 인재들이 얼마나 차고 넘치는데 어째서 2세 정치인의 명성에 국가의 운명을 맡겨야 하는지 유권자들은 비통한 심정으로 돌이켜봐야 한다. 2세 정치는 귀족정치의 연장선일 뿐이고, 귀족정치는 집권세력과 특정 파벌의 이익으로 귀결되는 경우가 99.9퍼센트라고 보면 크게 틀리지 않다. 가끔 훌륭한 2세 정치인도 있겠지만, 그것이 대물림 정치를 정당화할 수는 없다. 해악이 훨씬 더 크기 때문이다.

나집 라작의 집권 10년간 말레이시아의 국가경쟁력은 한없이 추락해, 한때 2020년 선진국 진입을 목표로 하던 국가에서 너무나도 평범한 아세안 국가로 전락했다. 1980년대에 총리를 지낸 마하티르가 선거를 위한 특급 구원수로 나설 정도였으니 그 심각성을 짐작할 것이다. 지난 20년간 말레이시아의 민주주의를 위한 시민사회의 노력도 높게 평가해야 한다. 그러나 아쉽게도 안와르 이브라힘이라는 최고의 대안을 눈앞에 둔 상황에서 보수세력 UMNO는 다시 꿈틀대며 정국을 혼란으로 몰고 간 상황이다. 이번 판결이 보수회귀를 획책하는 말레이시아 정국에 회초리가 되었으면 싶다.

PS

1. 몽골 모델 폭사사건은 한국의 장자연 사건을 떠올리게 한다.
2. 마하티르의 선택이 아쉽다. 권력욕이라는 건 나이를 먹을수록 더 강해지더라.
3. 말레이시아의 미래를 응원한다. 정치는 말레이시아가 아세안 1등이다. 자부심을 가져도 좋다.

더 레이디 수찌, 딴쉐,
비타협 정치의 본질

Let us march forward together
towards our goal!

아웅산 수찌를 다룬 영화 《더 레이디》의 주연을 맡은 양자경

아웅산 수찌의 젊은 시절, 남편과 함께한 모습 출처: 위키피디아

2011년 아웅산 수찌(1945~)의 드라마틱한 인생이 《더 레이디》라는 제목으로 할리우드에서 영화화되었다. 한국에서 《예스 마담》으로 유명한 배우 양자경Michelle Yeoh이 수찌로 분해 1988년 민주화 시위부터 1990년 총선과 1991년의 노벨평화상 수상 그리고 1990년대 중반기까지의 가장 극적인 순간을 재연해 스크린에 담았다. 감독은 뤽 베송, 그의 전작인 《잔다르크》 연출과 흡사한 대목이 많다. 각종 스트리밍 채널에서 찾아볼 수 있으니, 그녀의 인생이 궁금하신 분이라면 꼭 한 번 볼 필요가 있다.

아웅산 수찌는 귀국한 다음해인 1989년부터 정치제재가 끝난 2010년 총선까지 총 22년 중 20년 가까이를 가택연금 상태로 지냈다. 사실상의 구금이자 정치활동 금지다. 횟수나 종류를 통계화할 의미가 없을 정도로 극단적인 정치탄압을 겪은 것으로 유명하다. 1991년의 노벨평화상 수상이 그녀를 세계적인 인권지도자이자 미얀마 민주주의의 상징으로 만든 건 사실이지만, 그로 인해 국내 정치판에서 져야 했던 부담도 상상 이상으로 가혹했던 셈이다.

아웅산 수찌 비판론

근래 들어 2016년 로힝쟈 사태 확산 이후 그녀가 변해도 너무 변했다는 볼멘소리가 종종 나오지만, 수찌에 대한 냉정한 비판은 이미 1990년대 중반부터 미얀마 야권 내에서 줄기차고 강력하게 제기되어왔다. 그 이유는 그녀의 이력을 보면 알 수 있는데, 해외에서 생뚱맞게 날아온 '정체불명의 UFO' 같았기 때문이다.

1945년생인 수찌는 3세 때인 1947년에 아버지 아웅산 장군을 여의고 15세 때인 1960년에 인도 주재 대사로 임명받은 어머니와 뉴델리로 떠나면서 버마와 작별인사를 하게 된다. 이후 그녀는 런던, 뉴욕, 교토 등지에 거주했고, 1988년 8월 시위 전까지 단 한 번도 고국을 방문한 적이 없다. 아무리 아버지가 국민적 영웅이라 해도, 수찌가 아버지와 대화를 나눈 기억이 있을 리 없고, 1988년 민주화운동 당시엔 런던에 거주하는 43세의 평범한 가정주부에 불과했다.

버마는 매우 강력한 민주주의 전통을 지닌 나라다. 불교 전통은 제외하더라도, 이미 1900년대 초부터 전국적인 신문이 발행되고, 영국 유학을 갔던 지식인들이 속속 돌아와 식민정부에 양두제 및 의회 민주주의 채택을 주장했을 정도다. 그로 인해 1920년대부터 1962년까지 대의 민주주의를 해본 경험이 있었다. 이후 군부 출신 네윈 장군이 권력을 장악하고 강력한 사회주의 정책을 펼치기 시작하자, 자유주의 지식인, 학생, 민주주의 지지자들이 그 반대편에서 거대한 대립전선을 형성했다. 이른바 1988년 시위의 주역인 야당의 핵 NLD이다.

이런 상황에서 수찌의 등장은 한국과 비교해보면 1987년 당시 김영삼, 김대중, 김종필 씨가 모두 건재한 상황에서 미국이나 일본에 살던 김구, 여운형 혹은 이승만의 큰딸이 난데없이 한국 야당판에 비집고 들어온 형국이었다고 할까? NLD 주류파의 입장에선 수찌가 버마 정치를 전혀 모르는 풋내기 여성 정치인, 잘해야 얼굴 마담 정도로 보였을 것이다. 게다가 당시 버마 정치에서 가장 중요한 세력은 거리항쟁을 주도한 학생운동권 세력이었다. 이들 학생세력은 1970~1980년대 내내 네윈 정권의 가장 큰 골칫거리이자 정적이었다. 이 학생들에게도 수찌는 참으로 애매한 존재였다.

수찌의 비타협

전통 야당세력의 눈에 수찌가 어설퍼 보인 것은 기존의 정치문법을 완전히 무시했기 때문이다. 정치판이라는 것은 아무리 극한으로 대치한다 해도 뒷문으로는 협상의 판이 깔리기 마련이다. 1970년대 후반 중앙정보부장을 지낸 김재규의 사례가 대표적인데, 엄혹했던 유신 시절에도 여야 간에 소통과 거래가 있었더랬다. 또 양쪽 세력을 중재하려는 정치원로나 종교계 인사도 있다. 그런데 수찌는 집에서 가택연금 상태로 지내면서 무척이나 우아하게 '비타협주의'를 고집했으니, 당 내부에서도 환영받지 못한 것이다.

버마의 386세대도 마찬가지였다. 1980년대 한국의 운동권 그룹인 CA, NL, PD를 생각하면 쉽다. 특히 CA 제헌의회 그룹의 전투성이 유명했다. 그들은 과거의 부정한 역사를 전면 거부하고 새 역사와 새 헌법을 만들어야 한다고 주장해 '제헌의회파'로 불리는데, 당시 버마 386세대의 성향이 CA의 노선과 일치했다. 사상은 공산주의에 가깝고, 역사관은 급진적이었으며, 극렬 무장투쟁을 선호했다. 그런 그들의 눈에 수찌의 비폭력 노선은 무척이나 한심하고 한가한 태도로 비쳤던 것이다. 게다가 1988년 8월 시위 당시 약 5,000여 명의 시민과 학생이 총격으로 사망한 것으로 추산된다. 이러니 학생들에게 군부정권은 "같은 하늘을 이고 살 수 없는" 그야말로 불구대천의 원수에 가까웠다.

정통 야당-운동권-수찌파, 이런 3자 구도 속에서 수찌는 왕따와 조롱을 감수하면서 무려 20년 넘게 자신의 정치관이나 정치행태를 바꾸지 않는 뚝심을 선보였다. 혹자는 수찌가 인도의 간디를 따라 했다고도 하고 영국과 미국의 뒷배가 있었기에 가능했다고도 하나, 어쨌든 노벨평화상 수상자의 비폭력, (군부와의) 비타협 노선은 국내는 물론이고 국제적 센세이션을 불러온다. 특히 2003년에 군부의 암살위협까지 겪게 되자 그의 세계적 명성은 더욱 높아지고, 수찌는 야당 내에서 거의 대체 불가능한 수준의 위상과 권력을 갖게 된다. 2003년 이후 사실상 야당의 최고 지도자가 된 셈이다.

신군부, 딴쉐

여기서 반드시 짚고 넘어가야 할 인물이 바로 전 신군부 지도자 딴쉐(1935~)다. 딴쉐는 아웅산 수찌가 상대해 싸운 악의 축이며, 수찌의 정치 인생은 딴쉐 장군과의 투쟁으로 요약된다. 1992년부터 2011년까지 사실상 미얀마를 통치한 인물로, 전두환과 정호용, 노태우 등 하나회 군벌을 뭉뚱그려놓은 인물상에 가깝다. 미얀마의 민주화 세력을 잔인하게 탄압한 탓에 해외 인권단체들이 '인간백정'급으로 묘사해온 인물이기도 하다. 문제는 여전히 미얀마 군부의 장막 뒤에서 영향력을 행사하는 힘있고 돈도 많은 최고 어르신이라는 거다.

수찌와 딴쉐 두 사람 다 일말의 타협도 거부했다. 5000명이 희생된 1988년 시위의 결과는 1990년 총선이었다. 그런데 신군부는 NLD가 압승한 이 결과를 부정하고 뜬금없이 개헌을 하자고 요구한다. 정권을 이양할 뜻이 없던 딴쉐의 꼼수였다. 여기에 수찌는 자신의 트레이드 마크인 '비타협'으로 대응한다. 1990년부터 2008년 새 헌법이 제정되어 2010년 총선이 열리기까지 수찌가 한 주장은 단 하나였다. "1990년 선거결과 인정." 이에 대한 딴쉐의 대답 역시 일관성이 있었다. "수찌 외의 모든 야권 인사 구속, 고문, 정치금지."

생각해보면 대단하기도 하고 무섭기도 하다. 1990년 선거결과 인정투쟁을 20년간 계속한 뚝심과 비타협 정신 말이다. 그러나 이제는 정권이 교체되었으니 아름다운 추억으로 회상되는 것이지, 2000년을 전후해 목숨을 건 운동가들에게 수찌가 몰고 온 파장은 무척이나 딜레마적인 과제였다. 수찌의 주장이 이상적이기는 하지만, 정치라는 것은 현실적인 타협의 가능성이 열린 미지의 세계였으니 말이다. 서둘러 개헌에 찬성해 다시 선거정치를 열고 싶다는 생각이 왜들 없었겠는가. 너무도 많은 지식인과 학생들이 투쟁을 하다 감옥에 끌려갔고, 그보다 더 많은 현장 운동가들이 수찌를 비판하고 떠나가곤 했다. 그래서 지금 수찌 곁에 남은 386은 정통파 학생세력은 아니고 수찌파에 섰던 일부 세력에 가깝다.

전격적인 변신

농담이 아니라 2005년 무렵 미얀마 안팎의 지식인들은 혹시 수찌가 정치적 무능력자가 아닌지, 과대 포장된 인물이 아닌지 의심의 눈총을 보낼정도였다. 세계적인 미얀마 전문 언론인 버틸 린트너Bertil Lintner는 이 같은 의견을 모아 2007년에 책으로 발간하기도 했다. 『한겨레21』을 통해 분쟁지역 전문 기자로 유명해진 정문태 기자 역시 비슷한 시기에 "수찌는 미얀마 민주주의 발전에 있어 짐짝에 가깝다"는 혹평을 했을 정도다.

2007년의 '샤프론 혁명'을 기억하는 분이 많을 것이다. 미얀마 정통성의 한 축을 담당하는 불교 승단이 최악으로 치닫는 경제상황을 비판하며 거리로 쏟아져나온 사건이다. 이 항쟁으로 미얀마 군부정권은 종지부를 찍게 된다. 개헌 추진에 미온적이던 딴쉐 군부는 그제야 '앗, 뜨거워' 하는 심정으로 2008년 개헌안을 국민투표에 부친다. 군부정권이 영원하길 바랐지만, 시대의 흐름에 밀려 개헌과 다당제 선거제도를 억지 도입한 것이다. 수찌는 이 같은 개헌안에도 참여를 거부했다. 개헌에 뒤이은 2010년 총선이 끝나고 떼인세인 정부가 꾸려지고 나서야 드디어 수찌는 태도를 바꾸었다. 말 그대로 깨끗한 승복이었다.

오늘날에도 2010년의 수찌의 변심에 대해서는 정확한 설명이 없다. 20년 넘게 지켜온 군부와의 비타협 노선을 어떻게 그리 간단하게 버릴 수 있었는지는 지금도 미스터리다. 다만 2010년 총선이 이미 치러진 상황에서 1990년의 선거결과 인정을 주장한다는 건 누가 봐도 어리석고 비논리적이기 때문이었을 공산이 크다. 그렇게 수찌는 2012년 보궐선거를 통해 의회에 입성했고, 이후 3년간 군부와 치열하게 토론하고 협의하여 2015년 12월 선거에서 화려하게 압승하며 행정부를 인수하게 된다. 다만 "외국 국적의 가족을 둔 사람은 대통령 불가"라는 헌법 규정 탓에 일부 제약은 생겼지만 명실상부 전 세계가 인정하는 미얀마의 최고 지도자가 된 것이다.

정치의 본질

여기서 흥미로운 것은 역시 그녀의 비타협 외길 노선이다. 그녀는 정치인생 동안 무수히 많은 외부의 적 못지않게 내부의 비난과 대립해왔다. 싸워야 할 때 싸우지 않고 타협해야 할 때 타협하지 않았다는 것이다. 이 대목은 1978년 이철승-김영삼의 사쿠라 논쟁과 1992년 김영삼과 김대중의 3당 합당 논쟁을 떠올리게 한다. 과거 미얀마에서도 많은 지식인들이 군부정권에 포섭되어 군부 측 스피커로 활동하기도 했다. 모든 관료, 법조인, 교육자들이 여당으로 활동하는 것이 당연시되던 시대였다.

그런데 수찌만큼은 22년 넘는 정치인생에서 감정의 큰 기복 없이 줄곧 군부와의 비타협 노선을 지켜냈고, 승부에서 완패했다는 판단이 들자 깨끗이 승복하고 새로운 판을 만들어냈다. 그 과정에서 수찌의 지지자들은 그녀의 선명성에 감동해 더 강력한 지지를 하게 되었다. 결과적으로 수찌와 딴쉐 양측의 비타협 대결은 2015년 NLD-군부 분점체제라는 일종의 정반합에 가까운 무척이나 변증법적인 정치판을 만들어내게 된다. 군부정당과 NLD는 2008년 헌법체제 아래 앞으로 한동안 꽤나 치열한 경쟁의 정치를 펼칠 전망이다.

누군가 의도했든 그러지 않았든 일종의 민주주의 발전 과정을 보여주는 것 같아 신기하고, 정치의 본질에 대해 다시금 생각하는 계기를 만들어준다. 정치는 '타협의 예술'이라기보다는 '선명성'을 드러내 국민의 대표성을 얻는 과정이라는 점 말이다.

PS

1. 한국의 정치사에서도 결국은 선명한 야당을 주장해온 세력이 정통성을 이어왔음. 중간에 군부와의 타협을 외친 세력은 전부 아웃.
2. 수찌의 가장 큰 손실은 비타협 노선 와중에 탁월한 386세대 전사들을 대부분 잃었다는 것. 그래서 현재 NLD 소속 50대 정치인들이 상당히 취약함. 오는 11월에 수찌 정부 1기 평가 선거가 열림.
3. 딴쉐는 여전히 군부의 실력자임. 군부 지도층은 개혁개방 와중에 대자산가로 변신하였음. 어디나 권력은 곧 돈으로 연결됨.

4부

동남아와
한국·중국·일본

싱가포르,
왜 한국을 주시하나?

싱가포르 창이공항 인근에 만들어진 인공폭포

앞서 2부에서 싱가포르를 지나치게 폄하한 것 같아 마음이 아팠다. 국토가 작다는 건 단점이자 장점일 수 있다. 감정을 빼고 특정 지역을 바라보거나 논의하기 어렵다는 것을 느낀다. 아무래도 인간이고 취향이 있게 마련이라 국가나 장소에 대한 편견과 호불호를 완벽하게 없애기도 쉽지 않다. 한국 역시 세계인들로부터 주목을 받으며 일종의 평가 아닌 평가를 받고 있는 중이다. 가장 대표적인 통로가 미디어다.

싱가포르의 미디어는 무척 단순하다. 미디어콥이라는 회사가 유일한 방송사인 채널뉴스아시아CNA를 소유한다. 1등 신문인 《스트레이츠타임즈》도 공기업이다. 싱가포르의 웬만한 주요 자산은 테마섹이라는 국부펀드가 지분을 상당 부분 보유하고 있으니, 싱가포르의 미디어는 말 그대로 국영 미디어라고 해도 과언이 아니다. 미디어가 국영화되면 장점이 없지 않다. 외국인 입장에서 그 나라의 주요 현안과 의제를 뚜렷하게 파악할 수 있다. 신문과 방송 뉴스만 열심히 보면 헷갈릴 일이 없다.

미디어에 깃든 일본

싱가포르에서는 2005년 이후 《가을동화》, 《겨울연가》 등의 드라마를 통해 1차 한국 붐이 일기 시작했다. 한국 교민이 수천 명에 불과했고 관광객 역시 거의 없던 시절이다. 이때를 기점으로 싱가포르로 향하는 한국인이 폭발적으로 늘기 시작했다.

싱가포르를 포함한 아세안 지역의 미디어를 살펴보면 대부분의 방송에 일본이 주요 주주나 관계자 혹은 광고주로 참여하고 있는데, 싱가포르는 그런 경향이 더 심하다. 아무래도 1990년대까지 일본자본의 힘이 아시아권에서는 넘사벽으로 컸던 것이 원인일 듯싶고, 일본이 자국의 영향력을 유지하는 방법으로 미디어를 전략적으로 택했을 가능성도 있다. CNA 방송에서는 일본계 광고주들이 십시일반으로 제작비를 대 일본의 각 지방을 답사하는 일본어 프로그램이 매주 방영될 정도다.

물론 지난 10년간 한국에 대한 콘텐츠도 꾸준히 증가했다. 그런데 필자가 3년간 지켜본 CNA의 보도 방향은 많이 껄끄럽다. 묘하게 일본 미디어의 보도 태도를 닮아 있다는 게 느껴진다. 예를 들어 케이팝이 인기를 끌면 케이팝의 노예계약에 초점을 맞추고, 한국에 코로나 바이러스가 창궐하면 한국의 신흥종교인 신천지에 초점을 맞춰 집중 보도하는 식이다. 사정이 이럴진대, 2014년 세월호 사건, 2016년의 촛불시위, 2018

년의 북한 미사일 위기 때는 어땠을지 굳이 설명하지 않아도 짐작할 수 있을 것이다. 일본 방송을 참고해 한국의 어두운 면을 집중적으로 보도하는 듯하다. 과거 한국을 모를 때 레퍼런스를 찾다보니 익숙한 일본의 시각에 기댄 것이다.

한국에 대한 오해

한국에 대한 관심은 폭증했는데 자세한 설명이 없으니 싱가포르 친구들도 답답하긴 마찬가지였던 모양이다. 내가 만난 평범한 싱가포르 젊은이들은 기회 있을 때마다 이런 질문을 던지곤 했다.

"한국의 대통령이나 정치인들은 왜 그렇게 자살하거나 감옥에 많이 가나요?"

"나라가 그렇게 부패했는데 어떻게 경제는 발전하는 거죠?"

"북한에 가봤나요? 네? 가보셨다고요? 진짜요? 위험하거나 위협을 느끼지 않았나요? 어떻게 남과 북으로 나뉜 거죠?"

자세히 대답해주고 싶지만, 살아온 문화나 사회의 시스템이 너무 다르기 때문에 설명이 어렵다는 것을 느낀다. 2016년 촛불시위만 해도 가까운 일본이나 중국에서도 그 의미를 알아채는 사람이 많지 않았는데, 비행기로 7시간이나 떨어진 동남아에서 그것을 쉽게 이해하기란 불가능한 일이었지 싶다. 그래서 당시에도 관련 뉴스가 거의 없었다. 또 최순실 사건 정도는 이해해도 2019년의 조국 사태까지 이해하는 건 불가능한 과제일 것이다. 한국에서도 의견이 치열하게 갈리는데 그것을 이해하는 게 쉬운 일일까?

그럼에도 주시하는 이유

동남아 소비시장의 양과 질을 과소평가하는 이들이 적지 않다. 그러나 한국이 주로 미국과 일본 중심으로 첨단문화를 접했던 것과 달리, 동남아는 유럽과 인도, 중동에 이르기까지 전 세계 첨단문화와 소비문화의 오랜 집산지였고 늘 치열한 경쟁이 있어왔다. 대표적인 것이 영국의 프리미어리그인데, 한국은 2000년대 초반에야 프리미어리그를 접했다면 동남아는 1960년대 이후 줄곧 최전선의 소비자들이었다. 그리고 그런 수준 높은 소비자들이 2000년대에 들어 발견한 신新문화가 케이팝과 케이드라마 그리고 케이무비다.

여기서 인식의 괴리가 나타나는 것으로 보인다. 케이팝과 케이드라마는 동남아 혹은 화교 젊은이들에게 일종의 '이상향'에 가까운 아름다운 모럴 사회를 보여준다. 그런데 자신들이 뉴스로 접하는 한국 사회는 부패와 투쟁으로 점철된 하드보일드 원더랜드에 가깝다. 그러니 당연히 궁금증이 생긴다. 세계관의 충돌이 아니라, 한국이라는 나라가 선뜻 이해하기 힘든 기묘한 판타지의 나라가 되어버리는 것이다. 북핵 위험까지 추가되면 더욱 그럴 것이다.

아시아 개념의 재등장

싱가포르와 아세안은 2000년 이전까지 아세안이라는 지역 공동체의 틀을 잡기 위해 무척이나 공을 들였다. 아세안으로 합심해야 그나마 이익과 안보를 지킬 수 있다는 방어적 태도에서였다. 게다가 이웃한 중국이나 일본은 너무 막강했다.

그런데 한국이 글로벌 선진국으로 등장하면서 동남아 및 싱가포르 엘리트들의 시선에 변화가 오기 시작했다. 판을 아세안에서 아시아로 넓힐 수 있다는 비전을 갖게 된 것이다. 한국이 그리 크지 않는 면적과 인구, GDP만으로도 중국과 일본의 틈바구니에서 독자적인 정체성을 갖고 선진국으로의 도약이 가능하다는 것을 입증해 보인 것이다. 아세안이라는 좁은 판에 불만이 크던 싱가포르의 입장에서 한국이라는 파트너는 꽤나 매력적인 카드이다. 아세안이 아닌 아세안+3, 즉 동아시아 연합의 구도로도 지역안보와 경제체제에 대한 상상력을 작동할 근거가 마련된 것이다.

PS

1. 한국에 대해 높아진 관심 때문에 근래 한국을 찾는 싱가포르 젊은이들이 많아진 것이 사실임.
2. 그런데 케이팝과 영화 등으로 높아진 기대를 충족하지 못하고 "기대한 것과 너무 달라 실망했다"는 젊은이들도 속출해, 오히려 이 점이 흥미롭기도. 아마도 드라마 속 지나치게 말끔하고 이상적인 세상을 보고 기대가 컸던 것이 원인이 아닐까 싶음.

싱가포르에서 만난 중국의 혁명적 젊은이들

싱가포르 국립대(NUS) 입구 출처: 위키피디아

싱가포르 중심가를 차지한 전통적인 차이나타운

싱가포르는 홍콩과 더불어 세계에서 가장 독특한 장점을 지닌 사회다. 영어와 중국어가 완벽하게 동시에 쓰이는 이중 언어bilingual 환경이라는 점이다. 그러다보니 신기한 광경을 자주 보게 되는데, 말레이계나 인도 사람, 타밀 사람 등 명백히 남아시아 출신인 사람도 싱가포르 공교육 시스템을 거치면 중국어를 아주 잘하게 된다는 점이다. 그리고 중국 경제의 비약적 발전으로 중국 본토에서 이들 국제도시로 사람들이 물밀듯이 밀려온다는 점이다. 특히 선진사회를 갈망하는 중국 젊은이들이.

중국 인재들의 해외진출

싱가포르국립대는 근래 고민이 하나 생겼다. 대학원으로 유입되는 중국인의 비중이 너무 높아진 것이다. 싱가포르는 동남아의 중심도시다. 동남아에도 많은 인재가 있고 그들도 싱가포르에서 공부하고 싶은 꿈이 있다. 그런데 영어와 학점 등으로 인재를 뽑다보면, 공대의 경우 중국 출신들이 압도적인 비율로 싱가포르 대학을 점령한다. 이 친구들이 생산성이 기가 막히게 탁월하다. 중국 젊은이들의 해외진출 의지가 그만큼 강력하다는 얘기다. 싱가포르국립대는 글로벌 랭킹도 높아 석사만 잘 마쳐도 미국이나 영국으로 취업하기 좋아서, 중국 각지의 능력 있는 젊은이들이 쏟아져들어와 학교를 당황시키고 있다.

중국 학생은 영어도 상당히 잘한다. 중국어 자체가 영어를 구사하기 적합하게 열린 문장구조를 갖고 있다. 1년 정도만 지나면 영어로 고민하는 친구들은 없어 보였다(아, 부럽다. 한국과 일본의 아저씨들만 문제로구나).

우한 출신의 23살 베이징대 출신 석사과정 학생과 친해진 적이 있다. 하버드를 지망하는 젊은 수재였는데, 도서관에 틀어박혀 영어 원서를 1년간 하루에 한 권씩 독파했다. 괴물 중의 상괴물이었다. 공부를 잘하고 너무 노력하기에 "넌 공부가 그리 재밌냐? 이제 20살 청춘인데?"라고 물으니, 자신은 공부하는 재주밖에 없어 평생 이렇게 살 것 같다고 대답했다. 옆에 있던 다른 중국 친구가 "인구 천만 도시 우한(허베이성)에서 베이징대를 갔다면 적어도 우한 전체에서 한 손가락 안에 들었을 놈"이라고 칭찬했다.

중국 엘리트의 미래?

해외에 살아본 분은 알겠지만, 중국인과 한국인을 외모로 구별하기란 불가능에 가깝다. 20대 젊은이라면 더욱 그렇다. 원래 인종적, 문화적으로 가장 비슷한 집단이다. 한국의 정체성을 지키기 위해 중국과의 차이를 강조했을 뿐이다. 사실 필자는 2004년 처음 칭다오와 상하이 방문을 시작으로 중국비자만 14회 정도 받고 중국의 대도시는 거의 다 가본 중국 팬보이였다.

예정에 없던 캠퍼스 생활에서 중국인으로 오해도 많이 받고 중국인 친구들도 만나보니 중국이 새롭게 보이기 시작했다. '내가 중국에 대해 엄청난 편견을 갖고 있었구나' 하는 반성도 하게 되었다. 한국과 마찬가지로 너무도 훌륭하고 아름다운 생각을 가진 젊은이들이 많았던 것이다.

중국 최고 지도자에 대해 거침없는 독설을 내뿜는 친구들도 적지 않았고, 세계의 보편가치와 역사의 진보, 개인의 자유를 사랑하고 아시아 역사에 대해서도 잘 이해하고 있는 젊은이들이 필자의 상상 이상으로 많았다. 기성세대와 다른 청춘의 특성일 수도 있지만, 중국의 엘리트들이 이렇게 올바르게 자라고 있다면 중국 사회도 상당히 개방적이고 긍정적인 방향으로 가고 있는 게 아닐까 하는 기대를 하게 되었다.

물론 편향적인 시각을 가진 젊은이들도 있었다. 특히 역사학 분야에서는 일종의 '빌런'에 가깝다. 이 친구들에게는 '아시아'라는 개념이 아예 없다. 중국 자체가 아시아이고 나머지 국가들은 중국의 들러리라고 여긴다. 역사에 바살 스테이트Vassal State라는 용어가 있는데, 중세 유럽에서 황제로부터 봉토를 받은 제후국(속국보다 살짝 상위 개념)을 지칭한다. 이 용어를 아시아 주변국들에 마구 남발하는 식이다. "한국은 중국의 바살 스테이트였죠. 버마와 티베트, 베트남도요, 하하하하." "어이쿠, 중국이 언제 한국에 땅을 주셨나요? 그럼 20세기 초에 중국은 어느 나라의 바살스테이트였나요? 수도까지 다 털린 주제에." 이런 쓸데없는 자존심 대결을 제외하면 중국 친구들은 상당히 매력적이었다.

다양한 생각을 가진 중국 젊은이들

중국 젊은이들에게서 받은 또 하나의 강렬한 인상은 자신의 고향과 출신에 대한 깊은 자부심과 애정이었다. 상하이 출신은 자신의 고향 오나라에 대해 자부심을 갖고 있었고, 우한 출신, 광둥 출신 역시 마찬가지였다. 우리가 서울에서 접해온 중국에 대한 뉴스와 이미지는 지나치게 '베이징 중심의 권력 담론'에 휩쓸려 있었다. 중국은 많은 지방과 문화권, 민족과 역사가 합쳐진 굉장히 다양한 사회라는 깨달음이 왔다.

동시에 25년 전 필자가 서울의 대학 캠퍼스에서 느꼈던 지방 소도시 출신으로서의 설움과 차별(?) 같은 것이 떠올라 살짝 슬퍼지기도 했다. 사람은 본인의 고향과 출신에 대한 자부심이 있어야 타지 생활도 즐겁게 할 수 있는 법이다.

필자도 짓궂게 가끔 젊은 중국인 친구들에게 홍콩사태에 대해 묻곤 했다. 일부 학생들은 난처한 표정을 짓기도 했지만, 그곳은 중립지대인 싱가포르였고 그나마 솔직한 대답이 많이 나왔다고 본다. 역시나 본인의 출신계급이나 고향에 따라 답변이 달랐다.

공산당 간부 따님은 "위대한 중국, 하나의 중국!"

상하이 출신의 혁명적인 학생은 "조만간 시진핑 체제는 몰락할 것."

광둥 출신의 흙수저 친구는 "어찌 됐건 폭력은 반대임. 상생해야."

내륙 출신의 잘생긴 소년은 "홍콩 시스템을 포용해야" 등등.

물론 해외 캠퍼스라는 특성 때문일 테고, 중국 본토에서는 상당히 다른 태도를 취했을 거라고 짐작해본다.

아무튼 중국 젊은이들이 아시아의 미래의 열쇠를 상당 부분 쥐게 됐다. 중국의 시대가 양적으로나 질적으로 성큼 다가왔다. 싱가포르에서 느낀 가장 큰 충격 중 하나가 꿈을 향해 질주하는 1980, 1990년대 생 중국 젊은이들의 밝고 쾌활한 표정이었다고 생각한다.

PS

1. 1979년 중국의 1가구 1자녀 정책이 낳은 첫 세대가 바링허우80後 세대다. 경제성장의 혜택을 독식한 이들은 특히 한국문화(한류)에 대한 선호가 높아 대화가 잘 통하는 편임. 대신 지우링허우90後 세대는 유달리 일본문화(일류)에 관심이 높은 편임.
2. 중국이 세계 최고라는 중화주의 성향도 짙지만 미국과 해외문화에 대한 열망도 함께 갖고 있는 세대임. 이들이 중국정치의 중심세대가 될 경우 그 미래가 궁금해짐.

동남아에서의
한중일 스타일

미얀마 양곤의 화교 식당 모습

미얀마 사원의 불상. 불교는 동아시아의 주요 공통점이다

보통 동북아시아의 관점에서 '한-중-일'을 병렬로 늘어놓는 경우가 많지만, 조금만 바깥으로 나가도 한국의 입지가 크게 줄어드는 일이 흔하다. 한류의 높은 인기에도 불구하고 서구권은 물론 동남아시아에서 한국의 입지는 기대 이하인 측면이 있다. 그 이유는 역사적 맥락에 있는데, 1920년대 이전에는 뚜렷한 교류의 흔적이 없기 때문이다. 예전에 리콴유가 "처음 만난 조선 사람이 일본군 군복을 입고 있었다"고 회고한 적도 있다. 그러니 일부 동남아 사람들이 "한국이라는 나라는 1980년대에 갑작스럽게 생겨난 것 같다"는 인식을 토로하는 것이 그리 놀라운 일은 아닐 것이다.

"중국이야 예전부터 동남아의 매우 중요한 정치적·경제적·인종적 파트너였고, 그럼 일본은?"이라는 질문이 나올 수 있는데, 일본 역시 임진왜란 이전부터 포르투갈, 네덜란드 상인과 교역을 시작했고 18세기 이후에는 꽤나 비중을 가지고 동남아를 중심으로 하는 세계교역에 참여했다. 그런 경험을 바탕으로 19세기 후반에 대만과 필리핀 진출을 계획하고 1942년에는 드디어 동남아 전 지역을 무력으로 제패해 '대동아공영권'이라는 신기방기한 '아시아주의'를 실현하게 된 것이다. 일본이 내놓은 이 '아시아주의'가 제국주의 방식이라 욕을 먹기는 해도, 아시아를 하나로 묶었다는 점에서, 또 사상 처음으로 중화주의를 배제한 개념인 탓에 20세기 내내 상당히 중요한 영향을 미쳤고, 지금도 일본의 세계전략에 근간으로 깔려 있다.

일본은 관官, 중국은 향우회, 한국은 종교와 대기업

싱가포르의 사례를 이야기할까 했지만, 미얀마 사례가 더 재미있을 듯싶다. 미얀마에 오래 살지는 않았지만 일본인 집주인과 함께 상당 기간을 살았고, 락다운 기간에는 중국인 집주인과 꼬박 한 달을 함께 살았다. 자연스레 두 30대 집주인을 통해 한중일 3국 사람들의 동남아 적응 사례를 꽤나 재미있게 살펴볼 수 있었다.

30대 후반 요코하마 출신 일본인

적당한 가격의 에어비앤비를 찾아가보니 주인장이 일본인 청년이었다. 그 친구와 함께 살면서 그리고 일본인 사업가 몇 명과 포트럭 파티를 하면서 사정을 전해 들었다. 일본은 동남아와 관계가 깊은데, 특히 미얀마는 일본인들이 가장 친숙하게 여기는 동남아 국가 가운데 하나다. 그래서 1980년대 후반 냉전이 끝나자 일본 기업들이 가장 빠르게 이곳에 재진입했다. 일본에서 생각하는 태국과 미얀마는 한국에서 생각하는 것 이상이다. 예를 들어 일본 기업에서 태국이나 미얀마 지사는 승진하기 위해 한 번쯤 거쳐야 하는 자리라는 인식이 있는 반면, 한국은 그런 수준은 아니니 말이다. 일본은 주로 관官에서 사업을 진행하기 때문에 관 주도의 주재원이 많은 편이다. 자연스레 주거비와 생활비를 많이 쓰고 장기 거주자도 많다.

집주인인 일본인 청년은 대학을 졸업하고 호주로 도피성 외유를 가서 서핑하고 캠핑하면서 10년을 놀았다고 한다. 그러다가 30대 초반에 문득 깨우침이 와서 미얀마로 진로를 정해 맨손으로 사업을 시작했다고. 지금은 양곤에 집 세 채를 빌려서 방 20여 개로 숙박업을 하고, 샨주에 작은 농장도 운영하는 건실한 사업가가 되었다.

나: 일본에 안 돌아갈 거야?

그: 글쎄요, 일본에 무슨 비전이 있을까요? 여기서도 사업 잘되고 바쁜데. 일본 사람도 많고. 나중에 큰 호텔을 운영하려고요. 사업이란 호텔 같은 것이라고 생각합니다.

30대 후반 윈난성 출신 중국인

동남아에 거주하는 중국인들은 세대별로 다양하게 존재하는 것 같다. 19세기에 이주한 집안, 20세기 초 전쟁 이전에 이주한 집안, 21세기 이후에 이주한 집안으로 크게 나뉘는 듯싶기도 하다. 그런데 중국인들은 세대와 현지화 종류에 따라 커뮤니티가 다르기도 하지만, 방대하게 쓰이는 중국어와 출신지역별 공통점이 존재하기 때문에 생각보다 빠르게 현지에 적응한다. 중국인들이 주로 유통업에 투자하는 것도 흥미로운 대목이다. 왜 유통업일까?

윈난성 쿤밍 출신의 30대 후반 류사장은 고등학교 졸업 후 대학을 포기하고 베이징 인근에서 군 복무를 했다. 이후 20대 중후반에 쿤밍에서 핸드폰 판매사업으로 적잖은 돈을 만지기 시작하면서 차근차근 동남아 진출 계획을 세웠다. 태국 치앙마이와 방콕도 알아보다가 성장성에 끌려 양곤으로 와서 1년간의 시장조사를 거친 후 생수통 배달 사업에 뛰어든다. 3년 이상 각고의 노력을 한 끝에 고정 소비자 6,000명, 등록 고객은 2만 명대로 끌어올리며 기반을 다졌다. 이어 식료품과 향신료 유통으로도 사업을 확장 중이다.

그: 최근 소비자가 모바일 앱으로 물과 향신료를 주문하는 서비스를 개발하느라 4억 원 정도 들었어요. 개발은 물론 중국업체에서 했고요.

나: 중국 사람들은 왜 유통업에 관심이 많지?

그: 바보 아니에요? 유통업이 진짜 사업이죠. 식당 같은 건 그냥 장사고. 유통업을 하면 사장은 가만히 있어도 되잖아요. 돈은 네트워크가 벌어주고.

진짜 이유는 중국인 수가 많고, 그중 상당수가 요식업과 유통업에 종사하고, 결정적으로 대륙에서 물건을 싸게 가져올 수 있기 때문이다. 향우회 커뮤니티를 통해 자금을 쉽게 융통할 수 있는 것도 장점이다. 그래서 화교들이 동남아 전 지역의 유통을 장악하고 있다. 그의 딸은 미국 국적도 갖고 있지만, 그는 철두철미한 중화주의 신봉자다. 재미있는 건 중국의 코로나19 대처가 세계 최고 수준이라고 자부하면서도 딸이 미국의 유명 대학에 진학하기를 고대한다는 것이다.

한국 교민 스타일

한국 사람들은 아직은 소자본의 자영업 창업이 대부분이다. 미얀마는 특히 그런 경향이 강한 느낌. 40대 이상의 예비창업자들이 찾아와 사업 가능성을 타진한 것이 최근 4~5년의 상황이다. 한국 사람들은 일본인이나 중국인과 달리 비빌 언덕이 없는 것이 약점이다. 일본은 국책사업이나 거대 기업, 중국은 화교 네트워크가 존재하는 데 반해, 한국인은 1990년대에 온 사람들은 많지 않고 주로 2010년 이후에 온 사람들이 태반이다. 자연스레 투자 액수가 작고 크게 성공한 사례도 아직은 나오지 않은 듯하다. 동남아 전반에서 상황이 비슷한 듯. 그러다가 방직공장, 기계전자공장, 자동차 공장 등이 들어오면서 교민사회가 양적으로 팽창한 곳이 베트남과 인도네시아 정도.

한국인들이 강점을 보이는 특별한 분야가 있는데, 바로 기독교 등의 선교사 네트워크다. 이들 종교인들은 사업가들과 달리 1990년대 이후 꾸준히 미얀마 등 동남아 각 지역에 안착해 그곳의 커뮤니티와 꽤나 강고한 유대감을 형성하고 있다. 한국인 커뮤니티에서 기독교가 차지하는 역할과 비중은 중국인과 일본인 커뮤니티에서는 볼 수 없는 특징이다. "한국은 동남아에 도착한 가장 마지막 탐험자"라고 말한 사람이 있다.

중동은 10세기 이후, 포르투갈이 16세기에 동남아에 도착했고, 영국과 프랑스는 18세기, 일본과 미국은 20세기 초반에 도착했다면, 한국은 20세기 후반에야 가장 꼴찌로 동남아 탐험을 시작했다는 것이다. 일리 있는 표현이다.

PS

1. 한국의 해외 교민사회는 해가 갈수록 급속히 팽창하고 있지만, 질적 성장에는 물음표가 따라다님.
2. 최근 중국이 한국 선교사를 대거 추방하면서 한국교회의 선교사 커뮤니티가 크게 흔들리기도. 중국 대신 동남아 지역을 선교지로 택하는 추세가 강화될 전망.

일본의 20세기 발명품:
원 아시아

제국주의 시절 대동아공영의 모습을 그린 시대화 출처: 위키피디아

필자가 사사 중인 교수님은 역사학 전공으로 영국령 버마의 형사법을 주로 연구하신 분이다. 식민지 버마의 사법역사를 공부하려면 영국의 사법체계와 인근 인도, 벵갈, 버마, 말레이시아의 사법체계가 어떻게 다르게 형성되었는지도 비교해야 하는 지난한 과정을 거친다. 자연스레 버마 토착세력의 사상과 근대 사법 시스템의 포섭과 충돌이 주된 관심사가 될 수밖에 없다. 토착세력의 독립운동을 제국이 어떻게 처벌했는지도 당연히 포함된다.

이분의 가족사는 조금 독특한데, 아버지는 버마 카렌족 출신으로 인도를 거쳐 미국으로 도피해 공부했고, 어머니는 필리핀계 미국인이다. 그래서 정체성이 3개다. 미국인, 버마 카렌족, 필리핀인. 제국주의 시대의 비극적인 아시아사와 직접 닿아 있는 셈이다. 그럼에도 굉장히 유쾌하게 아시아의 현대사를 바라보며, 항상 제자들에게 "우리는 모두 제국주의, 식민주의의 자식들이다"라고 말씀하신다.

그렇다고 나이가 많지는 않다. 한국으로 따지면 90학번쯤이니 나에게는 형님뻘 정도다. 여튼 동남아시아 역사를 공부하다보면 정통으로 맞닥뜨리는 대목이 바로 '제국주의'이고, 이 지점은 한국에서도 느낄 수 있듯이 치열한 이념대결이 수시로 펼쳐지는 피와 살이 튀기는 싸움터다. "우리는 제국주의의 후예"라는 표현은 좋든 싫든, 괴롭든 아프든, 역사라는 것은 우리가 피할 수 없는 엄연한 현실이라는 의미이기도 하다. 억압 속에서도 개인은 생존을 도모하고, 꿈을 꾸고, 학문과 문명을 발전시켰다. 제국주의를 무조건 부정적으로만 바라볼 것도 아니다. 거대한 역사의 관점에서 문명 간 교류를 증진하고 닫힌 세계를 열리게 만든 순기능도 함께 보자는 의미다. 민족적 자존심을 구긴 패배와 수치만은 아니고 현실을 인정해야 극복할 수 있다는 의미이기도 하다.

일본의 발명품: '아시아는 하나'

동남아에 살면서 가장 뚜렷이 체감하는 것 가운데 하나는 역시 일본의 존재감이다. 태국의 유흥가에 가보면 '일본인 온리only' 거리가 있는데, 한국인 입장에서는 조금 황당한 느낌을 받게 된다. 이런 우대는 베트남에도 인도네시아에도 있다. 일본 대사관과 일본인 학교의 위치는 언제나 가장 좋은 곳이며 크기 또한 위압적이다. 자이카JICA로 알려진 일본의 국가원조기구의 규모는 코이카KOICA와 비교할 수준이 아니다. 거리를 메운 일본 자동차와 각종 첨단 소비재 마트 역시 마찬가지다(이것도 10년 전의 낡은 얘기일 수 있다. 지금은 한국이 상당히 많이 따라잡았다).

일본은 어떻게 20세기 아시아를 주름잡았는가? 이 문제는 아주 흥미로운 주제다. 여기서 방점을 찍어야 할 대목은 '아시아'라는 개념이다. 이야기가 굉장히 길어질 수도 있고, 서술 방법에 따라 독자들이 받는 느낌이 다를 수도 있어 굉장히 조심스럽지만, 필자는 계획적으로 차분하게 설명할 정도의 전문가는 아니니 의식의 흐름을 따라갈 수밖에 없다. 첫번째 포인트는 일본이 20세기 '아시아'라는 개념을 만들었다는 사실이다.

아시아는 있다? 없다?

이렇게 말하면 "무슨 소리냐, 아시아의 어원은 고대 그리스의 헤로도토스 시절로 거슬러 올라가며 이미 유럽에서 널리 쓰인 개념이고 16세기에 포르투갈, 17세기에 네덜란드가 아시아에 진출해 동남아 지역을 중심으로 동인도회사를 만들었고, 마르크스나 베버도 19세기 후반에 '아시아적 생산양식'이라는 사회과학 용어까지 만들었는데", 라고 쏘아붙일 것이다.

그렇다. 그건 맞는데, 그 아시아는 주로 유럽에서 부른 아시아다. 아시아가 대략 유라시아 대륙의 동쪽에 해당한다는 것은 잘 알려진 얘기고, 중동Middle East은 가운데 있는 아시아, 극동Far East은 주로 한중일을 지칭했다. 동남아라는 표현도 명확하게 보면 유럽의 관점에서 본 제국적인 지리개념이다. 이런 맥락에서 반드시 읽어야 할 책이 에드워드 사이드의 『오리엔탈리즘』이다. 서구가 아시아를 어떻게 상상하고 왜곡했는지를 문화연구의 측면에서 입증해낸 세기의 고전이다.

그런데 이 책을 읽어보신 분은 금방 이해하겠지만, 동북아 출신으로서는 무척이나 낯설다. 아시아가 그 아시아였어? 이 책에서 주로 다루는 지역이 터키와 중동 및 인도에 한정된 측면이 있기 때문이다. 아시아라는 코끼리는 너무도 넓어서 유럽이 상상하는 아시아와 미국이 상상하는 아시아, 심지어 아시아인이 상상하는 아시아도 모두 다 다른, 정의하기 어려운 혼란에 빠지는 것이다. 당장 한국인에게 '한국인과 중동 오만 사람의 아시아적 동질성'을 찾아보라고 하면 단 하나도 못 찾을지 모른다.

아시아라는 개념은 너무 모호해서 지리적·기후적·인종적·종교적·언어적 구분을 모두 동원해도 쉽게 카테고리를 확정할 수 없는 땅이 된다. 심지어 '동남아'의 정치지리적 카테고리에 대한 논의마저도 전공에 따라 버전이 여러 개일 정도다. 다행히 1990년대에 아세안ASEAN이 맹활약하면서 동남아에 대한 인식틀이 세계인들에게 어느 정도 고정된 측면은 있다. 그러나 아시아라는 개념은 서구 제국주의 시절에 피해자들의 저항이라는 측면에서 형성된 지역 구분이라는 점을 부인하기 힘들다.

아편전쟁과 메이지유신의 충격

1840년대에 일어난 아편전쟁의 결과가 아시아인들에게 가져다준 충격이 어느 정도였는지를 상상하기란 쉽지 않다. 트럼프로 인해 망가진 미국을 보는 것, 그 100배 이상의 충격이 아니었을까 싶다. 인도는 이미 영국의 품안에 떨어진 뒤였고, 말레이반도 역시 무너졌고, 홍콩이 할양되는 등 19세기 후반에는 전통적인 아시아 왕국들이 사실상 베이징 앞마당까지 유럽 열강에 내주며 완벽하게 몰락했다. 중국과 인도 중심의 천하관이 서구에 의해 해체된 것이다.

이 시기를 지배했던 주류사상이 바로 '진화주의'와 '인종론'이다. 사회진화론이 아닌 말 그대로 '인종주의'였다. 아시아인은 두개골 자체가 원시적이기 때문에 절대로 고차원적인 수학문제를 풀 수도 시계를 만들 수도 현대적 무기를 운용할 수도 없다는 생각 말이다. 오웰의 『버마 시절』에도 그런 사상이 잘 묘사되어 있다. 유럽은 그런 생각에 바탕을 두고 18세기와 19세기에 동남아를 지배했다. 일례로 네덜란드는 300년 넘게 인도네시아를 지배했지만 그곳에 남긴 문명이 거의 없을 정도로 철저히 착취로 일관했다. 버마를 지배한 영국은 조금 나았다지만 큰 차이는 없었다. 아, 기독교 정도는 전파하고자 노력했다.

이 같은 패배주의가 인도와 동남아를 거쳐 중국에까지 물밀듯이 밀어닥친 것이 19세기와 20세기 초반이었다(시대에 절망한 손문의 근대적 정치사상을 담은 삼민주의가 태동한 것이 1900년대 초다). 그런데 이때 혜성같이 등장한 깜짝 스타가 바로 메이지 일본이었다. 20세기 일본이 아시아에 건넨 충격은 우리가 상상하는 것 이상이었고 긍정적인 요소가 충분히 있었다. 특히 1905년의 러일전쟁이 당대 아시아인들에게 전한 것은 단순히 일본의 승전보가 아니라, 인종주의와 진화주의에 대한 일대 반격이었던 측면이 있다. 서구에 대항하는 상상력에 구체성을 더해준 것이다.

일본의 근대와 아시아의 모방

일본의 근대화에 대해서는 한국의 너무 많은 역사 연구가들이 다각도로 연구해 수많은 책을 펴냈기 때문에 일개 학생 입장에서 논할 주제는 아니다. 그러니 여기서는 주로 인도와 동남아가 받은 충격에 대해 요약하겠다.

1905년 러일전쟁의 충격은 거의 실시간으로 인도와 동남아시아에 전파되는데, 특히 인도의 지식인들이 가장 먼저 반응했다. 당시 인도는 반세기를 넘어 한 세기에 가까운 영국의 식민지배에 신음하고 있었고, 수많은 인도 젊은이들이 영국을 보고 배우고 극복하고자 런던으로 유학을 갔다. 간디나 네루가 그 대표적 인물이다. 그런데 같은 아시아 지역인 일본의 선전에 놀라 당시 정말 많은 인도인이 일본으로의 유학을 결심한다. 이는 교통과 통신 등 과학기술의 진보와 관련이 깊다.

20세기 초반에 일본은 이미 아시아 신문명의 중심지였다. 일례로 중국의 지도자 손문과 장개석이 도쿄에서 공부했고, 조선의 수많은 젊은이들도 같은 행보를 보였다. 이런 대열에 인도와 필리핀, 베트남까지 합류한 것이다. 1861년생인 인도의 시성詩聖 타고르도 20세기 초 수개월간 일본에 체류하며 그 문화를 느끼고 찬양하는 글을 쓰기도 했다. 당시 일본 역시 발빠르게 국제법을 배우고 그것을 활용해 조선을 강제 병합하기도 했지만, 메이지 시대 일본 지식인들의 기세는 우리의 상상 이상이었던 듯싶다. 이렇게 도쿄가 아시아 문명의 중심지 노릇을 하면서 20세기 초 일본이 아시아를 이끈다고 생각한 개념이 바로 '하나의 아시아' 사상이다.

출발은 불교였다. 오카쿠라 덴신岡倉天心이라는 일본 미술사학자가 일본 불교의 원류를 추적하면서 중국과 동남아를 거쳐 인도에 이르는 것에 감명을 받아 '아시아는 하나다'라는 무척이나 참신한 생각을 만들어냈다. 따지고 보면 일본문명은 인도와 중국을 빼고는 생각하기 힘들다. 그런데 이 미술사학자의 생각이 제국주의로 고통받는 아시아 민중에게 절묘한 울림을 주게 되고, 당대 아시아 문명의 선두주자로 떠오른 일본 엘리트들의 호르몬을 자극한 것이다.

20세기 초 중국과 조선은 물론 인도, 베트남, 버마, 인도네시아 등 거의 모든 아시아 지식인들이 어떻게든 일본의 근대화 모델을 받아들여 자국에 적용하고 싶어했고, 그 과정에서 일본은 '아시아'라는 참신한 저항의 논리를 만들어준 셈이다. "너희도 아시아의 일본처럼 러시아와 서구를 깨부술 수 있다." 그리고 오랜 교류의 연장선에서 일본은 중국을 넘어 동남아와 인도로의 군사진출이라는 무모하면서도 과도한 모험을 벌이게 된다.

PS

1. 일본의 대동아공영은 왜 실패했는가? 이 주제는 21세기 아시아인이 함께 풀어야 할 숙제임.
2. 아시아인에게 근대화의 영감을 준 것이 일본이라면, 현대 중국은 아시아의 저력을 확신하게 해주었고, 이제 한국의 역할에 시선이 쏠리고 있음.

아웅산:
일본 군복의 비밀

1947년 일본 군복을 입고 영국과의 독립협상에 나선 아웅산 장군 출처: 위키피디아

미얀마 양곤에 가면 아웅산 수찌의 부친인 아웅산 장군(1915~1947)의 사진과 동상을 자주 접할 수 있다. 최근엔 가장 많이 쓰는 1000짯 지폐에도 이분의 얼굴이 새롭게 새겨졌다. 1988년 이전에는 더 자주 볼 수 있었지만, 아웅산의 동지이자 독재자 네윈이 실각한 1988년 이후 수찌가 민중의 대안으로 급부상하자 아웅산 장군의 초상화가 대거 사라졌다고 한다. 아웅산이 미얀마 신군부의 리더 딴쉐 장군의 직접적인 사부가 아니었던 이유도 있겠고, 정적 수찌를 일부러 띄워줄 필요가 없었기 때문일 수도 있다.

그런데 한국인의 눈으로 보족(장군) 아웅산의 사진을 보면 눈에 밟히는 포인트가 있다. 다름 아니라 군복을 입고 있고 그 군복이 어디서 자주 본 디자인이라는 점이다. 맞다. 바로 일본군 군복이다. 1947년 아웅산은 일본 군복을 버마 군복으로 살짝 고쳐 입고 영국 런던으로 날아가 영국 총리와 버마의 독립협상을 주도했던 것이다. 이는 버마군이 1942년 영국과의 전쟁에 나서 영국군을 몰아낸 독립의 주체이기도 하고 1945년에는 영국군과 합심해 일본군을 몰아낸 공이 있기 때문에 가능한 일이었다. 버마는 1948년 1월 4일에 완전한 독립을 이뤄냈는데, 동남아의 여러 국가 가운데 상당히 빠른 시점이다.

또한 군복을 입은 젊은 지도자의 사진은 나라 잃은 국민의 마음을 움직이는 힘이 있는 법이다. '우리에게도 군대가 있다. 현대적인 군복이 있고, 군대를 지휘하는 똑똑하고 영민한 지휘자가 있다.' 그래서 이후 아웅산은 무조건 군복을 입고 있어야 했다. 이것이 아웅산이 지닌 직접적인 상징이자 무려 60년을 지속한 미얀마 군부의 가장 원초적인 정통성이 되었다.

부처님의 제자에서 최하층 천민으로

아웅산은 왜 일본 군복을 입었는가? 이것은 미얀마 전공자에게는 너무도 상식적인 질문이고 위키피디아에도 충실히 소개된 얘기라 답하기 조금 뻘쭘하지만, 앞서 설명한 '아시아 근대화 모델로서의 일본'과 맥락이 닿기 때문에 중요한 대목도 된다. 한마디로 일본 군부가 미얀마 군대의 실질적인 모체가 되기 때문이다. 후원자이자 학술용어로는 '후견주의clientelism'가 뜻하는 대부와 클라이언트의 관계가 되는 것이다.

영국 식민지가 된 1885년에서 1942년까지의 버마의 상황을 돌이켜보면 무척이나 암담한 현실이 펼쳐진다. 널리 알려진 대로 버마는 뿌리 깊은 불교국가다. 북부 만달레이에 기반을 둔 꼰바웅 왕조와 상가Sangha, 僧伽(승려조직)가 1000년 넘게 버마라는 정치체제의 정통성을 담지한 강력한 이데올로기적·경제적 중심체였다. 영국이 세계적 대제국이었다고 하나 50년 안에 식민지 주민들의 종교와 문화까지 바꿀 수는 없었다. 여기서 영국의 식민지배 방식인 '분할통치' 전략이 사용된다. 그리고 히말라야 산맥이 낮아지는 빽빽한 버마 밀림 속 135개 소수민족이 그 타깃이 된다.

만달레이 체제에서 멀리 떨어진 변방의 소수민족은 종교가 민간 신앙 기반의 불교였다고는 하나 정치경제적 질서까지 만달레이에 완벽하게 포섭된 관계는 아니었다. 자연스레 이들 소수민족은 영국과 프랑스, 스코틀랜드 등의 적절한 선교 타깃이 되었고, 19세기 후반에는 빠르게 영어와 기독교를 받아들이며 자신들의 '클라이언텔리즘' 관계를 버마에서 영국으로 돌려버린다.

이런 상황에서 버마가 몰락해 영국 식민지가 되었으니, 버마인들은 최악의 상황에 몰리게 된다. 지역 내 최대 맹주국가 국민에서 영국인(1등 시민), 인도인(2등 시민), 카렌·카친·몽·꺼야 등 소수민족(3등 시민)에게 밀린 최하층 계층으로 추락한 것이다. 당시 영국은 버마의 치안과 안보를 책임지기 위해 소수의 영국인을 중심으로 한 경찰과 군대 등의 관료조직에 현지인을 투입했는데, 버마인은 완벽하게 배제되고 영어를 하는 카렌족과 카친족, 샨족 등이 선택받게 된다. 그래서 지금도 미얀마 사람들은 "우리는 그냥 식민지배가 아닌 이중, 삼중의 식민지배를 받았다"고 토로할 정도다.

일본을 새로운 대부로 삼다

1915년생인 아웅산은 1917년생인 박정희와 여러모로 비교 포인트가 있는 인물이다. 독립운동가로서의 공통점이 아니라 일본과의 관계에 있어서 그렇다.

아웅산은 랑군대학교 학생 운동가 출신이다. 우리로 치면 사범학교를 마치고 제국대학에 들어간 엘리트였다. 10년간 여러 사회활동에 참여하며 버마인들의 독립의식을 고취하기 위해 노력하지만 한계를 맞게 된다. 그러다가 1940년 사회 요주의 인물로 찍혀 버마를 탈출한 20대 중반의 아웅산은 광저우로 날아가 중국 국민당 군대와의 접촉을 통해 버마에 군대를 만들겠다는 비전을 품는다.

이런 생각은 너무도 자연스러운 것이었다. 당시 식민지 청년들이 선택할 수 있는 반제국주의 운동은 러시아 소비에트를 찾아가거나 중국 공산당 혹은 중국 국민당에 의지하는 것이 정석이었다. 당시 제국은 영국-프랑스-네덜란드-스페인-독일 등 유럽 세력을 지칭했고, 이에 대항하기 위해서는 이념적으로 공산주의, 그게 아니라면 중국 등 전통적인 지역 헤게모니의 승인과 지원이 절실했다. 특히 버마 청년들은 현대식 군대제도를 경험할 기회를 완전히 차단당한 상태였다. 한국의 독립운동가들이 목숨 걸고 만주로 탈출해 모스크바나, 상하이, 아니면 옌안으로 가던 시기이기도 했다.

그런데 1939년의 광저우와 홍콩은 이미 중일전쟁의 포화에 휩싸인 상태였고, 아웅산의 행보는 일본군 정보장교 스즈키 대령의 레이더에 포착된다. 당시 일본은 중국을 점령한 후 인도까지 진출하겠다는 야심에 차 있었고, 그 핵심전략적 포스트로 버마 진출을 계획 중이었다. 그렇게 스즈키 대령을 만난 아웅산은 곧장 일본으로 건너가 문명이 발달된 도쿄를 살펴보게 되고, 이어 아웅산과 의기투합한 30명의 결사대가 꾸려져 1940년 스즈키 대령의 지도 아래 중국 하이난다오 섬에서 짧고 굵은 군사훈련을 받는다. 이른바 버마군의 최초 형태가 갖추어진 것이다. 이렇게 창설된 버마 군대는 1942년 국내로 잠입해 일본군과 함께 영국군을 몰아내는 실질적인 공을 세우고 독립의 기틀을 세우게 되었다.

일본 군복, 새로운 정통성의 시작

1942년까지 버마 국민은 무지몽매한 미신을 믿는 열등한 존재로 영국인들에게 각인되어 있었다. 대공황 시기인 1930년 그 유명한 농민반란 사건 '사야산 사건'이 터졌다. 영국의 높은 조세에 저항하고 버마 왕실의 복원을 기치로 내건 농민 수십만 명이 낫과 죽창으로 무장하고 몸에는 총알을 막아낸다는 문신을 새긴 채 신비로운 주문을 외워대며 개틀링 기관총으로 무장한 영국군 앞으로 무모한 돌격을 감행했더랬다. 추풍낙엽이라는 말이 딱 이 상황을 묘사한 것이리라. 그러나 한국인 입장에서 이런 상황은 남의 일로 느껴지지 않는다. 1894년 동학농민운동 당시 우금치 전투가 연상되기 때문이다.

그런데 아웅산이 사야산 사건이 벌어지고 10년 뒤 불과 25세의 나이로 일본에 다녀오더니, 근사한 군복과 기관총으로 무장한 채 도저히 넘볼 수 없을 것 같던 영국군을 몰아내는 주인공이 된 것이다. 그야말로 '혁명적'인 상황이었으며 버마에 새로운 신화가 쓰인 순간이기도 했다.

그리하여 32세의 아웅산은 1947년 선거에서 아무런 이견 없이 무수히 많은 선배 엘리트들을 제치고 독립이 예정된 버마라는 국가의 새로운 지도자로 국민의 선택을 받게 된 것이다.

미얀마 국민에게 각인된 군복을 입은 아웅산이라는 이미지는 이후 선거를 통해 집권하는 의회중심의 민주적 정당 시스템과 무관하게, 혼란의 시기에 군부를 호출하는 결정적인 구조신호가 되기도 한다. 아웅산이 입은 일본제국의 군복이 사실상 버마의 60년 군부독재를 예비해놓은 셈이고 일본 군부가 그 배후로서 아시아의 냉전기를 관통해왔다는 얘기도 된다.

PS

1. 박정희가 만주군관학교에 입학하기 위해 그토록 애를 쓴 이유는 무엇일까? 제국에 대한 열망이었을까, 근대성 혹은 입신양명에 대한 바람이었을까?
2. 스즈키 대령은 이후 투 스타까지 진급하고 종전 직후 전범으로 기소되었지만, 버마가 열렬히 그를 옹호하였음. 석방된 후 1960년대 중반에 네윈 장군의 초대를 받아 국빈 자격으로 버마를 방문해 훈장을 수여받음.
3. 독재자 네윈은 '30인의 동지회' 막내로서 하이난다오 섬에서 스즈키 대령에게 군사훈련을 받은 인물. 버마가 일본에 대해 느끼는 동지적 관계가 바로 이 지점에서 시작함.

최대치, 무다구치 렌야,
임팔작전, 밀림

최대치와 여옥의 드라마 원작소설인 김성종의
『여명의 눈동자』 출처: 위키피디아

임팔작전의 주역 일본군 중장 무다구치 렌야(牟田口廉也)
출처: 위키피디아

한국인의 시야가 많이 넓어졌다는 것을 느낀 계기 중 하나는 2차 세계대전사를 이야기할 때 버마에 주둔했던 일본15군 사령관 무다구치 렌야牟田口廉也(1888~1966)에 대한 언급이 부쩍 늘었다는 것이다. 유튜브에 가보면 그에 대한 콘텐츠가 가득하다. 그는 일본군의 3대 오물汚物로 불리며 한국 네티즌으로부터 "멍청한 작전으로 대한민국의 독립을 10년 정도 앞당긴 숨은 광복군"이라고 칭송받는 상황에 이르렀다. 21세기에 접어들면서 '무다구치 렌야' 그리고 '임팔작전'이 한국인의 주요한 상식이 되어가는 과정을 거치고 있는 것이다.

무다구치 렌야. 그가 처음 한국의 대중매체에 등장한 것은 1991년 전설의 드라마로 불리는 MBC 드라마 《여명의 눈동자》에서였다. 2020년

4월 양곤에서 락다운을 맞아 할 일이 없던 필자는 유튜브에 올라온《여명의 눈동자》를 다시 시청하기 시작했고, 이 작품이 얼마나 담대한 세계관을 담고 있고 그 현장을 세밀하게 묘사하고 있는지 실감하며 말 그대로 감동의 눈물을 흘렸다. 그래서 주위에 한국의 현대사에 대해 궁금해하는 외국인 친구가 있으면 반드시 이 드라마를 추천하곤 한다. 식민지 조선, 태평양전쟁, 해방 후 조선과 한국전쟁에 이르기까지 격동의 현대사가 오롯이 녹아 있는 걸작이라 하겠다.

버마로드, 충칭정부, 일본의 야망

이 드라마 초반부의 핵심은 다름 아닌 '임팔작전'이다. 만주 관동군 소속의 주인공 최대치는 버마전선으로 파병된다. 당시 춘원 이광수 등 많은 조선 엘리트들의 '학도병 참전 권유'로 조선의 젊은이들이 태평양전쟁에 참전하는데, 이는 독려 때문이기도 했지만 일제의 '내선일체' 정책의 효과로 볼 수도 있다. 상당수의 조선 청년들이 군복무를 통해 일본인과 평등한 대우를 받는 시민권을 꿈꾼 측면도 없지 않기 때문이다. 중일전쟁 이후 약 3만 명, 1944년 이후에 약 3만 명, 도합 6만 명의 조선반도 최고의 엘리트들이 징집된다. 버마전선은 대본영 입장에서는 가장 멀고 까다로운 전선이기도 했다. 자연스레 2등 시민 조선인이 버마전선으로 많이 보내진다. 위안부도 함께 말이다.

돌이켜 생각해보면, 당시 일본의 야망이 어느 정도로 거대했고 비합리적이었는지를 보여주는 작전이 바로 임팔작전이다. 임팔은 버마 서북부 인도 쪽 경계에 있는 영국군의 핵심기지였다. 깎아지르는 고산지대에 위치한 군사도시인데, 이곳이 당시 세계정세에서 중차대한 역할을 한 데는 배경이 있었다. 인도에서 버마를 거쳐 중국 국민당 정부가 임시수도로 삼은 우한과 충칭을 최단거리로 잇는 요충지였기 때문이다. 영국군은 이 길을 '버마로드'라고 불렀다. 1945년 이전에는 일본제국이 문제가 되었고 1950년 직전에는 공산당의 득세가 문제가 된 2차 세계대전사의 결정적인 지점이다.

일본군이 버마에 진입한 데는 나름의 합리적인 이유가 있었다. 중국의 뒷문인 이 버마로드를 막음으로써 중국을 철저하게 고립시켜 종국엔 중국 대륙을 완벽히 정복할 야망을 품었던 것이다. 나아가 인도 대륙까지의 정복도 염두에 두었다(브레이크 없는 폭주 기관차라고 해야 할까?). 그런데 객관적인 전력과 지형지물, 보급 수준, 태평양전쟁 전선의 넓이와 부담 등을 고려할 때 버마 국경을 넘어 임팔로 쳐들어간 건 참으로 무모한 일이었다. 진주만 기습과 히틀러의 모스크바 침공에 이은 2차 세계대전의 3대 실수인지, 비극인지 희극인지 가늠하기 어렵다(수많은 병사와 민간인, 심지어 전장의 최전선까지 끌려온 다수의 위안부들이 희생된 것을 고려하면 희극이라고 말하는 건 무례일 것이다).

최대치와 장하림의 모티브 박순동

송지나 작가가 각본에 참여한 《여명의 눈동자》는 원작이 있는 작품이다. 1970년대 후반 일간스포츠에 연재된 추리소설 작가 김성종의 대중소설 『여명의 눈동자』다. 우리가 알고 있는 우직한 민족주의자 최대치와 위안부 여옥의 안타까운 러브스토리는 원작에는 없는 내용이란다. 군 위안부 여옥은 거의 모든 장면에서 겁탈을 당하고, 최대치는 찌질한 지식인 엘리트로 등장한다. 이를 송지나라는 젊은 여성 작가가 현대적으로 각색한 것이다.

그런데 김성종이 근거 없이 이 소설을 쓴 것은 아니다. 진짜 원작은 따로 있다. 1966년 신동아 논픽션 공모전에서 당선한 박순동 작가(1920~1969)의 「버마전선 패전사」라는 자전적 글을 활용한 것이며, 이 글은 수년 뒤 『모멸의 시대』라는 작품으로 한국 현대사에 중요한 족적을 남긴다. 우리가 잘 아는 소설 『태백산맥』에 등장하는 중도적 민족주의자 김범우라는 인물이 바로 이 『모멸의 시대』를 모티브로 삼고 있기 때문이다. 《여명의 눈동자》와 소설 『태백산맥』의 마지막 장면에 지리산 빨치산이 등장하는 이유가 바로 여기에 있다.

1969년에 사망한 박순동 작가는 우리가 꼭 한번 재평가해볼 인물로 보인다. 전남 순천에서 태어나 서울 중동고를 수석 졸업한 그는 1940년대에 일본 도쿄로 유학을 갔다가 강제 징집된다. 용산에서 6개월간 군사훈련을 받고 1944년 버마전선에 투입된 것이다. 임팔작전 도중 부대에서 이탈한 그는 인도군의 도움으로 영국군에 투항해 뉴델리 포로수용소로 보내진 뒤, 거기서 미국의 OSS 대원들에게 포섭돼 태평양과 하와이를 오가며 조선반도 상륙작전을 준비한다. 《여명의 눈동자》에서 박상원이 분한 장하림이 바로 또 다른 그다. 최대치와 장하림은 결국 박순동을 쪼개어 인물화한 것이다. 그는 하와이 포로수용소에서 조선의 독립 소식을 들었는데, 그때의 비통함을 회고록 세밀하게 묘사했다.

일본의 종군문학 버마의 하프

우리는 조선인이 버마전선의 임팔작전에 대거 투입됐다는 것을 반드시 기억해야 한다. 그렇다면 일본은 이 전쟁을 어떻게 평가할까. 당연히 일본의 관심도 지대했다. 버마는 일제의 최대 영토, 최전성기를 상징하는 국가다. 1942년부터 1945년까지 버마 전체를 장악하고 군정을 실시하기도 했다. 식민지는 아니지만 사실상 식민지로 삼고 지배한 나라다. 그러니 버마를 바라보는 일본의 감상은 특별하다고 해야 할 것이다.

이런 일본의 정서를 듬뿍 담은 작품이 다케야마 미치오竹山道雄의 소설 『버마의 하프ビルマの竪琴』다. 전쟁의 참혹함을 일본 특유의 선禪 사상으로 조망한 작품인데, 1960년대와 1980년대 두 번이나 영화화될 정도로 일본에서 선풍적 인기를 끌었다. 이 소설은 낭만적이다. 왜 싸웠고 왜 패배했는지에 대한 정확한 기술이 없다. 그저 처절하게 싸웠고 후회 없이 죽었다는 정서가 짙다. 무다구치 렌야의 후예답다. 아무런 반성이나 숙고가 없다.

《여명의 눈동자》가 MBC에서 방영되던 30년 전, 필자 역시 살아 있는 뱀을 뜯어먹던 최대치와 태평양전쟁에 군의관으로 참전한 장하림를 비교해보면서 미군의 큰 규모와 아름다움을 막연히 동경했다. 그러고 보니 무다구치 렌야의 무모한 임팔작전도 한국의 독립을 앞당겼겠지만, 깍아지른 듯한 버마의 밀림과 산야 지형도 한몫했겠다는 생각이 들었다. 그러고 보면 조선반도의 해방과 일제의 패망 그리고 동남아시아의 빽빽한 밀림이 복잡하지만 직접적인 관계로 얽혀 있었던 것이다.

PS

1. 박순동 작가는 『암태도 소작쟁의』를 통해 한국 르포문학의 신기원으로도 이름을 남겼음. 1999년 건국훈장 추서.
2. 우리는 무다구치 렌야가 아니라 버마의 밀림에서 죽어간 이름 모를 조선인과 위안부들을 기억해야 할 듯.
3. 버마-중국 국경에서 내륙의 주요도시인 충칭까지는 직선거리로 700킬로미터 정도. 버마는 역사적으로 중국과 인도 사이에서 지정학적으로 중요한 역할을 해왔음.
4. 무릇 역사를 통해 교훈을 얻어야 하지만 일본은 임팔작전에서 교훈을 얻지 못하고 있음. 우리가 그 교훈을 취하면 버마와 임팔작전과 연관된 역사의 진정한 수혜자는 우리가 될 수 있다고 감히 생각함. 그런 점에서 박순동 선생의 저작은 의미가 큼.

동남아의 군부
vs 한국 사법부

방콕 시민과 기념촬영 중인 태국 군인의 모습

최근 인도네시아와 한국의 군사 분야 협력이 도드라진다. 짐작하겠지만 이유는 중국 때문이다. 중국의 남진南進이 본격화되면서 유라시아의 남쪽 경계를 책임진 인도와 인도네시아는 발등에 불이 떨어진 셈이다. 그런데 딜레마도 있다. 반중反中구도를 명확히 하려면 미국이나 일본에 바짝 붙어야 하는데, 미국의 군사무기는 비상식적으로 비싸고 일본 무기는 실전에서 써먹을 수준이 아니다. 자연스레 무기의 가성비가 좋으며 비동맹주의non-alignment의 정치적 명분에 해가 되지 않는 한국이 최선의 파트너가 된다. 한국에게는 큰 기회다.

조코 위도도 대통령은 얼굴만 봐도 푸근함과 선함이 느껴지는 신뢰할 만한 파트너다. 그런데 인도네시아와의 군사 분야 협력은 매번 삐걱댄다.

전투기와 잠수함 얘기다. 관심 있는 분은 뉴스검색을 조금만 해보면 된다. 매번 돈을 제대로 안 내고, 빠질까 말까 간 보기 일쑤고, 예의도 안 챙기고, 심지어 한국에 고압적이기까지 하다. 얘네들 뭐지? 하는 의아스러운 좌충우돌의 연속이다. 그런데 이 같은 현상은 동남아의 현대사를 조금만 알면 간단하게 풀린다. 이른바 '군부'라는 존재 때문이다. 동남아의 민주지도자는 현시점에선 절대로 군부를 완전히 통제하지 못한다. 그야말로 '나라 안의 딴 나라'인 셈이다. 그런데 이것은 아시아 정치의 일반적 특징이기도 하다.

아시아에서는 군부가 주류

필자는 비교아시아학이라는 뭔가 아리송한 분야를 전공 중인데, 이게 정체를 정확히 설명하기 어렵다. 심지어 교수님들마다 정의가 모두 다를 정도다. 원래 지역학이라는 것 자체가 모호하다. 그런데 좀 쉽게 설명하면 이 학문은 아시아 지역 사이의 공통점이 타 지역, 예컨대 미국이나 유럽보다 조금 더 많지 않을까 하는 기대감에서 시작된 측면이 있다. 동남아의 군부체제를 바라볼 때 우리가 경험했던 박정희-전두환 시절에 기대어 최대한 이해하려고 노력해보자, 대략 이런 식이다. 차이보다 공통점에 주목해보자. 이것이 가능한 배경에는 장구한 역사교류와 세계체제가 뒷받침됐을 가능성이 있는데, 여튼 아시아라는 공통의 틀과 개념을 인정하자는 얘기다.

아시아는 기본적으로 군부가 주류다. 싱가포르 리콴유 전 총리의 아들 리센룽 현 총리가 군장성 출신이라는 것을 간과하는 분들이 많다. 싱가포르도 엄연히 군대가 주요한 관료 배출 통로다. 미얀마는 1962년부터 2010년까지 공식적으로 군부체제였다. 2010년 태국에서 옐로셔츠-레드셔츠 싸움이 불거진 원인은 농민들의 지지를 등에 업고 일종의 공화정으로 바꾸려는 탁신의 현대화 정책에 군부와 왕당파가 강력히 반발했기 때문이다. 그래서 지금은 군부로 회귀했다. 베트남이야 공산당=군부 체제일 테고, 인도네시아 역시 1998년 수하르토 체제까지 30년의 군부독재가 인도네시아의 자존심과 국체를 보존한 경험이 있다.

한국, 북한, 중국도 군부의 역사와 멀지 않으니, 아시아의 현대성이란 어찌 보면 군대의 조직체계에서 나왔다고 해도 과언이 아닐 정도다. 심지어 싱가포르를 병영국가Garrison State라고 설명하는 정치학자도 적지 않다. 나라 전체가 군대 시스템이라는 얘기다. 이것은 1990년대까지 한국에서도 종종 튀어나온 담론이다.

동남아의 군부가 오래 지속된 이유는 독립 과정에서 견고하게 쌓인 국민과 군대의 유대관계 때문일 것이다. 미얀마의 사례로 보면, 영국 및 일본과의 독립전쟁을 통해 군대가 만들어지면서, 주로 영국 식민지 지식인들이 차지했던 의회정치인보다 군대의 정통성이 더 높았던 것이다. 그리하여 1962년 쿠데타가 성공하게 된다. 한국의 군부체제가 동남아에 비해 상대적으로 짧았던 이유는 백선엽 장군의 사례에서 보이듯 독립군과 6·25 사변 등에서의 역사적 단절의 영향이 컸을 것이다. 이른바 정통성legitimacy 문제다. 전두환의 신군부가 정통성을 전혀 확보하지 못한 측면도 컸을 테고.

군부는 국가를 대표하는 권력 기관이 될 수 있는가?

그런데 단순히 군인 출신이 대통령궁을 장악했다고 군부는 아니다. 군대와 군부는 질적으로 엄연히 다르다. 한국에는 현재 군부가 없지만, 태국과 미얀마, 인도네시아에는 군부가 존재한다. 그러니까 군부라는 건 나라의 엄연한 독립적인 제도권 지휘체계를 말한다. 권위를 가진 기관Institution이자 실질적 당국Authorities이라는 얘기다. 군부가 입법부·사법부·행정부와 동등한 수준에서 제4부로서 국가의 중요한 시스템을 구성하고 권력을 가진다는 의미이기도 하다.

국가의 기관이 작동(정통성을 획득)하기 위해서는 적어도 3가지 조건이 필요하다. 첫째는 전국을 빠짐없이 커버해야 한다. 행정부의 동사무소, 법원의 지방기구, 국회의 전국적 지역구 현황을 보면 알 수 있다. 둘째는 독자적인 인력수급 방식과 인사권 및 지휘 체계다. 고시나 연수원, 육사 기수 같은 것이 그 예다. 그리고 대통령의 명령, 대법원장·검찰총장·군참모총장의 지휘권은 상당히 존중받아야 한다. 마지막으로는 물리적·제도적 힘인데, 이건 무엇인지 상식적으로 감이 올 것이다. 이렇게 3부가 모여야 하나의 국가가 제대로 작동하는 것이다. 그런데 동남아는 실질적으로 4부 체제라는 뜻이 된다.

1970~1980년대에 아시아의 거의 모든 국가에 군부가 득세했던 시기가 있다. 군인이 행정부를 장악하고, 의회도 지명직으로 3분의 1 정도를 차지하고, 정보기관을 통해 사법부를 통제하던 시기다. 한국의 유신헌법이 대표적인 사례다. 간선제로 대통령을 뽑았고 의회의 3분의 1을 대통령이 지명했다. 그렇게 군부가 압도적으로 우위를 차지하던 시대가 가고

직선제로 대통령을 선출하는 민주화가 상당히 진행되었지만, 군부는 여전히 군부의 논리대로 작동하는 셈이다. 예산이 따로 책정되고 인사권도 전혀 간섭받지 않는다. 1980년대 신군부의 '하나회'가 그런 예다. 일부 파벌이 군부를 장악해 자기들끼리 서열 인사를 하는 것이 군부의 오래된 특징이다. 군부의 불만이 쌓이면 태국처럼 잦은 쿠데타로 이어지기도 한다.

군부 권력을 대체한 사법 권력

사실은 이 이야기를 하려고 어려운 길을 돌아왔다. 한국은 군부와 안기부가 실권한 1993년 이후 사법부가 꾸준히 힘을 키워 상당한 권력을 대통령과 분점한 체제에 가깝다. 한국의 사법부의 한 축인 검찰에 대해 설명하자면, 1990년대와 2000년대에 이른바 각종 정치개혁 수사와 특검수사 등을 통해 국민의 지지를 확대하고 동시에 엄청나게 성장한 법조시장의 인력배출을 통해 자금을 수급받으면서 대한민국 최고 엘리트에서 최고 권력으로 자리매김했다. 심지어 돈도 많아졌다. 의회에 차지하는 비중도 마찬가지다. 법원 역시 크게 다르지 않다.

최근 윤석열 검찰총장과 한동훈 검사장의 멘털리티를 이해 못하는 분들이 많다. "검찰청은 법무부 휘하의 일개 지청이니 법무부의 지휘를 받아야 하는 것 아닌가?"라는 지적이 대표적이다. 이 말이 절반만 맞고 절반은 완전히 틀린 이유는 현재의 정치지형도가 대한민국 사법부와 직선제 대통령 간의 권력쟁투가 진행 중이기 때문이다. 말 그대로 대한민국의 정통성, 대표성representativeness을 놓고 싸우는 중이다. 우선 사법부는 자신의 권력과 위상을 인정하라고 주문하고 있다. 딱히 누가 맞고 틀렸다고 하기가 쉽지 않다. 말 그대로 권력투쟁이다보니, 승부는 단시간에 나지 않고 꽤 오래 지속될 것이다.

대한민국 사법부는 지난 MB-박근혜 정부 때 치명적인 실수들을 거듭하며 정통성을 상당히 상실한 상태였다. 게다가 2000년대 이후 법조시장이 기형적으로 커지면서 사법부의 부패는 필자와 같은 관전자가 봐도 상당히 문제가 됐다. '전관예우'라는 것은 말 그대로 부패 시스템인데다 대형 로펌 등의 로비기관이 나라를 좌지우지할 정도였고, 이전 대법원장은 법조시장을 더 키운다고 상고법원을 추진하며 재판까지 청와대와 거래할 정도였으니, 사법부에 대한 신뢰가 추락하고 자연스레 촛불시위의 근거를 마련해준 셈이 되었다(다행스럽게도 헌법재판소가 사법부의 위상을 많이 회복시켰다).

이것을 빌미로 촛불정부가 사법개혁과 언론개혁을 추진하며 공수처 추진과 검찰에 대한 강도 높은 개혁 추진으로 사법부에 대한 의회와 행정부의 우위를 확인하려고 하자, 윤석열 검찰총장이 사법부의 독립성을 근거로 강력히 반발하는 상황이 진행 중이다.

누가 더 정통성이 있나?

내용이 쓸데없이 길어졌는데, 국가체제 내 3부, 4부 간의 이런 권력투쟁은 불가피한 측면이 있다. 서로 파괴적이지 않도록 국가 전체에 긍정적인 방향으로 대표성 경쟁을 해야 하지만, 그게 쉬운 일이 아니다. 동남아의 사례를 보면 군부가 망가진 건 국가자원을 독점하고 해외와의 거래에서 생기는 막대한 이득까지 친인척과 나눠 가졌기 때문이다. 국민에게 혜택을 주지 않다가 스스로 부패해 무너진 측면이 있다.

한국의 경우 1990년대에 이를 빠르게 파악해 정치권에 강한 사정 드라이브를 건 개혁이 국가발전의 원동력이 되었다는 점에 방점을 찍고 싶다. 대신 정치권의 대항마인 사법부는 2000년대 이후 개혁 경쟁에서 너무 뒤처졌다. 전관예우라는 부패의 고리를 끊어내지 못한 채 검찰권을 남용해 수많은 정치인들을 죽음으로 몰아대는 비장함까지 선보였다. 하지만 본인들의 부패는 방치한 채 휘두르는 비정한 칼날을 과연 누가 공정하다고 여길까? 사법부는 현재 우리 국가 시스템의 절대적인 기둥에 해당한다. 스스로 개혁하지 못하면 국민의 신뢰와 정통성을 잃고 개혁당할 위기에 처한다는 것이 동남아의 군부 사례에서 본 역사의 교훈이다.

PS

1. 행정부, 입법부, 사법부, 언론이 서로 치열하게 견제하고 정통성 획득 싸움을 해야 나라가 좋아지더라.
2. 한국 사법부의 역량은 엄청나다고 생각함. 다만 전관예우 문제와 특유의 비민주성은 절대 스스로 극복 못할 구조적인 병폐라서…… 전관예우가 있다는 것 자체가 한국의 사법부가 동남아의 군부에 비견되는 엄청난 권세를 가졌다는 증거일 수 있음.

전두환, 아웅산 테러, 북한이 우민화된 배경

1983년 북한의 테러 무대가 되었던 아웅산 국립묘지의 최근 모습 출처: 위키피디아

필자는 전두환이라는 인물에 대해 묘한 이중의 감정을 갖고 있다. 처음으로 마음속에 모신(?) 지도자였기 때문이다. 처음 글을 배우고 신문을 접했을 당시 나라의 주인공이자 미디어 속 최대 스타가 바로 그 아저씨였다. 매일 신문 1면과 9시 뉴스의 첫 꼭지가 전두환 이야기로 꽃을 피우던 시대에 살았기에, 지금도 전두환의 캐릭터가 무척이나 친숙하게 느껴진다. 뇌에 각인이 된 듯싶다.

필자의 소년기에 우표수집은 끝물이지만 꽤 인기가 있었다. 돈이 부족한 꼬꼬마들도 용돈을 털어 정부에서 발행하는 각종 우표들을 사서 자랑하는 게 유행이었다. 그냥 문화였다. 문제는 전두환을 주인공으로 한 우표들이 무척 자주 발행되었다는 거다. 무슨 해외 순방이 그리 잦고 듣도보도 못한 아세안·아프리카 국가들은 그리 자주 갔던지. 1980년대 초 중반의 그의 활동 기록은 필자의 고향 집 어딘가의 우표첩에 고이 보관되어 있을 것이다. 전두환표 우표첩은 지금은 아무짝에도 쓸모없어졌다.

1983년 가을 과밀 학급의 2부제 수업을 위해 등교 준비를 하던 낮 12시 무렵, 친구 하나가 헐레벌떡 달려와 "버마에서 대통령이 폭탄테러를 당했다"는 충격적인 뉴스를 전했다. 상당히 꼬꼬마 시절이었음에도 크게 놀랐던 기억이 난다. 전국의 모든 학생들도 걱정 어린 마음으로 대통령의 무사 귀환을 간절히 기도했더랬다. 써놓고 보니 기분이 묘하다.

치열했던 남과 북

1965년 인도네시아 반둥에서 본격화된 비동맹 운동은 당시 동북아시아에서 공산주의 정권을 수립한 중국과 북한에는 천군만마나 다름없었다. 외교적으로 고립된 이 두 정부에 공식적인 외교관계를 수립해주고 반미 구도에 대한 전 지구적 동질감을 확인해주었기 때문이다. 그리하여 북한은 동남아 지역에 대한 적극적 투자와 교역 확대에 나서게 된다. 특히 베트남전쟁을 계기로 확립된 제3세계에서의 북한의 남한에 대한 외교적 우세는 1980년대 초반까지 이어진다.

가장 유명한 사례가 1970년 캄보디아의 친미주의자 론놀 장군의 쿠데타로 실각한 노로돔 시아누크 국왕과 김일성 주석의 끈끈한 우정이다. 그는 2012년에 죽었는데, 1970년부터 죽기 직전까지 매년 북한을 방문했고, 심지어 평양 인근에 있는 40개의 방이 있는 대저택에서 북한 여성과 아이까지 낳고 딴 살림을 차렸을 정도다. 북한을 방문한 또 한 명의 동남아 지도자는 버마의 독재자 네윈 장군(재임 기간 1962~1988)이다. 그는 1977년 대규모의 방북단을 꾸려 평양에 가서 성대한 환영을 받았더랬다.

애당초 비동맹국가들은 남북 동시 수교 원칙을 고수했다. 1975년 버마도 한반도의 두 정권을 동시에 받아들였다. 그러나 심리적으로나 역사적으로 버마는 북한에 훨씬 더 끌렸더랬다. 우선 미국을 비롯한 서방세계와의 확고한 단절의식이 있었고, 중국과 국경을 맞댄 만큼 정서적으로나 이념적으로 통하는 정서가 있었다. 나아가 체제 면에서 비슷했고 서로의 필요도 맞아떨어졌다. 북한이 절실히 원하는 쌀과 자원이 버마에 있었고, 버마는 북한의 무기와 기술을 원했다. 이 둘은 남한이 쉽사리 끼어들기 힘든 끈끈한 관계로 발전했다.

어처구니없는 북한의 자폭

1983년 10월 9일에 벌어진 아웅산 국립묘지 테러사건은 이유와 배경이 무엇이었든 간에 북한이라는 국가의 고립과 몰락을 초래한 사상 최악의 정치적·외교적 도박이 아니었나 싶다. 그 파장이 너무나 엄청났기 때문에 외교관계에 무지한 필자의 식견으로는 상세한 설명이 어려울 듯하다. 대신 그간 주목을 받지 못한 몇 가지 핵심 포인트를 짚어보려 한다.

우선 버마 입장부터 살펴보면, 그 정도로 수치스럽고 모욕적인 사건은 역사상 유래를 찾기 힘들었을 것이다. 버마가 어떤 나라인가. 그 찬란하고 장구한 역사에 식민지라는 생채기가 생긴 탓에 서방세계와 외교관계를 단절하지 않았는가. 그러고 나서 새로 사귄 친구가 중국과 북한이었다. 그런데 북한은 자존심 하나로 고립주의를 택한 이 나라에, 심지어 국가의 가장 신성한 공간인 국립묘지에 비밀요원을 잠입시켜 테러를 일으킨 것이다. 버마 입장에선 한국보다 더 분노할 만큼 황당하고 분통 터지는 참사였다.

당연히 버마 군부는 곧바로 북한의 외교관과 협력인력을 모조리 추방하고 공식적인 외교관계도 중단해버렸다. 버마가 받은 모욕은 나아가 비동맹 진영 전체의 모욕이기도 했다. 이 사건을 기점으로 북한의 외교는 전 세계의 검증을 받게 되고 동시에 결정적 한계를 맞이하게 된다. 남북한 체제경쟁의 우열이 공식적으로 가려지는 순간이기도 했다.

목재와 펄프

문제는 지난 십수 년간 쌓아온 버마와 북한의 특수한 교역관계였다. 당시 북한은 버마에 무기와 농업 및 광산 기술을 전수하고 버마로부터 쌀과 목재, 펄프 등을 대량 수입했다. 당시 양국이 합작으로 추진하던 사업 또한 상당했다. 그러니 버마와의 관계만 잘 유지되었다면 식량난으로 인한 고생을 덜 했을지도 모른다. 하지만 더 중요한 것은 목재와 펄프였다.

당시 버마는 세계 최대의 목재 생산 국가 중 하나였다. 그리고 의리상 그 목재와 펄프 재료를 북한에 헐값에 수출하고 있었다. 다시 말해 고립된 북한이 신문을 발행하고 책도 만든 배경에는 중국보다는 버마의 존재감이 압도적으로 컸던 셈이다. 고립된 두 나라의 협력이 빚어낼 시너지 효과가 적지 않아 보였지만, 아웅산 테러로 모든 것이 수포로 돌아갔다.

1984년 이후 북한은 심각한 물자난에 직면하는데, 가장 직접적인 타격은 신문 발행 감소와 교과서의 양적·질적 하락이었다. 출판문화 역시 붕괴 위기에 처한다. 이른바 종이의 공급이 힘겨워진 것이다. 꽤 많은 탈북자들이 1980년대 중반 이후 종이 공급 부족이 북한사회의 교육과 지식 확산에 얼마나 부정적인 영향을 미쳤는지를 증언한다. 버마와의 단교로 가장 뚜렷한 피해를 본 분야가 종이산업과 지식 부문이었던 것이다. 이 추세는 21세기인 지금까지도 계속되고 있는 실정이다.

교역의 중요성

20세기 후반, 즉 컴퓨터가 나오기 직전인 1980~1990년대는 종이 문명의 최전성시대였다. 그러나 북한은 우방국의 국립묘지를 '테러'의 무대로 삼는 사상 최악의 외교 병크를 저지른 대가로 외교적 고립은 물론 종이 문명에서 멀어지는 대참사를 겪게 된 것이다.

지금도 미얀마인들은 북한에 대해 그리 좋은 이미지를 갖고 있지 않은 것 같다. 2020년 초 필자 가족은 가이드와 함께 양곤 시내를 둘러보는 투어에 나섰는데, 가이드가 갑자기 자국의 군부정권을 평가하면서 북한 이야기를 꺼냈다.

"적어도 미얀마 정부는 북한처럼 인민을 굶주리게 하지는 않았습니다. 그건 정부의 가장 기본적 책임 아닌가요?"

그 가이드는 버마와 북한의 단교가 북한 주민들의 우민화에 끼친 영향은 짐작도 못하는 눈치였다. 아웅산 국립묘지 테러가 없었다면 역사는 어떻게 바뀌었을까.

PS

1. 전두환 정권을 몰락시킨 건 한국의 치열한 출판운동이라고 생각함. 지식을 넓히고 지성을 키운 결과 자연스럽게 군부독재를 뛰어넘을 수 있었던 것.
2. 종이 공급이 원활하다고 지식과 지성이 자연스레 충만해지는 건 아니었음. 버마의 군부정권 역시 자국의 지식인을 오랜 시간 탄압한 최악의 정권으로 손꼽힘.
3. 이후 전두환-노태우 시절에 한국의 군부와 연계된 기업들이 버마에 꽤 많이 진출함. 지금도 그분들이 버마 교민사회 1세대를 차지하고 있음.
4. 결국 현대 아시아의 산업과 사회 그리고 정치는 매우 복잡하면서도 정교하게 연결되어 있음.

이리, 칭다오, 광저우, 스마랑, 양곤

인도네시아 스마랑의 한국 섬유공장

필자가 어린 시절 살던 동네는 전북 이리(현 익산) 지역인데, 한국 경제사에 관심 있는 분들은 잘 알겠지만, 영남에는 주로 중공업 위주의 산업이 자리 잡고, 호남·충남에는 산업이라 하기엔 애매한 경공업이 주를 이루었다. 그리하여 이리 공단에 자리 잡은 건 주로 쌍방울, 백양BYC, 태창 등의 속옷 3사 공장이었다. 어렸을 때 정말 많은 노동자들이 버스를 타고 공단에서 빠져나오는 것을 목격했지만, 1990년대 중반쯤 이들이 완벽하게 자취를 감춰버린다. 전북 연고의 프로야구팀 쌍방울 레이더스도 IMF 파고에 사라졌다.

필자의 가까운 친척 어르신 가운데 1980년대 후반에 수출회사 대우실업 계열에 취업을 하신 분이 있다. 주로 한국의 섬유제품을 일본이나 미국으로 수출하는 일을 맡았던 것으로 기억한다. 1970년대부터 1990년대 중반까지 섬유산업은 말 그대로 한국을 먹여살린 알짜 사업이었다. 삼성, SK, 대우 등 한국의 거의 모든 재벌기업의 모태가 섬유산업이었을 정도니 말이다. 노동집약적 산업인 탓에 인건비 비중이 절대적인 것이 특징이다.

1999년을 전후해 그 친척 어르신이 갑작스레 중국 칭다오로의 이주를 결정하고 아이들을 데리고 훌쩍 떠나버렸다. 그 뒤로 조금은 잊고 살다가 2000년대 중반 중국 여행이 본격화되면서 필자는 그 어르신을 만날 계획을 세우게 된다.

무역, 지역을 창조하다

필자가 가방끈이 짧은 관계로 학계의 흐름에 대해 논평할 수준은 안 되지만, 싱가포르에서 바라본 역사학과 지역학의 흐름은 압도적으로 '교역(무역)'이 창조해내는 새로운 공간과 질서에 쏠리는 듯한 느낌을 받았다. 그러니까 국경을 넘어선 시장과 개인, 시장과 사회, 시장과 국가의 관계를 면밀하게 추적하는 것이다. 베트남에서 대량으로 쌀농사를 짓기 위해 태국 메콩강을 따라 물소를 대량으로 수입해 왔다든지, 방글라데시에서 생산된 마대 자루가 어디서 어떻게 쓰였다든지.

비단 물건 형태를 갖춘 상품에만 초점이 맞춰지는 것은 아니다. 타밀 노동자, 네팔의 구르카 용병, 인도의 고리대금업자, 중국의 7대 화교 집단 등 사람의 이동에서 중국과 일본에서 건너온 몸 파는 여성, 인도 동북부에서 재배된 양귀비와 대마초, 심지어 해적의 역사, 냉전시대의 무기

밀수까지 중요한 연구대상이다. 이런 교역은 때론 국경을 만들기도 하고 국경을 해체하기도 한다. 나아가 '지역region'이라는 거대 공동체를 탄생시키기도 한다. 페르낭 브로델의 『지중해: 펠리페 2세 시대의 지중해 세계』가 그렇고, 에릭 타글리아코조의 인도네시아 형성 스토리 『은밀한 교역, 헐거운 국경』 역시 마찬가지다. 싱가포르 중심의 아세안도 해양교역을 통해 형성되었다.

2004년 칭다오

중국에 대한 한국의 무역비중은 2000년대 들어 폭증하기 시작했다. 그리하여 필자도 중국을 방문하기로 결심하고 인천항을 통해 그 친척 어르신이 계신 칭다오로 향했다. 2004년 1월의 어느 추운 겨울날이었다. 필자는 그 이후로 중국을 10번 이상, 20번 미만 방문했는데, 배로 가는 여행은 그때가 처음이자 마지막이었다. 배 안은 보따리 상인들로 북적이고 있었다. 당시만 해도 중국 상인이나 조선족이 한국으로 참기름 등을 가져오고 전자제품 등을 수입해가던 시절이었으니, 중국 대륙의 변화는 정말이지 2000년대를 뜨겁게 달군 세계사적 이벤트가 아니었나 싶다.

당시 칭다오 항은 공산주의 냄새를 물씬 풍기고 있었다. 친척 어르신은 회사 차인 7,000만 원짜리 중국산 아우디를 몰고 나타났다. 집도 바다 근처의 낡았지만 꽤 큰 콘도였다. 부동산 개발 붐이 일어 칭다오 바닷가의 고급 콘도가 4~5억대로 폭등하던 시기였다. 칭다오 시내에는 아직 우마차가 공존하던 시기였고, 방직공장의 10대 후반 소녀 노동자들의 임금이 120불을 갓 넘긴 시점이기도 했다. 필자가 찾아간 칭다오의 방직공장은 너무도 거대했고, 가난해 보이는 소녀들은 1원 50전짜리 만두로 점심을 때우고 있었다. 그곳에서 만든 1달러짜리 옷이 월마트 등 대형 쇼핑몰로 이동해 20달러에 팔렸다.

나: 한국에서 사라진 섬유공장이 다 중국으로 건너온 거군요. 여기서 가장 힘든 게 뭐예요?

그: 임금인상이 가장 크지. 매년 오르니까…… 그리고 두번째는 미국의 감시? 미국 정부가 중국의 아동노동을 엄격하게 단속하니까 아무래도 사업주들은 그 점에 신경을 많이 써. 조만간 임금이 200불이 넘으면 여기서도 사업이 어려울 거야.

2006~2011년 광저우

그의 말은 얼마 지나지 않아 현실이 되었다. 주로 공장 총책임자로 일한 그는 칭다오에서의 사업이 한계를 맞이하자 그만두고 중국 남부의 광저우로 옮겨 재기를 모색했다. 직접 공장을 관리하는 대신 광저우의 섬유산업 단지에서 상품을 기획해서 중국 내의 납품공장을 수소문해 일거리를 맡기고, 그 물건을 미국이나 유럽으로 수출하는 일이었다. 요약하면 칭다오 시절에는 한국인이 직접 공장을 경영했지만, 광저우 시절에는 공장 경영이 완벽하게 중국인 손으로 넘어갔다는 뜻이기도 하다.

그사이에 필자는 광저우를 4번 정도 방문했던 것 같다. 직접 비행기로 가기도 하고, 홍콩을 통해 기차로 이동하기도 했다. 광저우는 매년 급성장하는 것이 눈으로 실감될 정도로 빠르게 변모했다. 광저우 중산대학 앞에 위치한 의류산업 단지는 패션과 관련된 거의 모든 부속품을 찾아

볼 수 있을 정도로 거대하고 체계적이고 압도적이었다. 서울의 동대문 의류시장이 어찌나 초라해 보이던지.

하지만 그의 사업은 해가 갈수록 쪼그라들고 힘들어지는 게 느껴졌다. 공장을 소유하지 않고 무역에만 개입하는 중간 에이전트의 불가피한 처지였다. 사업이 어려워지니 한국인 동업자들끼리의 갈등과 분쟁도 커져만 갔다. 아이들을 값비싼 외국인 학교에 보내다가 막판에는 학비마저 부담스러울 정도로 곤란을 겪었던 것으로 보인다. 가난했던 중국인들은 날로 부자가 되고, 꽤 부자로 중국에 진출한 한국인들의 상당수는 경제적 지위가 하락한 것이다.

2018년 인도네시아 스마랑

그 뒤로 소식이 끊겼던 그 어르신을 재회한 곳은 중국이 아닌 인도네시아의 스마랑이라는 지역이었다. 자카르타에서 자동차로 5시간을 쉬지 않고 가야 하는 한적한 동네였다. 인도네시아 곳곳에 한국계 섬유의류 공장이 들어서 지역사회의 중요한 수입원이 되고 있었다. 2000년대 초중반 베트남이나 미얀마, 인도네시아로 공장을 이전한 기업들은 비교적 성공적으로 생존이 가능했던 것이다.

심지어 땅값도 크게 올라 공장주들이 큰 목돈을 건질 가능성도 열려 있었다. 시간이 흐르고 보니 중국과 동남아의 사업환경은 차원이 달랐던 셈이다. 중국은 한국 기업인들에게 아무것도 남겨주지 않았지만, 아세안 국가로 진출한 한국 기업은 지금도 꽤나 건실하게 비즈니스를 하는 중이다. 스마랑 공장에서 그는 1,000명이 넘는 현지 노동자들을 총관리하는 책임자로 일하고 있었다. 업무량이 살인적이었고 나이는 이미 은퇴에 가까워졌음에도 너무도 진지한 표정으로 그 많은 노동자들과 일일이 스킨십을 하며 노동의 기쁨을 누리고 있었다.

그: 너도 이 업계를 바라본 지만 15년인데, 인도네시아 공장 노동자 임금 한번 알아맞혀봐라.

나: 글쎄요, 어렵네요. 한 300불 정도 하나요?

그: 흠, 너무 짠데. 특근 포함해 400불 정도야. 여성들이 생계를 책임지는 사회다보니, 이 직업을 지키기 위해 여성들이 열심히 노력하는 게 눈에 보여. 40대 할머니도 계신다. 채산성? 글쎄, 그게 맞으니까 하는 거겠지.

그는 가족과 떨어져 혼자 살면서 매일 아침 5시에 일어나 공장문을 열고 6시에 출근하는 수백 명의 노동자들과 일일이 아이컨택을 하며 노무관리를 하고 있었다. 그는 공장 시스템 그 자체였다. 사람이 자신의 일거리를 지키며 노동을 한다는 것이 얼마나 힘들면서도 소중한 것인지 느끼게 하는 장면이기도 했다.

2020년 미얀마 양곤

올해 초 미얀마에 거주하던 필자는 600여 개나 된다는 한국의 방직·섬유업체 사정이 너무 궁금했고, 1990년대 후반부터 이 업종에서 일해온 교민 한 분을 만나 인터뷰를 했다. 미얀마와 방글라데시는 전 세계에서 공장 노동자의 임금이 가장 싼 지역이다. 200불이 넘지 않는다. 경험이 없으면 150불로 깎이기도 한다.

나: 이 정도로 임금경쟁력이 있는데 왜 세계 섬유산업이 미얀마로 쏠리지 않나요?

그: 복잡한 이유가 있어요. 일단 납기일을 지키는 게 어렵습니다. 중국이 임금 600~700불 정도인데 5~7일 납기라도 가능한 수준이죠. 인도네시아, 베트남은 2주일 정도. 그런데 미얀마 공장은 한 달 정도로도 부족할 때가 많아요. 교통, 전기, 물류 인프라는 물론이고 노동자의 숙련도, 품질 등이 종합적으로 고려됩니다. 임금이 싸다고 다 되는 건 아니죠. 하지만 납기일까지 기한이 충분한 제품은 미얀마가 최적입니다.

그렇게 세계경제는 계급과 계층을 촘촘히 나눠서 자신에게 주어진 시장을 지켜내며, 때로는 경쟁하며 끊임없이 주고받고, 이익을 키우고, 세계 체제를 만들어내고 있었던 것이다.

PS

1. 유니클로와 H&M 등 중저가 의류의 가격은 제3세계에서 일하는 초저가 노동자들 덕분.
2. 아시아 각지에서 일하는 섬유 노동자들, 특히 평생을 섬유의류 산업 및 무역에 투신해 한국 경제를 일군 선배들께 존경을 표한다.

싱가포르, 북한, 트럼프, 일본 언론

북미정상회담을 알리는 싱가포르 프레스센터 옥외 간판 출처: 위키피디아

김정은 위원장을 밀착 마크하는 호텔 밖 외신기자들

돌이켜보면 트럼프는 정말이지 역사의 주인공이 될 뻔한 너무도 큰 기회를 잃었다는 생각을 하게 된다. 그것도 매우 자주 한다. 역사에 만약은 없다고 하지만, 트럼프가 싱가포르나 하노이 회담을 전격적으로 받아들였다면 얻을 수 있는 것이 너무나 많았을 것이다. 1) 미국, 그것도 공화당이 동북아 질서 재편의 주도권을 완벽하게 손에 쥘 수 있었다. 재선을 걱정할 일도 없었다. 2) 북한 개방을 매개로 중국에 대한 체제우위에 설 수 있었다. 3) 마지막으로 북한특수를 이용해 동북아에서 일본과 한국이 새롭게 협력하는 아주 큰 판을 짤 수 있었다. 코로나 위기에 적극적으로 대처했을 수도 있다. 아, 다 꿈이다.

말 그대로 전 지구적 정치·경제의 판을 바꾸는 역사적인 큰 시장의 주인공이 될 수 있었는데 마지막 관문을 넘어서지 못했다. 그것이 역사의 주인공이 되어야 한다는 부담감 때문인지 아니면 볼턴, 아베, 한국 극우세력 등의 집요한 반대 때문인지는 확실치 않지만, 우리가 아는 것은 트럼프와 미국이 '역사의 주역'이 되는 길을 피해갔다는 것이다. 코로나 사태를 맞이해 휘청이는 트럼프를 보니, 하늘이 내린 기회를 발로 차버린 자의 말로를 보는 느낌이다(만일 우리에게 그런 기회가 온다면 제대로 된 선택을 합시다).

싱가포르 정상회담

2018년 여름, 필자는 싱가포르에서 트럼프와 김정은의 회담을 지근거리에서 지켜보는 기회를 얻었다. 두 정상의 얼굴을 실물로 보고 기자회견장 앞줄에서 질문도 하는 정도의 가까운 거리는 아니었다. TV로 회견 장면을 보는 건 똑같지만, 회담을 둘러싼 싱가포르 전역의 공기를 함께 호흡하며 전 세계의 시선이 집중된 현장의 미묘한 떨림을 함께했다는 얘기다. 전 세계에서 수천 명의 기자와 방송 카메라들이 몰려든 세기의 이벤트였고, 특히나 싱가포르에 거주하는 한국인에게는 그 시선을 오롯이 받아 안아야 하는 가슴 떨리는 역사의 현장이기도 했다.

게다가 당시 한국 언론 취재 지원을 나온 민경욱 언론재단 이사장은 필자가 수습기자를 마치고 첫 국장으로 모신 분이었으며, 문화부에서 출장 나온 김재환 해외언론담당관은 10년 넘게 동아시아 공부를 함께 하던 분이었으니, 당시 공부에 지친 필자도 억제해둔 호르몬이 폭발하던 시기였다. 당장 종전선언이 채택되고 북미수교가 결정되면 동북아 정세,

나아가 유라시아 정세 자체가 폭발적으로 변화할 수 있다는 기대감에 없던 기운까지 호랑이처럼 샘솟는 것 같았다. 아, 드디어 탈냉전이다. 야호!

싱가포르 현지의 분위기도 무척이나 우호적이었다. 처음엔 싱가포르가 북미회담에 왜 그렇게 기뻐하는지 이해하기 힘들었다. 앞서 설명한 대로 싱가포르는 중립지대로서 의미가 있긴 하다. 아세안 국가들은 전통적으로 비동맹 노선에 익숙해 있어 공산주의든 민족주의든 유사 왕조국가이든 크게 개의치 않는 문화도 있다. 기본적으로 북한에 대해 호기심이 더 컸지 적대감이나 조롱하는 태도를 갖고 있지 않다는 뜻이기도 하다. 그러나 필자의 지인인 싱가포르 출신 한반도 전문가 숀 호Shawn Ho에 따르면, 싱가포르에서 북미회담이 열리는 것은 싱가포르 입장에서는 호재 중의 호재였다.

"싱가포르는 기본적으로 통상무역국가입니다. 전쟁보다 평화를 압도적으로 선호해요. 한반도의 운명과 싱가포르의 운명이 그리 무관하지 않습니다. 한반도에서 전쟁이 일어난다면 미중전쟁일 테고, 그런 긴장은 결국 싱가포르 앞바다를 전쟁의 구덩이로 밀어넣을 거예요. 게다가 이번 회담은 싱가포르를 말 그대로 세계평화의 상징적인 무대로 만들어주는 기회인데, 이보다 더 기쁜 이벤트가 어디 있단 말입니까."

정말이지 화교들의 상인정신은 존경스러울 때가 많다.

트럼프 충격

북미회담의 전 과정을 지켜보며 필자가 느낀 핵심적 감정은 '장사꾼 트럼프'의 경이로울 정도의 의제 장악 능력이었다. 미국 대통령이라는 자리가 대충 고스톱으로 아무에게나 주어지는 자리가 아니라는, 정말이지 평범한 진리를 다시 확인했다. 강도 높게 매일 이어지던 그의 브리핑은 청산유수였으며 논리적으로 막힘이 없었다. 스티브 잡스보다 더 설득력 있고 힘이 넘쳤다. 그때 그를 살짜쿵 존경하게 됐을 정도니.

그가 함흥, 원산에 짓겠다는 위락단지의 파워포인트 청사진을 손에 쥐고 흔드는 장면이야말로 이 회담의 꽃 중의 꽃이었다고 해야겠다. 뉴욕의 부동산 재벌이 이런 방식으로 세계평화에 기여할 수도 있구나, 하는 생각에 필자의 입에서 감탄과 탄식이 흘러나왔으니 말이다.

"부동산 자본이면 어때? 김정은 배 좀 더 불려주면 어때? 속도가 최선이다, 트럼프! 올인 해! 북한 땅에 투자해서 돈 좀 따가라, 제발……"

그러나 세상일은 그리 쉽게 풀리지 않더라. 뼛속까지 한국인 관전자라서 그런지 필자의 기대는 현실을 아득히 초월해 너무 앞서가고 있었다.

일본 저널리스트들과의 방담

당시 회담을 위해 한국에서 필자를 찾아온 친구도 있었다. 재일교포 출신 언론인 서대교 대표다. 그는 필자와 일주일 내내 동행하며 김정은의 행방을 뒤쫓고 기자실도 함께 쓰며 정보를 교류했다. 그는 일본 언론계와 인연이 깊어 회담 내내 기자실에서 스타 대접을 받았다. 조총련계 학교를 나온 북한 국적자 출신으로 한국에서 공부하고 한국에 정착한, 북한-일본-한국에 모두 연고가 있는 인물이었기 때문이다. 많은 일본 언론이 그의 인생사와 그가 역사적 북미회담에 임하는 자세를 취재하고 나섰다.

자연스레 일본 기자들과 빈번히 마주쳤다. 당시 일본 언론은 사상 최대급이라고 할 정도로 수백 명에 달하는 본사 언론인과 아세안 및 아시아 전 지역 특파원을 싱가포르로 집결시키고 김정은의 행방을 뒤쫓는 데 총력을 기울였다. 일본 언론의 김정은 추적은 회담의 숨겨진 하이라이트가 되었다.

일본은 수년 전부터 '일본인 납치 문제' 탓에 북한과 사실상 관계를 끊고 있었고 트럼프와도 서먹한 관계였기에, 자연스레 회담 테이블에서 철저히 배제되었다. 그것은 아시아의 맹주를 자임하던 일본에는 상당한 타격임과 동시에 그들이 그토록 두려워한 트럼프 당선의 후폭풍이기도 했다. 만일 그 회담에서 일본이 모르는 깜짝 타협이 이뤄진다면, 그것은 한반도에 대한 일본의 100년에 걸친 심리적·물리적 우위가 한 방에 날아가는 것을 의미했다. 만일 그렇게 된다면 문재인 정부 대미외교의 완벽한 승리이기도 했다. 일본으로서는 일촉즉발의 위기였던 셈이다.

일본 언론이 거의 600명에 달하는 기자들을 동원해 김정은이 머무는 호텔 전체를 사실상 봉쇄하듯 감싸고 나선 것은, 농구로 따지면 강력한 대인 마크, 밀집수비에 해당하는 것이었다. 김정은이 중립국 싱가포르 관계자 외에 다른 나라 관계자를 직접 만나는 것을 집중 감시하고, 동시에 일본이 비집고 들어갈 틈을 엿보는 의미가 있었다. 초대형 기자단의 숨겨진 효과인 셈이다. 그런데 김정은은 그 삼엄한 감시를 뚫고 싱가포르의 여러 관광지를 홍길동처럼 돌아다녔다. 무척이나 흥미로운 술래잡기였던 셈이다.

회담이 끝난 직후 교도통신과 아사히신문 등 일본 유명 언론사 기자들과 맥주파티를 할 기회가 있었다. 일본 기자들은 예상 외로 순박하고 솔직하고 술을 좋아한다. 필자도 평소에 궁금한 게 많아 여러 가지를 물었고, 그들은 매우 세련된 어법으로 답해주었다.

하지만 그들의 한계는 뚜렷했다. 한반도 통일에 대한 일본 3040 지식인들의 의견은 종합 정리하면 '무기력함'이었다. 그들은 명확한 의견이 없었다. 비전도 없고, 모든 것을 아베 탓으로 돌리기만 하면 되는 눈치였다. 정부가 제시한 가이드라인을 넘어설 용기가 없어 보였다. 기껏해야 자국의 이해득실이나 따지고 있었다. 평화에 대한 비전이 부재했다. 바보 같은 녀석들, 그런 식으로 평생 한반도 분단의 콩고물만 주워먹다가는 결국 중국 대륙과 통일 한국에 밀려 2류 국가로 추락할 거라는 게 당시 술자리를 마친 필자의 솔직한 심정이었다.

싱가포르, 김정은, 아시아

조금은 허무하게 회담이 끝나고, 장소를 제공한 센토사 섬의 카펠라 호텔은 역사적인 관광지가 되었다. 지금도 그 호텔에 가면 두 정상이 악수를 한 자리에 기념 팻말이 붙어 있어서 관광객들이 사진을 찍곤 한다. 다만 숙박을 하기엔 너무 비싸다. 하룻밤에 50만 원 가까이 하니 말이다. 편법이지만 당당하게 주차하고 주차비만 정산하면 사진 정도는 실컷 찍고 갈 수 있다. 한번쯤 시도해보길 추천.

싱가포르는 이 이벤트의 최대 수혜자가 되었다. 김정은을 3일 내내 따라다닌 비비안 외무장관은 세계적인 외교관으로 급부상했다. 김정은에게 얼굴 도장은 확실하게 찍은 셈이니, 향후 북한이 개방하면 싱가포르 자본이 가장 먼저 북한 무역항 개발에 뛰어들 거라는 루머 아닌 루머가 싱가포르 사회에 퍼져나갔다. 싱가포르는 독재국가의 개방 시점에 선제적으로 투자해 막대한 개발이익을 챙기는 공격적 투자 스타일이다. 싱가포르 자본은 특히 부동산을 좋아한다. 북한에 싱가포르식 콘도와 쇼핑몰이 들어설 날을 상상하며 많은 지인들과 작별 인사를 나누었다.

"김정은, 싱가포르를 보고 갔으니 북한에 꼭 그 정도 도시 하나 만드시게. 이번 여정을 역사에 남겨야지."

PS

1. 싱가포르는 국가 지도자 김정은의 첫번째 공식 해외 방문지가 되었음. 처음 찾아간 관광지는 카지노로 유명한 마리나베이 호텔과 실내 식물원으로 무척 싱가포르다운 장소였음.
2. 당시 운 좋게 그 부근을 배회하던 관광객들은 김정은 위원장을 만나는 행운을 얻기도.

아시아에서 일본이 작아지는 이유

나라를 서구 방식으로 바꾼 일왕日王 메이지와 그 일가 출처: 위키피디아

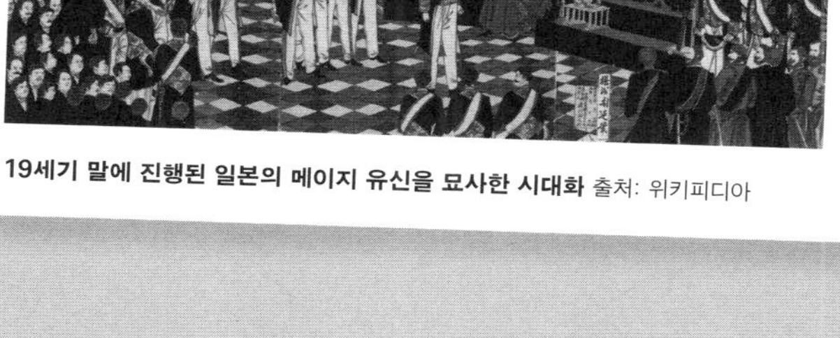

19세기 말에 진행된 일본의 메이지 유신을 묘사한 시대화 출처: 위키피디아

필자가 한반도를 벗어나 해외여행이라는 것을 처음 한 1999년 이후 반복해서 느낀 강력한 깨달음이 있다. 일본이 필자가 배운 것보다 훨씬 더 크다는 것과 한국은 생각보다 작고 심지어 둘로 나뉘어 있다는 현실이다. 최근 필리핀 시민단체 관계자와 문서작업을 하면서 필자가 남한을 'Korea'로 표기하자 그가 일일이 그 단어만 빨간 펜으로 수정해준 기억이 난다. "No, no, You are South Korean, not Korean." 세상에 이런 모욕이 또 있을까?

싱가포르에서도 유독 일본의 존재감을 크게 느꼈다. 시내 중심가에 일본 마트들이 줄줄이 늘어서 있고 심지어 동남아 관련 학회가 열려도 동남아와 관련이 없을 것 같은 일본학 세션이 포함되는 경우가 상당히 많아서 일본의 종합적인 영향력을 체감할 수 있었다. 부럽다는 느낌보다는 '와우, 일본이 여기까지 와 있었네? 와, 여기서도 전쟁을 했네? 와, 이게 일본자본이었네? 일본이 은근히 바지런했구나!' 하는 감탄을 흘리긴 했다.

일본에 대한 상반된 태도

필자가 일본의 막강한 존재감에 무덤덤하게 반응했던 건 한국의 상당히 큰 언론사에서 적정(?) 기간 일한 경험이 있었기 때문일 수도 있다. 한국에서 '보수'라는 것은 일본과의 후견인-수혜자 관계를 인정한다는 의미가 크다. 2016년 굴욕적인 위안부 합의 때나 2019년 일본의 반도체 규제가 본격화되었을 때 한국의 주류 언론들이 보인 비상식적 태도를 살펴보면 쉽게 짐작할 수 있는 일이기도 하다.

한국의 올드세대가 직장 생활을 시작한 1980년대의 상황을 떠올리면 이것을 이해할 수 있다. 한국의 1인당 GDP가 2,000달러를 돌파한 시점인 1982년에 일본은 이미 2만 달러를 향해 가고 있었고, 1990년대 초에는 일본 경제가 이미 세계정복을 선언하고 아시아를 넘어 초강대국 지위에 올랐다. 한국에 비해 인구 3배, 경제규모 10배인 점을 고려하면 종합 30배에 해당했다. 그동안 한국은 일본과의 일대일 비교가 무의미한 나라였으며, 1960년대부터 1990년대 초까지 중국과 인도, 아세안 국가 전부를 합쳐야 겨우 일본의 GDP와 견줄 만했던 시대가 이어졌다.

한마디로 일본은 위대했고, 그런 실상을 잘 알고 있던 한국의 지식인과 언론인들이 일본을 '배우자', 일본으로부터 '가르침을 구하자' 하는 태도를 견지했던 것을 후배 된 도리에서 이해 못하는 것은 아니다. 그러나 이런 배경에서 너무도 당연하게 일본전문가와 일본통이 다수 배출되었고, 이를 활용해 일본은 한국에 대해 '우리가 너희 근대화의 스승'이라는 입장과 태도를 유지할 수 있었던 것이다. 필자는 서울에 살면서 '이토 히로부미를 죽인 안중근이 더 큰 문제'라는 태도를 가진 지식인을 여러분이 생각하는 것보다 훨씬 자주 접했다. 진짜다.

일본의 몰락을 감지한 한국인

동남아시아에서 과거 친일국가가 아니었던 나라를 찾는 건 불가능하다. 미얀마도 대표적인 친일국가 가운데 하나다. 앞에서 말했듯이, 아시아의 군부체제는 메이지 유신의 성공신화를 바탕에 깔고 있다. 일본 정부의 막대한 ODA공적개발원조, Official Development Assistance, 저리차관, 전쟁배상금 등은 군부체제의 정통성과 경제적 능력을 보장해주는 막강한 버팀목이기도 했다. 그런 상황이 1990년대까지 이어져왔다. 우리나라의 경우도 마찬가지다.

그런데 일본의 영향력과 야심, 배포와 비전이 1990년대 후반부터 급속히 시들기 시작한 이유는 무엇일까? 이 질문은 무척이나 중요한 시사점이자 아시아 시대를 살아가는 현시대 사람들에게 피할 수 없는 숙제 같은 것이다. 표면적 이유야 간단할 수도 있다. 중국이 급성장하면서 2010년 무렵에 일본을 역전했고, 한국 역시 빠르게 경제성장을 이루며 30배에 이르던 경제력 차이가 3분의 1 이하로 좁혀졌기 때문이다. 우리에겐 현상이 중요한 게 아니라 원인이 중요하다. 대중은 이런 시대변화를 이미 간파하고 일본에 대한 태도를 바꾸기 시작했지만, 의리와 실리로 뭉친 지식인 그룹에서는 변화의 속도가 너무나 더디다.

현대 아시아를 발명한 일본의 배신

미얀마와 일본의 관계를 살펴보면, 일본이 미얀마 경제를 좌지우지할 기회가 1988년 이후 100여 차례는 있었다. 그런데 다 실패했다. 군부독재로 피폐해진 미얀마를 후원할 외부세력은 일본이 유일했고, 실제로 일본 정부와 기업은 1990년대에 미얀마에 막대한 자금을 쏟아부었다. 하지만 1990년대 중후반 일본이 미국의 군사적 영향력에 완전히 종속되면서 독자적 아시아 전략을 펼치지 못하게 된다. 미얀마에 대한 미국의 경제제재 요구에 맥없이 물러나야 했던 것이다. 미얀마 군부가 크게 실망한 건 당연한 일이다.

거기에 1997~1998년 외환위기가 터지자, 동남아 국가들은 아시아 국가들의 경제권을 보호해주지 못하는 일본의 한계를 간파하게 된다. 우리나라의 IMF 외환위기 당시 일본이 한 좀스러운 행동이 오랜 한일관계에 파탄을 가져온 계기가 된 것과 같은 맥락이다. 일본이 빠져나간 빈자리를 차지한 것은 중국이었으며, 우리나라도 그 빈자리의 한구석을 차지하게 된다. 정치권력은 미국에, 경제권력은 중국에 빼앗긴 일본에 남은 것은 아무것도 없게 되었다. 그러니 아베 총리가 '일본의 재무장, 평화헌법 폐기'를 화두로 들고 나온 것이 어느 정도 논리적인 해결책임은 분명해 보인다.

일본 저널리즘, 지성을 잃다

2018년 싱가포르 북미회담 때 일본 기자들의 행태를 보고 필자가 충격을 금치 못했다고 했는데, 그 이유는 다음과 같다.

기자나 지식인은 이슈와 담론을 먹고 사는 직업이다. 당연히 대화와 토론을 통해 정보를 주고받는다. 토론에 한계가 있으면 그 존재의미가 성립하지 않는다. 한국 사회를 논할 때 재벌을 빼고 논한다든가, 미얀마 사회를 논할 때 로힝쟈 이슈를 뺀다거나, 태국을 논할 때 왕실 이슈를 금하는 것도 마찬가지다. 한계를 긋고 토론하면 빙빙 돌다가 제자리로 돌아오기를 반복할 뿐이다. 미국이 그나마 글로벌 경쟁력을 유지하는 것도 언로가 열려 있고 금기 없이 자유로운 토론이 가능하기 때문이다. 상호간 팩트에 기반한 토론과 공인된 사실에 대한 왜곡 금지도 주요한 상식에 속한다.

그런데 일본의 지식인, 그것도 해외에 나와 특파원이나 한다는 40대 기자들과 대화를 나누면서 필자는 아, 이 녀석들과는 진지한 토론이 불가능하겠구나 하는, 마치 벽 앞에 서 있는 느낌을 받았다. 논의가 진전되지 않았던 것이다. 한결같이 윗사람 핑계만 댔기 때문이다. 국장이 어쩌고, 사장이 어쩌고, 사회가 어쩌고, 아베가 어쩌고. 결국 자신의 의견은 하나도 밝히지 않고 남의 얘기로만 대화를 이어갔다. 비겁했다. 꿈도 기개도 없었다.

더 큰 문제는 술자리 방담이 끝나고 벌어졌다. 네 명의 특파원이 필자와 작별 인사를 하면서 모조리 똑같은 주문을 쏟아내는 것이었다.

"정상, 오늘 정말 반가웠고 유쾌했습니다. 그런데 기사나 글을 쓰실 때

제 이름은 꼭 빼고 쓰셨으면 합니다. 혹시 쓰고 싶다면 이메일로 글 내용을 꼭 미리 보여주세요. 그러지 않기를 바라지만요."

일종의 반半협박성 발언을 참석자 모두에게서 앵무새처럼 듣고 나니 필자는 멘탈이 나가버리고 말았다. 아니, 무슨 기개 넘치는 웅변이라도 들었다면 이해해주겠지만, 아무 내용도 없는 얘기를 2시간 동안 쏟아낸 끝에 그런 부탁을 하다니. 그건 문화차이가 아니라 일본의 지성이 사실상 붕괴했다는 의미 아닌가 하는 절망적인 느낌이 들었다.

군사력과 경제력 모델 뛰어넘기

일본의 모델이 아시아와 아세안 국가들에서 한계를 맞이한 것은 1940년대 일본의 군사력, 1980년대 일본의 경제력이 한계를 맞고 쇠퇴해서가 아니라는 것이 필자가 최근 아시아 경험에서 얻은 중대한 결론이다. 진지한 지성과 사상의 부재 때문이다. 일본은 지난 150년 동안 메이지 유신의 정신을 다 팔아먹고 고갈되었는데, 본인들은 그 사실을 모른 채 여전히 낡아빠진 체제와 시스템으로 무장하고 아시아에 접근하고 있는 것이다.

일본의 영향력은 조만간 바닥을 드러낼 것이고, 한국이나 중국이 그 대안을 제시해야 한다. 그렇게 될 거라고 믿는다. 한류 역시 이 같은 변화의 주요한 물적 증거가 될 것이다.

PS

1. 무라카미 하루키, 미야자키 하야오, 마츠다 세이코, 케야키자카46을 좋

아하는 1인.

2. 2019년 한일간의 반도체 무역전쟁을 동남아 사회도 흥미롭게 지켜보았음. 일본의 부당함을 성토하는 목소리는 거의 없었고, 누가 이길지를 놓고 여러 전망이 주된 포인트. 당연히 한국이 일본에 맞설 정도로 훌쩍 컸다는 시각이 처음으로 등장.

아베 신조에 대한 단상:
역대 최악의 정치인

일본 최장수 총리라는 기록을 남기고 2020년 9월에 물러난 아베 전 총리 출처: 위키피디아

2017년 무렵 서울에서 한 고위 공무원과 식사를 한 적이 있는데, 그가 아베 일본 총리를 입에 침이 마르도록 극찬해 조금 당황했다. 그의 논지는 주로 '경제'에 집중되어 있었다. 아베가 일본 경제 부활의 주역이라는 얘기였다. 돈을 무한정으로 찍어내는 '아베노믹스'를 말한 것이리라. 이전 정치인들과 달리 개혁적이고 공격적이라던가? 게다가 올림픽도 유치해서 현재 일본이 급속히 부흥 중이라는 주장도 곁들였다. 마땅히 새롭게 시작하는 문재인 정부가 일본과 친하게 지내야 한다는 논리로 이어졌다.

한국인이라면 '아베 신조'라는 이름이 낯설 수 없다. 노무현 시대 이후로 10년 가까이 이웃 나라의 수장이었으니까. 그러나 그의 이미지는 한국에서 심하게 뒤틀렸다. 그가 의도했던 것일 수도 있고 현재 일본의 현실을 반영한 것일 수도 있다. 결코 높게 평가할 수도 좋게 평가할 수도 없는 인물이다. 이건 비단 한국인만의 입장은 아니다. 우선 그의 퇴임을 둘러싼 풍경조차도 상당히 한심하다. 자국에 좋은 영향을 전혀 끼치지 못했는데, 일본 정치권이 합의해서 끌어내린 것도 아니고, 검찰수사나 언론의 비판에 의한 것도 아니고, 고작 지병을 핑계로 슬며시 내려왔다. 일본의 미래가 더욱더 암담해지는 대목이라고 본다.

실망

개인적으로 그에게 좋은 인상을 받은 것은 딱 한 번뿐이었다. 2016년 브라질 리우 올림픽 폐막식에서 차기 올림픽 홍보를 위해 슈퍼마리오 복장을 하고 '뿅' 하니 등장한 장면 말이다. 쉽지 않은 자리임에도 꽤나 정확한 발음을 유지하는 것을 보고 담이 큰 사람이라고 느꼈다. 당시 일본 올림픽 홍보영상을 보고 2020년이 꽤나 기대되기도 했다. 그러나 이 한 장면을 빼고는 고구마를 먹은 듯 답답하고 진심을 알 수 없는 어둠의 정치의 연속이었다.

"북한의 일본인 납치 문제를 해결하겠다."

나는 아베가 북한과의 수교에 극렬히 반대하는 것을 아직도 이해할 수가 없다. 전임 총리 고이즈미 준이치로가 2002년부터 연이어 방북하며 판을 깔아놓지 않았던가? 일본 민주당 정권은 내부개혁에 바빠 외교에 신경 쓸 겨를이 없었다고 해도, 아베는 모든 것이 가능했다. 그는 일본 보수정치의 '적통' 중의 적통이었다. 심지어 그의 아버지는 고르바초프를 상대한 외무대신 출신이다. 1980~1990년대의 일본 외교는 얼마나 대단했던가. 적어도 중국의 개혁과 개방을 이끌어내기 위해 끈질기게 인내하고 투자를 아끼지 않았다. 단순히 중국의 개방이 자국에 이익이 되기 때문만은 아니었다. 적어도 자신들이 과거에 벌인 중일전쟁이 아시아 전체에 악영향을 끼친 것에 대해 일말의 반성을 하고 있었기 때문이기도 했다. 결국 일본은 덩샤오핑 이후 중국에 확실하게 투자함으로써 마음의 빚을 어느 정도 갚아냈다.

하지만 그로부터 정확히 1세대가 지난 아베 시대의 일본은 북한의 개방에 투자할 마음의 여유도, 정치적 식견도, 아시아에 대한 부채 의식도 없는 것 같다. 중국의 개방을 이끌어낸 선배들을 원망하기 때문일까? 아베가 그토록 강조한 '일본인 납치 문제'라는 화두가 얼마나 근시안적이고 치졸한 논리인지는 새삼 거론할 필요도 없을 듯싶다. 적어도 일본이 북한과 수교를 했다면 '북핵' 문제가 이렇게 최악으로 치달았을까 싶다. 평화헌법을 깨고 싶은 욕심 때문이었겠지. 어느 순간 일본은 '평화에 대한 비전' 대신 '딴지'를 거는 쪽으로 국가의 방향을 틀어버린 것이다.

2015년의 위안부 합의

2015년 12월 위안부 합의에 필자도 까무러칠 듯 충격을 받았다. 이때가 박근혜 정부 몰락의 시발점이라고 생각한다. 돈 100억 원으로 문제를 풀려고 시도한 것 자체가 문제라고 본다. 위안부 문제를 '돈' 문제로 귀결시키려는, 한국과 일본 극우세력의 나쁜 세계관과 전략이 만난 최악의 결과이지 싶다.

그런데 당시 필자가 가장 주목한 대목은 위안부 합의의 제1항이었다.

"아베 내각총리대신은 일본국 내각총리대신으로서 다시 한번 위안부로서 많은 고통을 겪고 심신에 걸쳐 치유하기 어려운 상처를 입은 모든 분들에 대해 마음으로부터 사죄와 반성의 마음을 표명함"이라고 쓰여 있었다. 양국의 외무부 수장이 이 최종적이고 불가역적인 합의문을 낭독했다. 합의 직후 적어도 아베가 TV에 나와 뭔가 발표를 하리라 기대했다. 그러나 아베는 TV에 나오지 않고, 자신의 골방에서 대략 인터뷰를 했다 치고 신문기사를 내는 것으로 갈음해버렸다.

이것을 모욕적이라고 느껴야 할지 아니면 다행이라고 여겨야 할지. 그러니까 아베는 첫 항부터 지킬 마음이 조금도 없었던 것이다. 그냥 100억 원을 냅다 던지고 끝내려 한 것이고, 바보 같은 대한민국 외교부는 그것을 덥석 받아온 것이다. 누가 더 사악한지 난형난제라 하겠다. 필자는 그런 모욕감이 결국 한국의 촛불혁명으로 이어졌다고 평가한다. 아베가 직접 TV에 나와 사과했다면 역사는 바뀌었을까?

후쿠시마 눈속임

사실 필자가 일본에 대해 가장 안타깝게 생각하는 것은 2011년도 대지진 이후 불거진 원전사태에 10년째 제대로 대처하지 못하고 있다는 점이다. 한마디로 미스터리다. 엔화 가치를 떨어뜨리려고 600조 원을 해외 금융시장에 쓰는 대신 원전 문제를 해결하는 데 투입했어야 한다고 본다. 적어도 사고지점 반경 수십 킬로미터에 차단벽을 설치하고, 그 안에 사는 주민들에게 상황을 완벽하게 설명하고, 보상해주고, 돈을 퍼붓는 한이 있더라도 오염된 물이 태평양으로 흘러나가지 못하도록 조치했어야 한다. 그게 세계인의 상식이고 대국의 도리다.

그런데 아베는 그 사건 직후 다시 취임해 정반대의 길을 택하고 말았다. 일본 속담에 "냄새나는 것은 덮어라"라는 말이 있다는데 정확히 그 꼴이다. 올림픽을 개최하겠다는 나라가 전근대적인 17세기 방식으로 원전문제에 대응하고 말았다. 그것이 아베의 한계인지 자민당의 한계인지 일본의 한계인지 가늠하기 어렵다.

종합

한 사회의 위기는 최고 수장을 통해 드러나는 경우가 많다. 주니어 시절 필자가 많이 들은 이야기가 일본 검찰이 정치권을 폭격했던 '도쿄지검 록히드 비리 수사'였다. 무려 45년 전인 1976년의 일이다. 당연히 그후로 일본 검찰은 자민당에 완전히 굴복해버렸고, 정치권 수사도 불가능해졌다. 일본 언론 역시 한심하기 그지없다. 아베가 물러난다고 발표하자 그제야 "아베가 일본을 망쳤다"고 개떼같이 달려들어 물어뜯는 중이다. 적어도 3~4년 전 아내의 사학비리 때나 최근 벚꽃스캔들 때 그랬어야 맞다. 정계의 막후 실력자라고 소문 난, 90세가 넘은 요미우리신문사 회장이 최근 뭔가 후회하는 발언을 했는데 늦어도 너무 늦었다. 당연히 그도 평화헌법이 싫어서 아베를 지지했을 테니까.

아베는 일본을 망친 것을 넘어 아시아 평화에도 최악의 영향을 미친 정치인으로 기록될 것이다. 세계 10위의 경제력과 6위의 국방력을 가진 이웃나라 한국을 여전히 식민지로 인식하고 북한과의 수교마저 거부하는 이웃이라니. 1940년대 대본영시대의 무능한 지도자가 연상될 정도다.

세상이 어디로 가는지, 무엇이 옳은지에 대한 고민 없이 자신의 앞가림과 자기 가족, 자기 파벌의 이익에만 눈이 먼 결과다. "9년간의 아베 시대가 한국에는 축복"이라는 우스갯소리도 있지만, 일본의 불행이 아시아 전체에 득이 될 리 없다. 일본 사회의 적극적 대응을 촉구한다.

PS.

1. 아베노믹스에 대한 평가 시기는 조만간 도래하리라 본다. 당연히 성공과는 거리가 멀다.
2. 아베를 단지 일본 내부의 평가로만 갈음할 수는 없지 않은가? 마땅히 홍익인간의 관점에서 평가하는 것이 옳다고 본다.
3. 개인적인 생각이지만, 아베를 단죄해야 일본의 미래가 있다고 할 것이다. 아베 집안의 체면을 고려해 명예로운 은퇴를 허락한다면, 일본의 미래는 암울한 것을 넘어 최악으로 추락할 가능성도 있다. 일본 사회의 건투를 빈다.

중국의 영토야욕에 대처하는 방법

국제행사 무대에서 사열 중인 중국인민해방군 출처: 위키피디아

싱가포르대학의 최대 장점은 청운의 꿈을 지닌 다양한 아세안 국가 젊은이들을 한 공간에서 만날 수 있다는 사실이다. 외국인으로는 중국인과 인도인이 가장 많지만, 억지로 찾으면 못 찾을 나라가 없을 정도로 인종적으로 다양하다. 요즘엔 서울의 많은 종합대학도 비슷하다고 들었다. 여튼 그 많은 국적의 친구들 가운데 한국인 아저씨(필자)를 가장 반겨준 친구는 베트남 호치민에서 온 외교학을 전공하는 친구였다. "홍(형), 홍" 하며 필자의 왕따 신세를 자주 막아주었다.

2017년부터 2019년까지 아세안을 둘러싼 가장 큰 이슈는 다름 아닌 중국의 팽창, 즉 일대일로와 남지나해 사태 그리고 누구도 겉으로는 표현하지 못하는 홍콩사태 등이라고 해야 할 것 같다. 모두 중국의 초강대국화가 초래한 문제이며, 각국 정부의 외교정책과 직접 맞닿은 문제이기 때문에 학계 역시 극도로 신중하게 대응했다고 필자는 느낀다. 중국 문제는 전 세계 그 누구에게도 까다롭다. 그것도 어마어마하게.

유럽은 환영, 아세안은 분열

필자는 외교문제엔 전혀 관심이 없던 사람인데, 지리적으로 한국을 벗어나고 보니 한반도 문제와 아시아 문제가 새롭게 보이기 시작했다는 점은 부인 못하겠다. 한국 문제를 외부에서 바라본다는 것은 무척이나 낯설고 혼란스러운 경험이었다. 나름 국력이 성장했다는 2018년 무렵에 그랬으니, 30년 전에 외교관들은 더 힘들었을 것 같다.

중국의 일대일로에 관해 종합해보면, 유럽은 상당히 호의적인 입장임을 느낄수 있었다. 특히 독일을 비롯해 동유럽은 환영 일색이다. 지난 300년 가까이 동유럽은 중국의 몰락 및 고립화로 인한 가장 큰 피해자에 가까웠다. 중국과의 직교역의 의미가 사라지자 동유럽은 고립되었고, 대신 서유럽이 해양노선을 적극 개척하며 세계의 부를 독점하다시피 했다. 그러니 중국의 일대일로는 동유럽에게는 천 년 단위로 찾아오는 극적인 대반전 카드로 여겨지는 눈치다(서유럽 반응은 노코멘트다, 다 아실 테니).

반면 중국의 남쪽 경계를 마주하고 있는 인도와 아세안은 속내가 복잡해 보인다. 인도야 중국과 천년 라이벌이라 포지션이 명확하지만, 아세안은 10국 10색의 무지개색 포지션을 가진다. 이러다간 아세안이 폭파될지도 모른다는 농담 같지 않은 소리가 왕왕 나올 정도니, 2020년을 전후해 아세안, 특히 중국과 남지나해를 공유하는 필리핀·베트남·캄보디아·말레이시아·인도네시아 등의 처지는 상당히 복잡미묘하다 하겠다.

베트남 엘리트의 좁은 관점

2018~2019년의 화두는 주로 홍콩사태였고, 앞서 언급한 베트남 친구와 이 주제로 얘기를 나눈 적이 있다. 이미 설명한 대로 홍콩 문제, 일대일로, 남지나해 문제는 표현만 다르지 본질은 같은 문제라고 생각했는데, 이 베트남 엘리트는 그 점을 모르는 눈치였다.

나: 너는 홍콩 문제에 대해 어떻게 생각하니?

그: 솔직히 관심이 없어요. 아이 돈 케어.

나: 어째서?

그: 베트남이 어떻게 중국 문제에 끼어들겠어요? 우린 남중국해 문제만 해도 버거워요.

나: 그래도 베트남은 반중사상이 확고하지 않니? 중국이 홍콩에 50년 2체제 보장한 것은 지켜야 할 텐데……

그: 와하하. 중국 말을 믿어요? 베트남 사람 가운데 중국 정부의 약속을 믿는 사람은 하나도 없을걸요…… 홍콩은 이미 게임오버예요.

나: 그래도 뭔가 해법은 찾아야 하지 않겠냐? 같은 아시아인으로서?

그: 글쎄, 중국 애들이 홍콩이나 우리를 같은 아시아라고 생각할까요?

나: 그럼 남중국해 분쟁은 해법이 있나?

그: 휴~(한숨) 사실은 없다고 봐야죠. 베트남이라도 적극적으로 목소리를 내는 수밖에. 중국이 남중국해를 독점해버리면 한국과 일본도 석유 때문에라도 중국에 복종하게 될걸요? 그러니 한국도 서둘러

남중국해 문제에 끼어들어야 해요.

나: 네 논리대로라면 한국은 남중국해 문제에 끼어들 이유가 없지. 어차피 한국이야 중국과 친하게 지내면 간단하게 풀릴 문제 아닐까? 중국은 결국 대제국을 만들고 싶다는 건데, 홍콩을 손쉽게 차지하게 되면 남중국해도 한 뼘이라도 양보하겠냐?

그: 그렇게 되나요?

영토주의라는 쉬운 함정

동남아 각국은 제국주의에 대한 피해의식 탓에 국경선에 무척이나 민감하다. 베트남은 남중국해와 인접해 있기 때문에 홍콩 문제는 딴 나라 일이고 바다 영토만 눈에 들어온 거다. 전형적인 영토주의의 함정이다. 한국 역시도 홍콩과 국경을 접한 것도 아니고 중국의 내정문제라고 봤기 때문에 그냥 눈감아버린 거고.

그런데 역사가 그렇게 간단하게 흘러간 적이 있던가. 고민이 '영토 보존'에서 끝나버리면 모두가 패배하는 게임이 되는 것이 역사의 교훈인데 말이다. 더 큰 문제는 중국이 아시아 여러 나라의 거의 모든 문제에 개입하는 건 정당한 일이고, 반대로 작은 국가들이 중국 문제에 목소리를 내는 건 '감히 안 될 일'이라고 생각하는 내면화된 중화주의, 즉 종속주의다.

왜 한국인은 중국 문제에 목소리를 내면 안 될까? 반대로 중국인들은 한반도 문제에 대놓고 개입하는데 말이다. 중국이 역사적 근거가 있는 베트남의 바다 영토를 빼앗아가는 건 괜찮고 베트남이 홍콩 문제에 대해 목소리를 내는 건 불경하다고 생각하는 것은 도대체 어떤 역사적 기억과 체험에 근거하는 것일까?

홍콩은 절대적으로 아시아 문제

아세안이라는 지역안보, 지역협의 기구의 정치적 결속력이 날이 갈수록 흩어지는 이유는 명확해 보인다. 출범 초기부터 공통의 비전이 너무 미약했다. 1997년 별다른 조처 없이 군부독재 국가 미얀마의 가입을 승인한 예에서 보이듯, 각자의 내부 정치에 대해서는 불간섭원칙으로 일관한 것이다. 그러다보니 2020년 중국과 미국이 극단적으로 대립하는 시기가 찾아오자 각자의 이해관계를 따라 너무 손쉽게 사분오열된 거다.

아세안에서 내정간섭은 좋지 않다? 홍콩은 중국 문제이니 우리는 입을 다물자? 그럼 남지나해 문제는? 아세안이 갑자기 길을 잃고 헤매는 건 이처럼 초기 세팅이 잘못된 원인이 큰 셈이다. 비전이 약하고, 이상理想이 너무 낮았으며, 가치에 대한 합의가 없었다.

홍콩 문제를 다시 살펴보면 얼핏 중국 내정문제처럼 보이지만 실상은 아시아 전체의 문제라는 것이 필자가 최근 아시아를 여행하며 얻은 또 하나의 결론이다.

170년 전 대영제국이 사실상 아시아를 지배하기 위해 상징적으로 빼앗은 땅이 홍콩이다. 어찌 중국의 부富만 홍콩을 통해 유럽으로 유출되었겠는가. 넓은 시각으로 보면, 홍콩을 통해 동아시아의 부가 유럽으로 이전되었다고 보아야 하지 않을까? 이런 관점으로 보면 결국 홍콩도 우리의 문제라고 볼 수 있다.

홍콩 문제를 단순히 중국 내부의 문제로 보는 건 아시아에 대한 인식이 턱없이 부족하기 때문일 수도 있다. 1930년대의 스페인 내전을 스페인만의 문제로 치부한 것처럼. 그렇게 유럽 각국이 자국의 영토 보존에만 집중한 결과가 스페인의 프랑코 독재, 그리고 나아가 독일과 이탈리아의 파시즘과 세계대전으로 이어진 것처럼, 아시아 국가들이 중국의 야욕에 제동을 걸지 못하면 홍콩과 위구르에 대한 탄압에만 그치는 게 아니라 장기적으로는 한반도와 남중국해에도 동일한 일이 반복될 것이 명약관화하다.

우리가 고작 베이징의 눈치나 보려고 경제성장을 하고 인권을 논한 것이 아니라고 말한다면 지나치게 앞서나간 걸까?

PS

1. 역시 중국 관련 이야기는 사람을 쫄게 한다. 홍콩 보안법을 의식하면서 씀. 앞에서 일본 이야기를 쓸 때는 하나도 안 쫄았는데. 권력이 어디에 있는지 확실히 알겠음.
2. 독도와 북한 문제도 사실은 아시아 전체의 이슈임. 이제 당사자주의로 해결되는 문제는 하나도 없을 듯.
3. 아시아는 여전히 있다? 없다?

5부

아시아 문명론과 한류의 진정한 의미

아시아의 정치 스트레스:
한국의 기회

아시아와 캄보디아의 비극인 킬링필드 기념관에 전시된 희생자 유골

2010년 4월 태국의 수도 방콕에 집결한 레드셔츠 시위대의 모습

"쫄지 마"

딴지일보 김어준 총수에 대한 호불호를 누가 묻는다면 필자는 '호好'에 가깝다. 사실 그는 많은 제도권 언론인들이 좋아하기 힘든 상반된 지점에 서 있다. 일각에선 '무책임한 음모론 유포자'라고 비판하기도 한다. 그런데 제도권 언론도 팩트로 위장한 각종 허위사실이나 광고가 섞인 정보를 때때로 유포하곤 한다. 게다가 제도권 밖의 언론인이 음모설을 제기하는 이유는 정확히 말하면 '제도권 언론이 일을 제대로 안 해서'다. 기성 언론에 주어진 막대한 자원과 혜택을 제대로 활용하지 못하면서 김총수만 싸잡아 비난하는 건 사리에 맞지 않는다. 장관 자택에 쳐들어간 검찰 수사관이 짜장면을 몇 개 시켰는지가 9시 뉴스의 헤드라인이 되는 언론환경은 위험하다. 음모론이야말로 성실한 팩트로 반박하면 그만이다.

필자가 김어준을 존중하는 이유는 그의 삶의 모토인 "쫄지 마, 씨바"라는 표현이 저널리즘의 핵심을 담고 있기 때문이다. 나아가 한국 민주주의 발전의 원동력인 '백성의 저항'을 함축하는 꽤나 상징적인 표현이라고 본다. 21세기 아시아의 핵심 이슈는 여전히 '정치'이고, 보다 정확하게는 관이 민간에 대해 압도적 우위에 서 있는 것이 문제다. 이른바 국가의 5부인 입법·사법·행정·군사·언론에 권력이 지나치게 쏠려 있는 것이다. 국가가 국민을 다스리는 것이 일상화되다보니, 사회가 경직되고 인재가 온전하게 성장하기 힘들다. 그런 측면에서 한국에 산다는 것은 상당한 축복이자 앞으로 무한한 기회가 될 수 있다.

"로힝자 언급만 하지 마세요"

반대로 아시아에서 한국 바깥에 거주하는 것은 압도적으로 피곤한 일이다. 여러 곤란함이 있지만, 가장 불편한 것이 언로부족, 다시 말해, 정치적 의사 표현의 장애다. 한국인에게 너무도 자연스러운 권리가 사라져버리니, 돈벌이 말고 정치에 관심 있는 사람에게는 너무나 피곤한 삶이 된다.

1년 전 필자가 싱가포르를 떠나 미얀마로 가기 직전에, 싱가포르에 거주하는 전직 미얀마 관료들에게 '현지에서의 삶의 지혜'를 여쭌 적이 있다. 그들은 이렇게 답했다.

"전직 언론인이라고 했죠? 글은 계속 쓸 거죠? 그럼 이거 하나만 명심

해요. 선거 얘기를 쓰든 경제를 비판하든 관광 얘기를 쓰든 상관없어요. 그런데 로힝자 난민 얘기는 쓰면 안 돼요. 아예 쓰지 마세요. 지금 당장은 문제가 안 되겠죠. 그런데 나중에라도 군부가 재집권하면 문제가 될 수 있어요. 여튼 조심해서 다뤄요. 이게 바로 삶의 지혜예요."

이 말을 들은 필자의 반응이 어땠을 것 같은가? 한번 유추해보시라. 결론만 말씀드리면, 그 말을 듣자마자 머릿속에서 로힝자 이슈가 말끔하게 사라지는 마법 같은 경험을 했다. 필자야 어차피 외국인 아닌가? 비자도 고작 3개월짜리다. 갱신하려면 조용히 살아야 한다. 어차피 내 연구분야도 아니다. 안전하게 연구를 한 뒤 돌아가면 그만 아닌가? 이후 9개월 동안 로힝자의 '로'도 입 밖에 꺼내지 않았다.

인간이란 이렇게 비겁하고 위선적인 존재다. 모르면 가끔 행동하기도 하지만, 알면서는 섣부른 행동이 어렵다. 《올드보이》에 이런 명대사가 있다. "상상력이 인간을 비겁하게 만든대……" 정말이지 맞는 얘기다.

극단적 정치갈등

그분이 왜 그런 충고를 했냐 하면, 미얀마에서는 연방제의 성격을 둘러싼 헌법개정 문제가 첨예한 이슈이기 때문이다. 로힝자는 그 트리거가 될 수 있다. 135개 소수민족이 존재하는 나라다. 공식적 왕따인 로힝자를 갑자기 잘해주면 135개 소수민족 모두가 들고 일어날 가능성이 있다. 문제가 커지고 잘못 흐르면 연방 자체가 흔들릴 거다. 그래서 더 철저히 로힝자를 옭아맨다. 60년간 군부가 집권한 나라이다보니, 공안부서와 비밀경찰의 위세는 여전히 견고하다.

예를 들면 2017년 1월에 무슬림계 변호사이자 아웅산 수찌의 법률고문이 양곤 공항 대합실 입구에서 암살되기도 했다. 진범은 밝혀지지 않았지만, 모두가 아는 것이나 다름없다. 또 2015~2017년에 극우파 불교도들이 외국인과 무슬림에 무차별 테러를 가하기도 했다. 사실상 개혁을 이끄는 수찌파에 대한 무언의 압박이었다. 그러니 외국인은 논의에서 빠지라는 얘기다.

그런데 이런 갈등이 비단 버마에만 있는 것은 아니다. 2008년부터 2017년까지 10년 가까이 태국의 정치상황은 말 그대로 아수라장이었다. 갈등이 워낙 복잡하고 첨예해서 짧은 글로 다 설명할 수 없을 정도다. 요약하면 왕실에 대한 논란이다. 태국에 사는 외국인들은 왕실에 대해 언급하는 것이 금기임을 너무도 잘 알고 있다. 눈감고 관심을 갖지 않으면 너무도 편하고 아름다운 세상이다. 어차피 우리는 외국인 아닌가? 본인 나라 문제는 본인들이 알아서 처리하면 되는 거 아닐까, 이른바 '내정간섭 금지'라는 말이 절로 튀어나온다.

필리핀은 현재 언론인 테러 문제가 상당히 심각한 수준이다. 필리핀은 자유주의 전통이 길어서 전투적이고 할 말은 하는 독립언론이 상당히 많은 편이다. 그런데 최근 나라가 계속 권위적으로 흐르면서 언론인들의 삶의 조건이 급속도로 위축되고 있다. 두테르테가 잘한다고 하는 사람도 많지만, 그가 몰고 온 신권위주의 정치행태와 지방 호족 세력의 권력 강화는 장기적으로 필리핀 사회를 수렁에 빠뜨릴 공산이 크다.

베트남, 필리핀, 캄보디아 역시 마찬가지다. 동남아시아의 최대 문제는 수많은 금기와 그것에 따른 정치적 발언과 행동의 제약이다. 홍콩 역시

이 같은 흐름에 동참할 것이 분명해졌다. 필자의 사례에서 보듯, 언론인과 지식인은 본질적으로 비겁하다. 권력이 어디에 있는지를 너무나 명확하게 간파한다. 홍콩 언론은 지난 100년간 중국 베이징 정부를 비판해왔지만 앞으로는 중국 체제에 대해 입도 뻥끗 못할 것이다. 그래서 보안법이 무서운 것이다.

아세안의 한계와 한류

1997년 미얀마가 아세안ASEAN에 가입하고자 할 때, 아세안 내에서는 격론이 벌어졌다. 아세안이 인권유린과 장기 독재로 국제적 비난을 받고 있는 미얀마 군부를 가입 승인한다면 사실상 그 실체를 인정해주는 모양새가 되기 때문이었다. 그런데 아세안은 창립 초기부터 비동맹주의 철학을 기반으로 서로 내정간섭은 하지 말자는 동의하에 세워진 지역 이익집단 성격이 짙었다. 그러다보니 미얀마의 아세안 가입에 어깃장을 놓기도 애매한 상황이긴 했다. 또 이번 기회에 미얀마를 국제사회로 끌어내는 효과를 누리자는 순수파도 있었다.

말레이시아의 마하티르는 반대 입장을 분명히 했다. 당시에도 미얀마 군부의 무슬림 난민 탄압이 극심했다. 그런데 아세안은 너무 쉽게 미얀마를 받아줬고, 또 너무 쉽게 경제협력의 대상으로 삼았다. 변화의 모멘텀을 전혀 주지 못한 것이다. 그러다 보니 미얀마 군부는 2015년까지 연장되었다. 태국과 싱가포르는 그 기회를 살려 미얀마 투자로 막대한 이익을 선점했다. 아세안이라는 기구의 철학의 한계가 뚜렷이 보이는 지점이다.

지역 내 맹주인 중국과 일본도 꿀 먹은 벙어리다. 일본은 오랫동안 자유민주주의의 수호자 역할을 했다. 그런데 1990년대의 어느 순간 동남아에서 그런 열정을 잃어버렸다. 아니, 정확하게 말하면 일본은 1920년대 이후 동남아 지역에 메이지 유신 체제를 대거 수출했고, 2차 세계대전 이후엔 경제적 후원자-수혜자 모델을 확립하고 경제적 이득을 누려온 것에 가깝다. 1997년 외환위기가 터졌을 때 일본이 지역 내 맹주로서 뚜렷한 위상을 보여주지 못하고 줄곧 미국의 꽁무니만 쫓아가는 모습을 보이자, 자유민주주의 체제로서의 일본의 위상은 순식간에 사라지고 만다. 중국이야 원래부터 아세안이나 지역체제에 관심이 없었고.

여기서 한국인의 고민이 시작된다. 과연 한국인은 어떤 정치적·경제적 관점을 가지고 아시아 이슈에 관여해야 하는가? 성급하게 아세안에 대해 내정간섭이나 하면서 민주주의 운동을 지원하자는 얘기가 아니다. 우리가 아시아 사회에 어떤 모습으로 비칠 것인지를 고민해야 한다는 얘기다.

2016년 촛불시위 당시 동남아시아와 중국은 굉장히 당혹스러운 표정으로 우리를 지켜보았다. 기존의 틀로 해석이 불가능했기 때문이다. 마찬가지로 그들은 케이드라마나 케이팝에서 느껴지는 자유와 창의, 도전적인 모습에는 환호하지만, 그것이 어떤 과정을 통해 확산되었는지 잘 모를 때가 많다. 필자는 앞서 언급한 '쫄지 마' 자세를 살짝 자랑하고 싶다. 수많은 청춘과 보통 사람들이 권력 앞에 쫄지 않고 사회의 금기를 하나둘씩 깨부수며 전진하는 것이 한류의 참모습이 아닐까 하는. 써놓고 보니 하나 마나 한 이야기가 되었다.

PS

1. 사실상 정치적 스트레스를 받지 않고 아시아를 연구하는 방법은 없는 것이 현실임. '내정간섭'이라는 낡은 개념을 뛰어넘는 '아시아적 접근법'이 필요한 상황.
2. 비단 음악과 드라마에서만 한국의 존재감이 커진 것은 아님. 전 세계가 한국의 사건 처리 하나하나를 주시하고 있음. 이제는 한국도 모델국가로 올라섰음.

한국의 해외선교와
문명교류

2005년 태국과 미얀마 국경의 카렌 난민촌에서 의료봉사 중인 라파선교단

난민촌에서 만난 소녀의 미술작품

필자가 아시아를 본격적인 취재대상으로 삼기 시작한 시점은 2004년 여름 홍콩과 싱가포르의 이주노동자 정책과 현실을 알기 위해 현지취재에 나서면서부터였다. 그전에도 종종 중국이나 일본 등은 왔다 갔다 했지만, 동북아시아는 상식선에서 충분히 이해 가능한 세상이었다. 그런데 홍콩과 싱가포르에서 출발하는 이른바 동남아시아 지역은 완전히 다른 접근과 태도가 필요했다.

2004년 싱가포르 취재 과정에서 지금은 연세대 인류학과 교수로 계시는 이상국 교수님을 만났는데, 당시 박사과정을 공부하던 이분의 설명 하나하나가 인상적이었다. 당시로서는 이해가 가지 않는 대목도 많았다. 이듬해에 이분이 태국-미얀마 국경의 메솟Mesot이라는 지방으로 현지조사를 떠났는데, 서울에 있던 필자도 '카렌 난민' '난민캠프'라는 말에 이끌려 2005년 2월 이박사님을 뵙기 위해 메솟 지역을 방문했다. 그곳에서 미얀마 소수민족인 카렌족도 많이 만났지만, 이곳으로 봉사활동을 온 '라파 선교단' 소속 의료진과 현지에서 각종 지원활동을 펼치는 한국인 선교사들을 접하고 큰 감동을 받았더랬다.

한국교회의 해외확장

이후 필자는 해외취재를 다닐 때마다 한국의 막강한 '선교사' 네트워크에 도움을 청하기도 하고, 그분들의 현지지식에 의지하고, 현지인들을 대하는 진심 어린 태도에 감동받기를 반복했던 것 같다. 한인 선교사는 지구상 어디에도 존재했다. 특히 2006년 중국의 오지와 티베트에 갔을 때 라싸 지역에만 50여 분의 한인 선교사가 활동하고 있는 것에 놀란 적이 있다. 몽골, 라오스, 보르네오 섬, 스리랑카는 말할 것도 없고, 심지어 농민반군이 활약하는 멕시코 오지에 갔을 때도 한국인 선교사들이 묵묵하게 일하는 것을 보고 큰 충격을 받았다.

해외 오지 취재 때마다 선교사들과의 만남이 이어지니, 한국에 들어와 한번은 작심하고 한국교회의 해외선교 실태를 조사해본 적이 있다. 2000년대 후반이었는데, 한국의 해외선교 조직과 활동에는 놀라운 데가 있었다. 1980년대에 닻을 올리고, 1990년대에 본격화되어, 2000년대에는 양적으로 미국에 이어 전 세계 2위 수준의 활동을 벌이고 있었다.

유럽에서는 이미 1980년대 이전에 기독교와 천주교의 교세가 쇠락한 상태였고, 한국교회가 기독교의 본산인 유럽을 대신해 빈자리를 완벽하게 대체한 것이다. 이를 위해 한국의 거의 모든 교회들이 규모에 관계없이 선교자 육성에 힘을 쏟았고, 특별헌금까지 모아 파견 선교사를 후원해왔다.

2000년대 중후반이 한국교회의 해외선교 의지가 가장 드높았던 시기가 아닐까 싶다. 더 놀라운 사실은 국가적 지원도 없이 교단의 후원과 선교사 개인의 희생을 바탕으로 소리 소문 없이 전 세계에서 활동이 지속되어왔다는 점이다. 종교라는 것이 국가적 차원에서 관리하는 영역은 아니지만, 이들의 선교활동은 한국인에 의해 한국어 기반으로 이루어졌는데 제대로 조명받지 못했다는 점에서 아쉬운 마음이 들지 않는다고 말하면 그 또한 거짓일 것이다.

샘물교회

양적 팽창은 당연히 불미스러운 사건과 충돌을 부르기 마련이다. 2007년 아프가니스탄에서 발생한 샘물교회 선교단 피랍 사건은 한국교회의 공격적인 선교문화가 불러온 최악의 사건이 되었고, 당연히 시민사회의 뜨거운 비판을 유발했다. 그 무렵 한국의 경제력이 커지면서 중고등학생과 대학생들의 해외봉사가 무분별하게 진행된 점을 고려하면, 반성이 필요한 적절한 시점에 터진 사건이긴 했다. 그런데 문제는 보통의 한국인들이 가지는 근본적인 의문, 즉 '한국의 교회들은 도대체 어째서 자신의 종교를 가지고 평화롭게 살고 있는 무슬림 지역이나 불교도 지역에 들어가 충돌과 갈등을 일으키는가?'라는 질문에 충분한 답변을 내놓지 못한 것이다.

필자 역시 당시 취재기자로 분당 샘물교회에 가서 목사님 설교도 들어보며 작은 해명이라도 얻어보려고 노력했으나, 그런 것을 들은 기억이 없다. 이후에도 정말 많은 선교사들을 접하고 은혜도 받았지만, '어째서 한국교회는 공격적 선교에 집착하는가?' 하는 보통 사람들이 가지는 의문을 풀 수는 없었다. 이것은 필자가 최근 3년간 싱가포르에서 아시아를 재고찰할 때 해결하고 싶었던 숙제 가운데 하나이기도 했다.

문명의 교류 vs 충돌

동남아시아는 한국인의 관점에서 쉽게 이해하기 힘들 정도로 복잡하고 문화적으로 다양한 지역이다. 예를 들어 말레이시아는 국가 홍보문구를 'Truly Asia'로 정하고 홍보를 해왔는데, 이 '진짜 아시아'라는 말은 사실상 '아시아의 모든 모습이 담겨 있다'에 가깝다. 수만 년을 이어져온 원시부족문명은 물론, 기원전후 인도에서 힌두문명이 들어왔고, 서기 10세기 이후 이슬람문명이 본격적으로 진출했고, 17세기 이후엔 중국인들이 몰려와 중화문명을 이식했다. 19세기 이후에 본격화된 서구 기독교문명이야 너무나 잘 아실 테고.

거의 전 세계에서 몰려든 문명들이 치고받고 싸웠지만, 어느 것 하나 사라지지 않고 각자의 문명을 보존하고 때로는 다른 문명과 융합하며 공존해온 지역이다. 말레이시아의 주장은 그런 공존으로서의 아시아의 모습을 볼 수 있다는 이야기인 것이다. 참으로 흥미로운 아시아관이라고 생각되었다.

필자 역시 싱가포르로 향하기 전 제국주의에 대해 무척이나 비판적인 입장을 고수해왔고, 수많은 선교사들과 접촉했어도 기독교에 대한 편견과 불신은 쉬이 사라지지 않았더랬다. 독선과 아집이 강하다는 이미지가 있었고, 문명의 충돌을 불러온 가장 결정적인 요인이 서유럽과 미국의 기독교 선교행태라는 부정적인 입장이 줄곧 바탕에 깔려 있었던 것이다.

문명의 야심과 종교의 역할

근래에 필자는 아시아의 역사를 공부하면서 개개인의 비극을 딛고 새롭게 이루어지는 인류문명의 교류와 발전에 대한 낙관적 해석의 중요성을 깨닫게 되었다. 예를 들어 몽골제국 칭기즈칸의 잔악무도함으로 수많은 민초들이 죽어갔지만, 유목민족의 발흥이 동서양 교류에 끼친 긍정적 영향과 의미도 놓쳐서는 안 된다는 얘기다. 그런 교류가 바로 인류의 역사 자체였으니 말이다.

티베트에 가면 인구의 99퍼센트가 티베트불교를 믿고 있지만, 그들은 중국 공산당의 폭정에 눌린 지 오래라 저항의 움직임을 만들어내지 못하고 있다. 전통종교 내에 혁신의 움직임이 없다는 얘기다. 필자는 이것을 교통의 불편함으로 인한 문명교류의 지체 현상이 낳은 슬픈 사례로 본다. 미얀마에 찬란한 불교문명이 있었다고는 하나, 그 문명은 수도권과 평야지대에만 적용되었을 뿐, 미얀마 고원에 사는 수백여 소수민족에게는 제대로 전파되지 못했다. 적어도 19세기 기독교 문명의 프런티어 정신이 문명교류에서 고립된 지역들에 긍정적인 영향을 끼쳤다는 사실을 부인하기 어렵다.

당연히 제국주의의 앞잡이 역할도 했을 것이다. 그러나 제국주의가 현대문명의 바탕이 되었다는 점도 인정해야 한다고 생각하게 되었다. 요점은 전통과 현대가 끊임없이 충돌하고 갈등하면서 새로운 미래를 창출해가고, 외부 세력은 새로운 전통을 만드는 큰 자양분이 된다는 것이다. 그리고 대개 종교적 열정이 그 움직임의 선두에 서게 되었던 것이다.

제국의 간섭이 싫다고 해서 고립을 택하고 전통사회에 머물 수는 없지 않은가? 문명은 끊임없이 흘러야 하고 교류해야 한다. 그 과정에서 새로운 문명의 비전도 싹트고 기존의 전달자를 압도할 더 큰 비전의 역사도 이루어진다고 믿는다. 이런 관점에서 한국교회의 선교 역사에 존경을 표하며, 양적 팽창도 좋지만 이제는 그보다는 한국 기독교가 가진 서구와는 다른 선교철학과 문명의 비전을 보여주어야 한다고 믿는다. 물론 충분히 그럴 거라 생각한다.

PS

1. 필자는 2018년 이후 싱가포르 나눔과섬김교회 교인으로 활동했음. 나이롱 신자에 가깝지만 초월자에 대한 믿음과 열정은 언제나 갖고 있음.
2. 그간 취재현장에서 마주친 수많은 선교사분들께 존경과 감사의 인사를 드립니다.

퍼니발의 복합사회이론과 식민주의 후폭풍

다인종 사회 싱가포르의 독립기념일을 축하하는 홍보 간판

동남아 사회에서 가장 문제가 되는 대목은 역시 '외세의 침략', 즉 식민주의colonialism의 악영향이다. 사회문제 대부분의 책임소재가 여기에 쏠려 있기 때문에 전후세대의 정치적 역량이 식민주의 극복에 집중된 것이 사실이다. 그런데 도대체 식민주의의 어떤 점이 아시아 전통사회에 파탄을 불러왔는지에 대해서는 논란이 많다. 가혹한 탄압? 수탈? 혹은 심리적 종속감? 도대체 무엇이 문제였나?

이 대목에 정치·경제학적 영감을 준 인물이 케임브리지 대학을 졸업하고 인도 식민지청과 버마 사무소에서 장기간 근무한 퍼니발J. S. Furnivall(1878~1960)이라는 학자 겸 행정관료다. 버마에 장기 근무하면서 버마 여성과 결혼해 두 딸까지 낳고 반쯤 버마인이 된 영국인인데, 독립을 전후해서는 버마가 진정으로 식민성을 극복하고 제대로 된 나라로 거듭나기를 바랐던 양심적인 학자이기도 하다(식민주의에 매몰된 영국인이라는 비난도 동시에 존재한다).

수탈인가 수매인가?

몇 년 전 국내 모 경제잡지사 편집장이 자신의 블로그에 이런 글을 써서 화제가 된 적이 있다. "뭐라고? 일제가 한국에서 쌀을 수매했다고? 수탈한 게 아니라 시장가로 돈을 주고 구매해간 거라고? 필자가 교과서에서 헛것을 배운 거네? 난 강제로 빼앗겼다고 들었는데. 이런 몹쓸 놈의 민족주의라니……"

자신이 온통 왜곡된 한국사를 배웠다며 분통을 터뜨린 것이다(이런 분들이 이영훈류의 '식민지 근대화론'에 쉽게 포섭된다). 영화나 드라마에서 일본군 군복을 입은 이들이 민가에 찾아와 쌀가마니를 징발해가거나 젊은 여성을 위안부로 강제로 끌고 가는 장면이 인상적으로 남아서 그럴 가능성이 크다. 채만식의 소설 『탁류』에도 잘 나와 있지만, 조선에도 미두장이라는 것이 운영되었고 공식 '시장가'가 존재했다. 지금의 선물옵션 거래시장과 흡사한 제도까지 존재했다.

상식적으로 잉여 농산물을 수매해가지 않는다면 농부들이 농사를 지을 이유가 없다. 식민체제에 대해서는 1941년 이후의 전시경제만 널리 알려졌기 때문인데, 사실 대부분의 식민통치 기간은 자본주의 방식으로 굴러갔고, 이 대목이 1945년 이후 거의 대부분의 신생독립국에서 사회주의와 공산주의가 창궐한 이유가 된다. 유럽과 일본의 식민지 자본주의 운영이 너무도 참담했기 때문이다.

버마와 인도네시아

퍼니발은 1960년 버마 군부로부터 추방당하기 전까지 20대 후반 이후를 줄곧 버마에서 살아온 후천적 버마인이다. 그의 버마 분석이 집약된 이론이 바로 '복합사회plural society'이론이다. 영국에 식민지배를 받은 거의 모든 나라의 문제점 및 오늘날 동남아시아의 핵심적 특징을 설명해주는 이론이다.

19세기 말 인도와 버마, 말레이반도, 보르네오를 장악한 영국제국은 다른 제국들과는 생각이 달랐다. 야심이 무척이나 컸다. 예를 들어 네덜란드의 경우 인도네시아를 자원수탈의 대상으로만 생각했다. 그래서 거의 깡패집단에 가까운 기업인들을 내세워 사실상 위임통치를 했고, 그들은 인도네시아의 자원과 노동력을 수탈해가는 데만 집중했다.

그런데 영국은 세계질서를 이끄는 선진국답게 자신의 식민지를 영국과 같은 아름다운 땅으로 만들고 싶어했다. 19세기 말 영국의 사회진화론적 관점에서 가장 진일보한 사회는 자본주의와 민주주의 사회였다. 그리하여 영국은 이 두 가지 사상을 기본으로 식민지를 개조하려고 시도했다. 경제적으로는 자본주의를 정착시키고, 문화적으로는 훗날 이 나라들이 민주주의를 할 수 있도록 교육한 것이다. 권력에 비판적인 신문도 허가하고, 자율적 의회도 도입하는 방식으로 말이다.

그런데 영국의 이런 식민정책은 완벽한 파국을 몰고 온다. 버마 같은 나라는 갑작스러운 자본주의 도입에 취약했고, 이는 전통사회가 폭격을 맞고 순식간에 주저앉는 원인이 되었다. 화폐경제와 신용, 등기제도가 자본주의의 핵심인데, 왕국의 신민 생활을 갓 벗어난 버마인들에게 이런 개념이 있을 리 만무했고, 결국 식민지배 10년도 채 지나지 않아 영국과 인도에게 경제적으로 종속된 것이다. 조선도 마찬가지였다. 중학생에게 돈 1,000만 원을 쥐여주고 타짜들이 즐비한 도박판에 들여보낸 것이나 다름없는 상황이었다. 흉년 한 번에 버마와 조선의 농토는 인도인과 일본인 소유로 바뀌어버렸다.

복합사회

이 외에도 영국제국은 사람과 민족의 이동에도 무한대의 자유를 주었다. 당연히 버마에는 한탕 해먹으려는 사람들이 전 세계에서 모여들었다. 당시 버마의 별칭이 '스코티시 식민지', '인도 식민지'였을 정도다. 영국 본토인들이 인도 경영에 바쁜 틈을 타서 스코틀랜드 사람들이 버마를 본격적으로 헤쳐먹고, 인도인들도 덩달아 버마에서 한탕씩 해먹었다. 화교들은 물론이고. 이런 상황은 말레이시아에서도 별반 다르지 않았다.

이렇게 식민당국이 국경을 무한대로 열어젖히고 자본주의 상품 무역을 극도로 강화한 사회가 바로 '복합사회'다. 영국인, 인도인, 버마인, 샨족, 중국인, 태국인 등이 한 사회 안에서 제각각 완전히 다른 경제체제를 이루고 살아가는 사회다. 서로 결혼도 안 하고, 말도 다르고, 물가도 다르고, 단지 화폐만 영국 화폐를 쓰는, 영화 《스타워즈》에 나오는 것과 같은 기묘한 무국적 사회이다. 외부인 입장에서야 천국일 테지만, 버마인 입장에서는 그야말로 지옥이나 다름없다. 모국의 전통사회가 완벽하게 외세에 유린된 셈이니까.

내셔널리즘, 고립주의

1948년 버마의 독립을 허가하기 직전 영국 정부는 퍼니발에게 앞으로 버마가 어떤 식으로 굴러가야 할지에 대한 연구를 의뢰한다. 버마를 너무도 사랑했던 퍼니발은 30년 넘게 연구한 버마 사회 분석을 바탕으로 예언 아닌 예언을 하게 된다. 이런 복합사회를 치유하기 위해, 그러니까 식민 자본주의라는 레비아탄을 극복하기 위해, 버마 사회에 일정 정도의 '내셔널리즘'이 필요할 거라고 말한 것이다. 애국주의를 피할 수가 없을 거라는 경고였다.

영국 정부가 이 말을 귀담아들을 리 없었고, 결국 무척 나이브한 의회민주주의로 독립을 허가하게 된다. 그러나 독립한 지 12년 만인 1960년부터 버마 사회는 내셔널리즘인 '버마식 사회주의'를 내세운 군부독재 시대를 맞이하게 된다. 민중이 독재, 애국애족, 연방분열 방지 등을 압도적으로 지지했기 때문이다. 영국계 자본과 기업이 모조리 쫓겨나고, 화교는 탄압받고, 인도인은 최하층 천민이 되어버렸다. 로힝자 갈등도 영국의 무차별적 국경 개방, 상품 이동의 자유 정책에서 비롯된 측면이 있다.

1930년대에 출현한 복합사회이론은 이미 상당히 때가 타고 먼지가 낀 이론이긴 하지만 1960년대 이후 버마의 고립주의와 현재까지 이어지는 극단적 민족주의를 설명하는 데는 상당히 유용하고, 말레이시아나 싱가포르 사회의 인종갈등 극복 노력에도 매우 유용하다. 나아가 버마와 북한 사회가 처했던 상황이 무척 흡사하다는 점에서 북한의 고립을 설명하는 데도 유용해 보인다.

북한의 고립주의

과거 남한과 북한 중 어느 쪽이 식민지 수탈로 더 고통받았는지는 답변하기 참 어려울 수 있다. 그런데 이 '복합사회 이론'으로 북한을 살펴보면 북한의 처지가 더 딱했다는 것이 어느 정도 자명해 보인다. 우선 북한이 처해 있던 지정학적 위치가 그렇다. 우선 북한은 중국과 1500킬로미터가 넘는 국경을 접하고 있다. 서울-부산 거리의 3배가 넘는 길이다. 게다가 식민지 시대에 만주는 만주국이라는 일제의 괴뢰정부이자 오족협화五族協和라는 인종통합 정책이 적용된 무국적 사회였다. 강대국이자 인종이 다른 소련도 이웃해 있었다. 북한 사회는 40년 가까이 중국인, 만주인, 소련인, 몽골인, 일본인, 남한인 등 수많은 인종 가운데 최약체 인종이자 수탈의 대상인 피해자 중의 피해자였던 셈이다. 버마와 매우 흡사한 인종적 구도에 자본주의 무한경쟁의 피해자가 되어버린 것이다.

말도 전통도 경제도 빼앗긴 사회가 택할 수 있는 것은 자국민 우선, 독립, 혈통주의적 사고일 수밖에 없다. 백두혈통론도 그런 후폭풍일 수 있다. 무국적 사회를 강조한 만주국의 영향에 정면으로 반박하는 민족제일주의 혈통론. 버마와 북한이 장기간의 고립을 택하고 내셔널리즘에 빠져든 것이 조금은 이해가 되는 대목이기도 한다.

놀랍게도 미얀마는 2012년 상당히 안정적으로 개혁과 개방을 시행하며 다시금 역사의 회복을 시도하고 나섰다. 영국이 미얀마를 식민통치한 기간은 짧게는 60년, 길게는 120년이다. 반면 북한은 고작(?) 36년에 불과하다. 북한의 고립과 내셔널리즘은 예상 외로 장기화되고 있다. 지나칠 정도로 긴 시간이다. 참으로 안타깝다.

PS

1. 영국의 식민지가 상대적으로 유해 보이는 이미지와 달리 실제로 그리 좋은 상황은 아니었음. 1940년대의 벵골 대기근도 영국의 무한경쟁주의+사회진화론이 낳은 희대의 참사였음.
2. 말레이시아도 식민통치 시절 화교와 인도인이 인구의 절반 가까이를 채우면서 복합사회가 됨. 이런 복합사회가 인종통합사회로 성공적으로 진화할 경우 미래가 어떻게 될지 관심이 높아지고 있음.
3. 1930년대 이후 '사회주의자', '공산주의자'는 독립운동과 상당히 밀접한 관계가 됨. 이는 식민당국의 무차별적 자본주의 도입과 상당한 연관이 있음.

싱가포르의 미래
그리고 타이완

2014년 대만 청년들이 입법원을 점거한 해바라기 민주화 시위 출처: 위키피디아

싱가포르는 제2의 홍콩이 될까 출처: 위키피디아

타이페이 도심 속 최고층 101 빌딩

최근 서울에서 인사차 만난 많은 분들이 홍콩사태 이후 싱가포르와 동아시아의 미래에 큰 관심을 갖고 있었다. 조금은 놀랐다. 게다가 2020년 7월 초에 싱가포르 총선도 있었으니 선거결과도 분석할 겸 싱가포르 이야기를 한 번 더 해야 할 듯싶다.

야심 큰 도시국가

고대 아테네와 카르타고까지 거슬러 올라가지 않더라도 역사상 성공한 도시국가들이 참 많다. 암스테르담이나 베네치아도 이런 맥락이고, 근현대 아시아에서는 홍콩과 싱가포르가 대표적일 것이다. 대개 도시국가는 지리적 이점에 기반을 두고 인근의 무역과 상권을 휘어잡으며 승승장구하게 된다. 그러다가 세계정세가 바뀌며 몰락하는 스토리가 반복된다. 싱가포르는 1980년대 이전엔 평범한 중계무역항에 불과했지만, 중국과 일본 한국 등 동북아 시장의 폭발적 성장을 배경으로 아세안 중심항구로서의 이점을 발판 삼아 아시아 4룡이자 아세안 최대 부국으로 성장했다. 거기에는 특유의 '엘리트주의'가 바탕이 되었다. 상위 1퍼센트의 인재들을 세계 최고 학부로 유학 보내고, 그들을 다시 고액연봉의 공무원으로 채용하는 시스템을 안착시키며 청렴하면서도 유능하게 공공부문 개혁을 지속해온 것으로 유명하다.

여담이지만 싱가포르 총리의 연봉은 23억 원 정도, 장차관의 연봉은 10억 원이 훌쩍 넘는다. 삼성 임원진의 소득에는 미치지 못하지만 특유의 낮은 소득세 덕분에 다른 나라의 30억 원 연봉에 필적할 만하니, 엘리트 공무원을 대접하는 수준을 짐작할 수 있다. 자연히 이 지도자들이 꿈꾸는 비전도 크고 야심만만하다. 이들에게 아세안은 너무 작은 무대다.

2020년 선거결과: 노동당의 약진

지난 2월 태국에 가서 제임스 고메즈James Gomez 아시아센터 운영자를 만나고 왔는데, 그런 재야의 학자분도 이번 싱가포르 선거에 민주당으로 출마한 것을 알고 깜짝 놀랐다. 이 밖에도 2012년에 필자가 인터뷰한 적이 있는 니콜 시아라는 여성 정치인은 노동당으로 출마해 총리후보와 맞대결해 석패하기도 했다. 이번 선거에서 노동당은 단독으로 10석을 거두는 기염을 토했다. 1958년에 창립된 정통 제1야당으로서 역사에 남을 만한 성과를 거둬낸 것이다. 노동당은 전통 야당답게 중산층 이하 서민과 로컬 피플의 권익을 대변한다. 인종적으로는 화인도 많지만, 인도계 등의 소수민족이 주도하는 것이 특징이다.

야당이 선전하기 위해선 뚜렷한 제2야당도 필요하다. 이번 선거에선 탄쳉복이 이끄는 PSP전진싱가포르당, Progress Singapore Party가 그 역할을 해냈다. 이름에서 알 수 있듯 PAP에서 갈라진 정당으로, 이번엔 당선자를 한 명도 내지 못했지만 출마한 선거구에서 40퍼센트의 득표율을 올리며 PAP의 간담을 서늘하게 만들었다. 종합집계는 83석 대 10석, 득표율은 PAP가 61.2퍼센트이고, 야당은 모두 더해 38.8퍼센트를 기록했다. 의석 수로는 절대 안정권이지만, 득표율에서 슬슬 위험신호가 감지된다. 정치평론가들은 60퍼센트 정도를 PAP 정치독점의 마지노선으로 잡는 분위기다. 싱가포르도 민주주의가 더 필요하다는 목소리가 높아진 것이다.

성장에 성장 또 성장, 그후는?

1965년 독립 이후 싱가포르 정치가 안정적이었던 것은 말 그대로 끊임없는 성장정책이 효과를 거뒀기 때문이다. 처음엔 임가공, 선박정비에서 출발해 1980년대에 중계무역으로 성장의 기틀을 만들고, 1990년대에는 선물시장과 자본시장으로 확대, 2000년대에는 석유가공 및 상품시장으로 확대, 2010년 이후에는 도박과 관광산업 등 단 한 분야도 실패하지 않고 연달아 성공시키며 1인당 GDP 6만 달러의 신화를 달성한 것이다. 중간에 한 번이라도 삐걱댔다면 PAP의 집권기반은 크게 흔들렸을 것이다.

그런데 60년 가까이 쉬지 않고 성장했음에도 싱가포르 사회에 여전히 갈등이 산적해 있는 것이 문제다. 지나치게 커진 빈부격차, 부자들의 해외 이주, 시민권자와 비시민권자 사이의 갈등, 노예제도에 비견되는 해외 노동자들의 근무조건, 낮은 출산율, 빠른 고령화, 이런 문제에도 불구하고 싱가포르로 진입하려 하는 수많은 아세안 부자들, 이런 극심한 경쟁 속에서 의욕을 잃어버린 평범한 싱가포르 시민들…… 집값은 치솟고 물가도 오르지만 임금은 크게 오르지 않는 양극화 속에 코로나 사태가 커지면서 이런 선거결과가 나온 것이다.

언론의 자유, 어떻게 높일 것인가?

사실 싱가포르가 안고 있는 최대의 숙제는 '언론의 자유'다. 싱가포르의 미디어는 수준이 굉장히 높아서 시청자 입장에선 별 불만이 없다. 글로벌한 시각과 빠르고 정확한 정보, 나름의 객관적 시각까지 흠잡을 데가 없다. 문제는 언론사의 수가 너무 적다는 것이다. 국영회사가 최대의 방송사와 신문사를 독점하고 80퍼센트 이상의 언로를 장악하고 있다. 작은 언론은 영향력이 거의 없다고 보면 된다. 지난 3년간 필자가 싱가포르 미디어에서 제1, 제2 야당의 대표와 관련된 기사를 한 번도 접한 적이 없을 정도로 말이다. 오랜 시간이 지난 뒤에야 국정감사 방송에서 노동당 대표가 스쳐 지나가는 것을 보고 '아, 저 사람이 야당 대표구나' 하고 놀란 적이 있다. 반면 필자가 살던 지역구의 여당 의원은 아파트 춘절 행사에 매년 찾아와 주민들과 사진을 찍어줄 정도였다(현직 의원의 특혜일 것이다). 야당과 언론의 활동이 크게 제약받고 있는 것이다.

이렇게 고지식할 정도로 여당인 PAP 중심의 폐쇄적 사회 시스템을 꾸려가는 것은 1965년 연방 퇴출의 트라우마와 이후 지속된 냉전체제, 그리고 말레이시아 땅에 화교가 터를 잡고 정착한, 이른바 역사적 갈등 요인 때문이다. 리콴유 중심의 화교 정권이 무너지고 영토나 역사 문제에 휩싸일 경우, 그 후폭풍이 너무나 두렵기 때문이다. 충분히 이해가 가는 대목이지만, 독립 이후 55년이 지났고 충분히 강력한 사회를 건설했음에도 아직은 마음의 여유가 없어 보인다. 여전히 폐쇄적이고 양보 없는 권력을 추구하니 말이다.

홍콩 이후, 그 대안은?

홍콩보안법이 본격 작동하고, 아시아 각국의 관심은 '홍콩 이후' 어디가 새로운 자본과 외환 시장의 허브가 될 것인지에 쏠리고 있다. 필자도 최근에 이런 질문을 많이 받았다. 현재까지 떠오른 중국 이외의 후보지는 1) 홍콩, 2) 하이난다오, 3) 싱가포르, 4) 타이완 등이다.

대략 느낌이 오겠지만, 아시아 금융허브의 필수조건은 화교 네트워크다. 중화권 자본이 그만큼 중요하기 때문이다. 또 국제항구를 끼고 있되 중국어와 영어가 통해야 하고 자본주의 시장에 걸맞은 자유민주주의 체제가 정착되어 있어야 한다. 이 관점에서 싱가포르는 매우 유력한 후보다. 하지만 자유민주주의와 언론의 자유가 너무 취약한 것이 문제다. 그래서 최근 많은 이들이 차이잉원의 타이완을 주목하기 시작했다. 실제로 타이완으로의 이주를 택하는 홍콩인들도 적지 않다.

물론 홍콩 이후 상황은 단기간에 결판이 나는 속전속결식의 경쟁은 아니고, 20~50년 이상의 장기 레이스가 될 것이다. 그리고 타이완의 민진당이 친중국을 주장하는 국민당을 포섭하고 로컬의 목소리까지 잘 결합해낸다면, 나아가 안보를 튼튼히 해 미국과 중국 사이의 틈바구니에서 중화권 민주주의 시스템의 보루로서 생존한다면, 타이완이 가장 유력한 후보가 될 수 있다고 본다.

싱가포르 역시 가능성은 충분하다. 싱가포르 새로운 비전이 '홍콩의 금융도시 위상을 이어받자'가 될 수도 있겠다. 하지만 그러기 위해서는 야당의 입지가 더 강화되고, 적어도 언론의 자유에 기반을 둔 공정한 플랫폼에서 여야가 성장 중심주의를 대신할 새로운 가치 모색에 나서야 한다. '국가주도'와 '성장' 담론만으로는 절대로 새로운 시대를 이끌 수 없기 때문이다. 그런 측면에서 이번 싱가포르 총선에서 노동당의 약진은 분명 싱가포르에 긍정적으로 작용할 것이다.

PS

1. 타이완에 집이라도 한 채 사야 하나? 거기도 이미 비싸다던데.
2. 주위에 있는 타이완 인연들을 소중히 여기시길.

홍콩:
초국적 아시아의 종말?

홍콩 부두에 자리한 자유의 여신상과 홍콩 야경

2019년 홍콩의 시위대가 대학 담벼락에 남긴 '홍콩인 반항' 표식

2019년 말 치열했던 시위의 흔적

'아시아주의'를 공부하는 입장에서 아시아를 간단히 정의하거나 규정짓기 어렵다고 느낀 사건 가운데 하나가 2018~2019년 홍콩사태다. 당시 필자 주위에는 꽤나 많은 중국인 박사과정 학생들이 있었는데, 솔직히 말해 그들과 코드가 맞지 않는다는 것을 자주 느꼈기 때문이다. 필자는 영문 페이스북 계정이 따로 있는데, 당시 홍콩과의 오랜 추억을 회고하며 "홍콩을 지지한다"는 글을 올렸더니, 상하이 출신의 한 여학생이 필자와의 친구관계를 바로 끊어버렸다.

젊은 중국 지식인들의 입장은 단순명쾌한 편이다. 제국주의 극복을 위한 중국 인민들의 노력과 아시아의 아픈 역사를 어째서 그토록 몰라주고 폄훼할 수 있느냐는 것이다. 홍콩반도는 역사적으로나 문화적, 인종적으로 당연히 중국의 일부이고, 150년 전 아편전쟁이라는 말도 안 되는 어거지 전쟁 탓에 잠시 빼앗긴 것 아니냐. 그런데 홍콩이 하루빨리 중국으로 편입되어 인민해방군의 보호와 중화문명의 동질성을 회복하게 하려는 노력과 시도에 도대체 무슨 문제가 있느냐는 것이다. 게다가 중국 땅에서 영국의 유니언잭을 흔들어대는 홍콩 놈들은 꼴사나워 더는 못 보겠다는 것이다.

버마, 캄보디아의 지식인 탄압

이런 논리는 1960~1970년대 신생 동남아 국가들에서도 왕왕 보이던 논리이다. 가장 대표적인 사건이 1970년대 후반에 벌어진 캄보디아의 킬링필드 사태다. 극좌 크메르루주 군대를 이끌던 폴 포트는 프랑스에 유학을 다녀온 지식인이었다. 당연히 당대 지식인의 시대적 의무였던 반제투쟁과 계급혁명을 위한 길고 지난한 싸움에 돌입한다. 그런데 그 과정이 너무 지리했고, 수많은 지식인들과의 이론투쟁, 무식한 동지들, 문명화되지 못한 고국의 상황에 절망해 극단적인 노선으로 치닫게 된다.

"다 죽어버렸으면 좋겠어. 먹물이든 무식한 놈이든 다 죽이고 새로운 젊은이들로 새 캄푸차를 창조하자. 일단 안경잡이들부터 다 죽어라. 프랑스어를 써도 죽는다."

1962년에 쿠데타를 감행한 버마 군부 역시 이와 비슷한 논리를 작동시킨다. 이른바 대숙청이다. 1948년 독립이라는 걸 이루고 보니, 과거에도 잘살던 지주 세력과 영국에서 공부하고 온 엘리트들이 여전히 영국과 쿵작쿵작거리며 승승장구했던 것이다. 게다가 연방제로의 통일비전을 내세운 덕분에 제국주의하에서 경험을 쌓은 카렌족, 카친족, 샨족 등 고위 군인들의 지위까지 보장해주고 나니, 독립을 위해 노력한 버마족 군인들이 되려 역차별을 받는 상황이 펼쳐졌다.

"이놈들아, 쿠데타다, 쿠데타! 연방분리를 꿈꾸는 소수민족들 입 닥치고, 영어깨나 하는 지식인 엘리트들도 입 다물라. 이 나라는 버마족의 나라다! 반제반파쇼 투쟁 다 잊었냐? 영어는 금지다. 무조건 버마어다."

사버린티, 글로벌에 대한 반감

필자가 이 책에서도 가끔 쓰는 단어인 '사버린티sovereignty'는 아시아 정치에서 반드시 등장하는 마법과도 같은 단어다. 주권 혹은 자주라고 번역되는 이 단어에 대한 집착은, 앞서 시민권의 개념을 설명할 때도 등장했듯이 모든 아시아 국가의 주요 철학이었으며 지금도 그 가치를 위해 투쟁하는 국가들이 있을 정도다. 버마가 대표적인 사례였고, 지금은 북한이 매일 신기록을 경신해가고 있으며, 홍콩을 반드시 자신의 체제 안으로 복속시키겠다는 중국 젊은이들의 마음 깊숙이 자리 잡은 자존심의 원천이 되기도 한다.

중국이야 워낙 땅이 넓고 냉전시대에 공산주의 동지라도 있었다지만, 동남아 국가들은, 특히 버마는 그야말로 굉장히 길고 철저한 고립을 택하게 된다. 이른바 불교식 사회주의다. 일부 학자들은 이것을 '자존심을 회복하는 시간', '버마성性으로의 복귀'라는 말로 미화하기도 한다. 식민지배의 고통이 너무 컸고 지역과 세대와 계층 간에 불균등 발전이 심화했기에, 그것을 극복하는 단절의 시간이 필요했다는 논리다.

1960년대 후반 중국의 문화대혁명은 그런 측면으로 해석될 여지가 있다. 국가 내부의 지나친 불균등 발전과 개방에 따른 차이를 지양하고 완전한 독립국가로 다시 태어나기 위한 과정으로서의 '대숙청'이 바로 그것이다. 그러나 40년도 훨씬 더 된 문화혁명 시절의 논리로 2020년 홍콩의 목소리를 잠재우고 지난 150년간 쌓여온 홍콩의 특성을 포용하지 못한다는 논리는 나에겐 너무 당황스러웠다.

홍콩에 대한 추억과 연대

그래서 다시 한 번 중국인 친구들을 붙잡고 한국의 청장년 세대가 홍콩을 지지할 수밖에 없는 이유를 설명한 적이 있다. 한국의 3050세대에게 홍콩은 단순히 중국의 도시가 아니었다. 전쟁과 냉전에 찌든 한국 젊은이들이 꿈꿀 수 있는 가장 구체적인 국제화의 상징이자 아시아적 특성의 핵심이었다. 그곳에서는 한자도 통하고 중국무술도 통하며 이소룡과 성룡의 발차기에 뒤로 자빠지는 양키 코쟁이들이 있는 도시였다. 주윤발 형님의 동양적 의리가 있는 도시였으며 타이완 출신 왕조현의 아름다움과 베이징 출신 장쯔이의 당당함을 느낄 수 있는 도시였다. 장국영이 연기한 《패왕별희》, 김용의 소설이 원작인 《소오강호》, 《의천도룡기》…… 너희들 이런 영화는 보기나 하고 중화주의, 중국적 특색, 중국민족의 자존심을 이야기하는가?

"잘 들어봐. 평범한 한국인 입장에서 내가 아는 '중국적인' 모든 것은 베이징이나 상하이에서 온 게 아니고 홍콩에서 온 거야. 나에게 홍콩은 중국이면서 동시에 아시아고 가장 친한 친구 같은 거야. 너라면 그런 대상이 순식간에 변화하는 것이 반갑겠니? 중국 정부 입장을 이해 못하는 건 아닌데, 나는 도저히 납득할 수가 없다. 홍콩이 무국적도 아니고 너무도 훌륭한 아시아의 국제도시인데, 중국이 폭력적으로 홍콩을 병합한다면 그 미래가 암울할 거야. 최소 50년 양국체제는 지켜라. 그것이 약속이자 의리 아니냐!"

나의 이런 설득은 별 효과가 없었다. 그 여학생은 다시 나에게 친구 신청을 하지 않았으니까. 그 친구는 중국공산당 당원이던데, 나중에 반드시 중국의 유명대학에서 역사학 교수를 할 것이다. 아주 뻔한 소리나 하겠지만. 참고로 그 친구의 리포트를 한번 본 적이 있는데 미얀마를 소개하면서 "중국과 오랜 조공관계를 맺어온 제후국, 봉국"이라고 했다.

바살 스테이트, 즉 황제에게 땅을 하사받은 봉국이라는 의미로 중세 유럽에서 주로 쓰던 단어고, 요즘 중국 친구들이 한국, 베트남, 미얀마 등을 소개할 때 자주 쓰는 단어이기도 하다. 그 일 이후로 그 중국 분과는 대화 의지를 상실하고 만다.

사버린티로 포장된 중화주의

21세기 중국 젊은이들이 사버린티라는 낡은 개념을 외치는 것도 충격적이지만, 일대일로라는 거창한 꿈을 꾸는 중국이 주변국들을 '제후국, 봉국'이라는 개념으로 규정하는 것 또한 아이러니하다. 이제 중국이나 북한 등이 말하는 사버린티, 주권이라는 개념은 우리가 철저히 극복해야 할 낡은 개념이 되었다는 얘기다.

홍콩과 서울은 열린 국제도시의 모습을 보여주었고 아시아의 전통을 포기하지 않음으로써 독자적 콘텐츠를 만들어내고 민주주의에 대한 열망을 증폭시켜왔다. 앞으로 아시아가 더 개방하고 포용해야만 낡은 영토주의에 갇혀 있는 중화주의와 대동아공영이라는 제국주의 방식을 극복할 수 있을 것이다. 그런 점에서 우리는 모두가 홍콩인이고, 그것을 이해할 때 비로소 아시아인이 되는 게 아닌가 싶다.

PS

1. 바살 스테이트라는 단어를 쓰는 중국인을 만나면 너무도 불쾌함.
2. 그러니까 북조선 엘리트도 '자주'라는 개념은 살짝 놓아줄 때가 되었음. 누가 당신들 자주권 안 뺏어감. 그런 두려움이 오히려 비전과 자주권을 갉아먹는 듯.

중국 문명과 온라인 훌리건, 한류의 도전

2008년 장백산이라고 쓰인 백두산 입구에서 기념촬영 중인 중국인 단체 관광객

마흔 넘어 영어 공부를 다시 해보니 가장 큰 관건은 '내가 쓴 영어 표현을 상대방이 알아듣는지 여부'였다. 내 뜻이 제대로 전달됐을까? 만일 그렇다면 그 표현은 합격이고 다시 써먹어도 된다. 문제는 의사소통의 경험치 부족일 텐데, 나이를 먹는다는 것은 대화할 상대가 줄어든다는 것과도 일맥상통하니, 그것이 걸림돌이 되어 영어가 늘지 않는 것 같았다.

그래서 누군가의 조언으로 '쿼라Quora'라는 질문답변 사이트에 가서 누군가가 올린 질문에 영어로 답하는 훈련을 하며 경험치를 늘렸다. 2달간의 방학 내내 논문도 안 읽고 쿼라에 올라온 질문에 답변만 단 적도 있었다. 거기서 친구도 많이 만났지만 온라인 훌리건들도 자주 만났는데, 다름 아닌 중화주의 훌리건들이다. 그들의 전투력은 무시무시했으며 뛰어난 역사 지식과 데이터로 무장하고 있었다.

중국인과 속 깊은 대화를 해본 한국인이 얼마나 될까. 혹은 온라인에서 키보드 배틀(키배)을 뜨는 인간은 어느 정도나 신뢰할 만한 사람들일까(필자 역시 온라인 훌리건 출신임). '10억 중국인과의 대화'는 한자 문명권에 사는 이들에게 꿈의 경지다. 문제는 초중급 중국어로 중국인과 소통을 하면 매번 중국인들에게 일장 훈시나 듣고 끝나더라는 점이다. 어설픈 언어 실력으로는 상대방과 평등한 대화를 하기가 힘들다. 영어를 다시 강화하고 나니, 영어 잘하는 중국인들이 꽤나 많아서인지 중국어보다 훨씬 유용하다고 느낀다. 서로 싸우기에도 좋다. 중립 언어인 영어의 가장 큰 장점이라고 느꼈다.

중국 훌리건

과거 한국에서 유명했던 훌리건은 연고대-서성한-중경외시 훌리건이다. 서로 각자의 대학이 더 명문이라고 주장하는 부류다. 그러기 위해선 역사 지식과 데이터가 필요하다. 3대 고시 합격자 수, 대기업 CEO 수, 입시기관 사정표 서열, 평가기관 학과별 순위…… 이런 지표들을 줄줄이 읊은 뒤 본인의 관점이 더 공정하다며 지랄을 해대는 것이 대학 훌리건이다. 때론 열정으로 비치기도 하지만, 본질은 구차한 개인의 자존심을 충족하려는 변태적 욕구일 뿐이다.

역사 훌리건은 필자도 처음 들어봤는데, 나름 지식인을 자처하는 중국의 상당히 젊은 역사 덕후들을 만나본 필자는 경악을 금치 못했다. 예를 들면 조선이 명나라에 상납한 공물과 여성 공녀의 수를 줄줄이 꿰면서 이렇게 주장하는 것이다. "조선이 중국에 갖다바친 처녀들의 수가 이렇게 많은데, 어째서 조선이 중국의 속국임을 인정하지 않는 것인가? 반박 가능하심?"

고조선은 한나라에 대패해서 멸망한 뒤 뿔뿔이 흩어졌기 때문에 한반도의 직접적인 조상이 될 수 없다고 주장하는 인간도 있었다.

나: 지역도 요서-만주-한반도이고 결정적으로 나라 이름도 조선 아니냐? 조선과 고려라는 이름은 한민족의 고유한 이름인데 나보고 고조선을 부인하라고?

그: 물론이지. 중국에도 이름이 같지만 성격은 전혀 다른 왕국이 부지기수야. 나라 이름으로 뿌리를 주장할 수는 없는 법이지.

나: 중국은 나라가 수없이 망해도 정통성이 이어져오고, 우리는 이름이 같아도 연결이 안 된다고? 어휴, 이런 억지를 봤나.

당나라 소정방이 서해를 건너 백제에 가서 백제 왕을 잡아갔다는 팩트 정도는 중국인 역사 훌리건들이 무척이나 좋아하는 공격 포인트다. 청나라 군대가 남한산성을 포위한 일화는 운 좋게도(?) 청나라 때 일이라서 그리 관심을 두지 않더라. 중화주의 훌리건들의 목표는 단 하나였다. 중국이 역사적으로나 인종적으로 가장 강하고 멋있다는 것을 납득시키는 것. 그러니 한국이나 일본은 그런 사실 앞에 마땅히 예를 갖추라는 태도였다.

중국 드라마

2020년 4월 양곤의 락다운으로 인해 친구 소개로 알게 된 한 중국인 집에서 식객으로 한 달 반을 함께 살았다. 윈난성 출신인 30대 후반의 이 분은 40대 중반의 필자를 앞에 앉혀놓고 연일 중국어로 중국 문명의 우수성을 자랑했다. 그런 자신감의 원천은 돈이었을까 아니면 국적이었을까? 당연히 그도 한국이나 한류에 대해 잘 아는 세대였지만, 중국 문명에 대한 자부심과 더불어 본인이 그 일원으로 해외에서 훌륭한 동족 네트워크를 통해 사업을 날로 확장하고 있다는 사실이 무척이나 행복했나 보다.

둘이 할 일이 없으니 한 달 내내 중국 위성 TV로 송출되는 중국 드라마를 보며 차를 마셔댔다. 매번 느끼는 사실이지만, 중국의 TV 역사극은 꽤나 흥미롭고 고증도 꼼꼼히 하는 편이라 외국인이 보기에도 나쁘지 않다. 다만 매번 항일투쟁을 소재로 삼고 마오쩌둥이 지나칠 정도로 애국자로 묘사되는 것이 뻔한 클리셰이다.

현대 직장인의 삶과 중국의 부동산 실태를 묘사한, 2020년 상반기 최대 화제작 《안가安家》도 함께 시청했다. 화면의 때깔이나 상하이에서 살아가는 멋진 도시남녀의 긴장감 넘치는 직장 내 관계를 그려낸 것도 무척이나 인상적이었다. 드디어 중국 드라마도 본격적으로 현대화가 되는 것일까 했는데, 역시나 원작은 일본 드라마였다. 필자의 경험으로 볼 때 중국 작품은 역사엔 강하지만 개인의 심리묘사에는 약하다. 특히나 개인과 사회 사이에 갈등이 벌어지는 순간 여지없이 사회의 손을 들어주는 경향이 있다. 중국에서 어벤저스가 만들어지기는 쉽지 않다, 아직은.

아세안의 화교

아세안에 거주하는 화교들이 좀 더 편하고 신사적(?)으로 느껴지는 것은 최소한 그들이 역사를 권력으로 사용하지 않기 때문이다. 그러니까 고향을 그리워하고 사랑하긴 하지만, 자신의 이익을 위해 국가를 팔아먹지는 않는다는 얘기다. 해외에 나와 나라부심을 공공연하게 드러내는 중국인을 너무 많이 봐서 그런 걸까?

아세안의 화교는 적어도 국가보다는 개인의 존재에 더 큰 방점을 찍는다. 나아가 한국을 북방민족의 대표 격으로 인정하고, 한류의 본질을 매우 쿨하게 인정하고 받아들인다. "한류에는 과거 아시아 어디서도 접하지 못했던 우리 개개인의 삶의 고민과 로맨스가 너무 아름답게 묘사되어 있다"고 칭찬하는 것이다. 언제까지 반제 반독재, 경제발전 테제 속에서만 살 수는 없지 않느냐는 하소연이기도 할 것이다.

남방 화교와 본토 중국인이 갈라지는 명확한 지점도 바로 이 국가주의와 연관이 있어 보인다. 화교들은 훌륭한 중화문명의 혜택을 봤으면 그만이지, 그걸 거하게 휘두른다고 본인들에게 이득이 아니라는 것을 잘 아는 듯했다. 게다가 본인의 국적은 아세안 10개국 중 하나다. 국가보다는 문명이, 문명보다는 개인이 훨씬 더 소중하다.

한류의 본질

중국인은 쉽사리 일반화하기 어렵다. 당연히 한국인만큼 다종다양한 생각과 정치관을 갖고 있다. 하지만 필자가 20년 가까이 다종다양한 중국인도 만나보고, 흑룡강 출신 조선족 가족과 함께 살아보기도 하고, 아세안에서 여러 중국 유학생 및 화교들을 만나본 결과, '역사' 문제가 중국의 가장 큰 아킬레스건이 되어간다고 생각하게 되었다. 장구한 역사를 가진 탓에 위대한 역사만 편집해도 한가득인 것이다. 역사의 주인공이 아니라 노예가 된 이들이 너무 많았다.

필자가 쿼라에서 젊은 엘리트 여성의 공격에 제대로 답변하지 않은 건 광기의 정도가 너무 심했기 때문이다. 그녀는 중국이 한반도를 지배한 근거를 줄줄이 언급하더니, 일본의 침략을 막아주지 못해 미안하다고 필자를 조롱했다. 그게 왜 네가 나에게 미안해할 일이냐고, 괜찮다고 대답했지만 불편한 감정이 3년을 가더라. 중국인들도 자기 역사의 좋은 면만 보고 과대포장하기 시작했음을 새삼 느낀다. 중국의 관제 역사 속에서 살게 되면 과연 정상적인 세계인이자 아시아인으로 성장할 수 있을지 궁금했다.

역사를 위대하게 포장한다고 해서 개인의 문제가 풀리는 것은 아니다. 영국의 선조는 대개 북방에서 흘러온 이주민으로, 해적 생활로 먹고사는 일종의 야만인이었다. 반면 미국은 식민지에서 출발한 250년 풋내기 역사에 불과하다. 이런 영국과 미국이 세계 대제국이 된 건 모든 길은 로마로 통한다는 로마법의 보편 법칙을 깨닫고 그리스에서 비롯된 인문주의, 이슬람과 아라비아에서 꽃을 피운 과학과 수학의 아름다움을 두루 받아들였기 때문이다. 광활한 영토는 그 보편주의의 결과지 목적이 아니었다.

중국 문명의 문제는 자신의 최대 강점인 공자 사상으로 돌아가지 못하고 북방 이민족인 청나라나 몽골 원나라 시대의 영토주의 역사관에 머

묻고 있다는 점이다. 공자와 맹자 철학의 핵심은 '의로움'에 있다. 적어도 필자는 한류가 개인과 사회의 관계를 다룰 때 '의로움'과 '정의로움'에 좀 더 무게를 두는 것이 마음에 든다. 민족과 국가의 위대함보다는 개인의 가치의 소중함을 전하는 것이 한류 드라마의 포인트가 아닐까 싶다. 한류를 사랑하는 팬들의 마음도 마찬가지라고 느꼈다. 국가주의와 영토주의를 극복할 때 진정한 친구가 될 수 있다. 서로 돈이 되기 때문에 가능한 친구 사이란 얼마나 비루한 것인가.

PS

1. 국가주의를 극복한 쿨한 중국인도 굉장히 많았음.
2. 요즘 중국 대중문화의 키워드는 '우주' 같다. 중화문명이 미국을 대신해 지구와 우주를 지키겠다는 의미임.
3. 중국 영화에 멋진 캐릭터가 적은 건 돈이 부족해서나 외모가 못해서가 아니다. 그런 건 잘 충족되어 있는데 근본을 찾지 못하기 때문.

국가의 불완전성 인정하기(ft. 일본)

2020년 미얀마 양곤의 마스크를 쓴 시민들

2020년 2월 말 한국에서 코로나가 창궐해 중국 다음으로 세계 2위 수준에 랭크되던 순간, 필자는 비자 연장을 위해 방콕와 양곤 사이에 걸쳐 있었다. 당시 조금 놀랐던 점은 확진자 공식 발표가 거의 없던 두 도시의 시민 거의 대다수가 공공장소에서 마스크를 착용하고 조심스럽게 움직였다는 사실이다. 당시 필자는 그것을 '예상 외로 높은 시민정신'이라고 보았는데, 두 도시의 시민들의 답변은 필자의 예상과 크게 달랐다.

"정부의 발표를 믿을 수 없으니 내 몸은 내가 지킨다."

양곤이야 공공의료 수준이 턱없이 낮으니 그럴 수 있다고 보았는데, 태국 시민들도 정부에 대한 신뢰가 상당히 낮은 것에 살짝 충격을 받았다. 따지고 보면 과거에 오랜 군사정부를 거쳤고 현재도 군부 출신 총리가 지배하는 나라이다보니 정부의 고압적인 태도가 왕당파인 방콕 시민들조차 설득하지 못한다는 것을 체감하는 순간이기도 했다.

싱가포르 & 아세안

반면 싱가포르의 리셴룽 총리는 초기부터 TV를 통해 동분서주 움직이며 국민의 차분한 대응 및 서킷브레이커 상황에 대한 적극적인 참여를 독려했다. 싱가포르는 개방된 도시국가이니만큼 초기 발병자가 집중된 국가였으며, 이내 잠잠해지는 듯하더니 외국인 노동자 기숙사에서 폭발적으로 발병하며 싱가포르의 가장 큰 취약점, 즉 외국인 노동자에 대한 열악한 처우가 전 세계에 공개되고 말았다. 그러자 총리가 이를 대대적으로 사과하고 "모든 외국인 노동자에 대한 검사와 완치까지 책임지겠다"며 고개를 숙였다. 당연한 조처였음에도 대부분의 동남아 국가에서는 그것을 조금 부럽게 받아들였다. 싱가포르는 의료시설이 좋으니 감염돼도 죽진 않을 거라는 낙관론이 있었던 것이다.

이번 코로나 위기를 맞아 동남아시아 각국도 다른 국가들처럼 총력을 다해 방어에 나선 모양새다. 한국처럼 대규모 검사장비나 값비싼 시약을 동원하기 힘들다보니 무차별적인 락다운과 5인 이상 집회 금지라는 강도 높은 사회적 거리두기로 위기를 돌파하려는 모습이 특징이다. 아세안 국가들은 대개 농업의 비중이 높기 때문에 락다운에 상대적으로 잘 적응할 거라는 예측도 있었지만, 막 싹을 틔운 제조업과 서비스업의 기둥뿌리가 뽑힐 정도로 충격이 큰 상태다.

이에 대한 정부와 최고 책임자의 대응이 흥미로운데, 필리핀은 예상대로 권위주의 시절로 회귀한 모양새를, 인도네시아와 말레이시아는 민주적 통제하의 권위주의적 방법을 총동원하는 모양새다. 아직 사태가 한창 진행 중이라 섣부른 판단은 어렵지만, 바이러스 확산을 방지하면서 동시에 지지율을 잡는 것이 결코 쉬운 일은 아닐 것 같다.

아웅산 수찌의 사과

필자는 그 가운데 미얀마의 아웅산 수찌의 대응 사례를 무척이나 흥미롭게 지켜보는 중이다. 잘했다 못했다를 떠나서, 무척이나 강도 높은 조처들을 흔들림 없이 고집스럽게 밀고 나가는 모습이 인상적이다. 미얀마는 특히 해외에서 일하는 근로자들이 많아, 그들이 복귀하며 미얀마에 바이러스를 전파할지 모른다는 우려가 가장 컸다. 그런데 정부는 3주 격리라는 초강경책으로 그 고민을 우직하게 돌파해낸 것이다. 양곤 국제공항도 3월 중순 이후 지금까지도 외국 항공기의 착륙을 불허할 정도다. 압력이 얼마나 컸겠는가?

수찌의 대응도 흥미롭다. 정부의 강력한 락다운 정책과 대조적으로 지난 4월에는 정부의 초동대응 실수에 대해 국민들께 죄송하다는 반응도 내비치고, 락다운의 최절정기에는 조용히 집에 틀어박혀 마스크를 손수 제작하는 등 차분하고 엄하지만 자애로운 어머니 같은 리더십을 선보이고 있는 것이다. 특히 수찌의 사과는 미얀마 현대사에서 지도자가 사상 처음 국민에게 잘못을 시인한 것으로, 미얀마 사회에 작지 않은 충격파를 던졌다. 과거의 지도자는 언제나 명령하고 호통을 치는 게 일상이었는데 말이다.

일본의 화석 논리

잠시 화제를 돌리면, 필자가 동남아에 머물던 시기부터 지금까지도 한국에선 일본과 관련된 이슈가 굉장히 뜨거운 감자로 떠올라, 필자도 관심을 가지고 그 이슈들을 지켜보았다. 일본의 입장은 생각보다 명쾌한 편이다. 1965년에 체결된 한일기본협정을 지키라는 얘기다. 당연히 이것은 2015년말 박근혜 정부가 체결한 위안부 합의와도 맥을 같이한다. "한국이라는 국가는 왜 국가가 한 약속을 지키지 않느냐?"라는 볼멘소리에 가깝다. 이 같은 일본 측 논리에 공감하는 한국의 애국보수인사들도 많더라. 국가는 영원불멸의 항구적 존재라는 인식이 바탕에 깔린 생각이다.

그런데 여러 동남아시아 국가들의 역사와 현실을 살펴보다보니 국가의 불완전성에 대해 인식하는 기회를 갖게 되었다. 일본은 1868년의 메이지 유신 이래로 152년이라는 세월이 흘렀다. 그런데 한국을 비롯해 수많은 동남아 국가들은 대개 1950년대부터 국가 기능이 제대로 작동한 셈이 아니던가? 당연히 이후 끊임없는 시행착오를 겪으며 계속 수정하고 성장하고 내실을 다지는 과정을 겪어왔다. 한국에 있을 때는 잘 보이지 않았지만 아시아와 비교해보니 대부분의 국가에서 사정이 여의치 않았다는 점을 알 수 있었다.

여기서 대응의 차이가 생긴다. 스스로 완전하다고 생각하고 정통성에 대한 확신이 큰 정부일수록 과거의 패러다임에 사로잡혀 자신의 오류를 수정할 생각을 덜 하는 경향이 있는 것이다. 특히 코로나 정국에서는 그런 차이가 더 확연히 드러나는 것으로 보인다. 바이러스는 정부의 능력으로만 온전히 대처하거나 막을 수 있는 성질의 것이 아니었다. 우리가 흔히 써온 표현, 민-관-군-기업-시민사회 등 국가사회 전체가 총력으로 대응해야 어느 정도 성과가 나오는, 무척이나 묘한 '사도使徒 에반게리온'이었던 것이다.

일본이 코로나 사태에 허둥대는 것은 국가 우위 담론이 여전히 사회를 강고하게 짓누르고 있기 때문이 아닌지. 필리핀의 권위적인 대응 역시 마찬가지다. 모두가 마치 약속이라도 한 것처럼 국가의 조치만 기다리는 것이다. 의외로 중국과 베트남이 광범위한 군대는 물론 전국적 지역 커뮤니티의 참여와 협조를 이끌어내 효과적으로 대응한 점이 인상적이다. 한국과 대만의 압도적인 방역 역량도 당연히 주목할 대목인데, 이것에 대해서는 앞으로 꽤 많은 연구가 진행될 것으로 보인다.

국가는 커지기도, 변하기도

수찌가 미얀마 국민에게 고개를 숙인 것은 현재 정부가 가진 코로나 대응 능력의 한계를 너무나 잘 알고 있기 때문인 것으로 보인다. 국민들도 그것을 자연스레 인정했다. 나아가 부족한 역량 속에서도 미얀마 민주정부는 적어도 국민을 속이겠다는 의도는 없었다. 이 점은 대부분의 아세안 국가들이 갖는 공통적인 태도다. 어찌 되었건 땜질식 처방으로는 미래에 초래될지 모르는 천문학적 피해를 감당할 수 없기 때문이기도 하지만, 적어도 국가의 한계를 인정하고 시민사회와 개인의 참여를 간구한다는 점에서 꽤나 고무적인 모습으로 보인다. 적어도 개선은 될 테니 말이다.

이에 반해, 여전히 투명하지 않은 확진자 통계처리 및 대응으로 일관하는 일본을 보면 국가에 대한 믿음과 신뢰가 과잉된 사회로 보인다. 그 와중에 허세는 부려야 하니, 국민에게 자꾸 잘못된 메시지만 전달하게 되는 것이 아닐까?

주제가 한일협정과 코로나 사태를 오가서 혼란스럽지만, 아시아 각국이 변화하고 진화하고 커지고 있다는 사실을 일본이 서둘러 인식하는 편이 본인들에게도 긍정적인 영향을 줄 거라는 생각이 자꾸만 든다. 1965년에 한국의 군사정부와 체결한 한일협정문을 2020년에도 흔들어 보이며 위안부 문제도 거기에 다 포함된 거라고 주장하는 것은 얼마나 옹색한가. 그런 논리라면 1905년의 을사조약이나 1910년의 한일합방까지도 절대적으로 영원토록 정당화되는 폭력적 결과가 도출되고 만다.

국가라는 것이 완벽하고 항구적이라는 가정을 무너뜨리고 틀릴 수도 있다는 현실을 인정해야 아시아 지역이 한 단계 더 진화하는 것 아닐까? 1965년의 한국은 이미 저 멀리 흘러간 강물이고, 이후의 한국은 정부가 모든 것을 통제하거나 지배하지 못하는 더 큰 국가로 발전했으니 말이다. 아시아도 계속 더 커지고 이전과는 다른 새로운 형태로 진화하고 발전할 것이다. 그 새로운 패러다임을 받아들여야 진정한 아시아 시대가 열릴 수 있다는 생각이 든다.

PS

1. 국가는 언제나 진리값이 아니었음. 아시아의 근현대사 스스로가 이를 입증함.
2. 일본 제이팝 팬들이 케이팝을 비난할 때 쓰는 '국책' 드립 이유를 알 것도

같음. 국가가 나서야만 발전할 수 있다는 '사상'을 버려야 일본은 다시 부흥할 듯.

국뽕과 야심의 근본적 차이:
샘 오취리

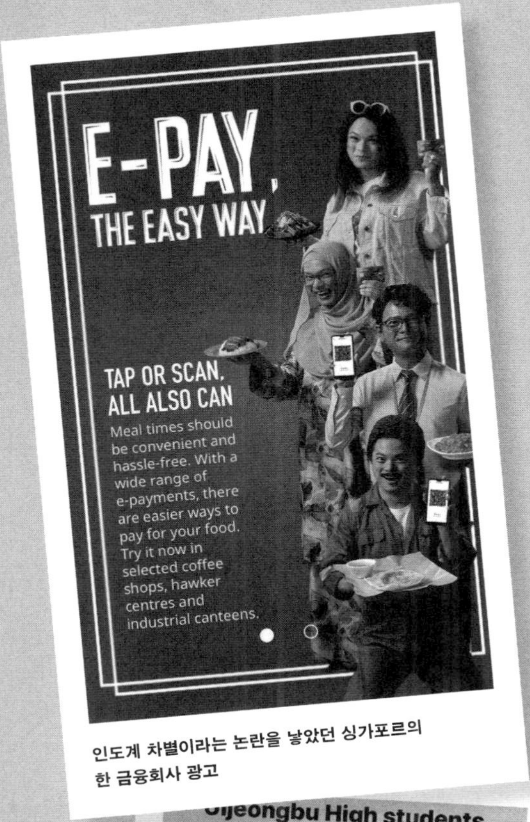

인도계 차별이라는 논란을 낳았던 싱가포르의
한 금융회사 광고

샘 오취리가 비판한 의정부고 학생들의 흑인 코스프레

방송인 샘 오취리가 의정부고 연례행사인 코스프레에 대해 이의를 제기했다. 이 뉴스를 접하고 필자는 2019년 8월 싱가포르에서 벌어진 '인디언 페이스' 논란이 떠올라 잠시 생각에 잠겼다. 사건의 발단은 너무나 단순했다.

싱가포르의 한 금융계 e-payment 회사가 유명 남자 배우를 써서 진행한 광고가 문제가 되었다. 싱가포르는 주요 4개 민족으로 구성된 다민족 국가다. 광고에는 누구나 쉽게 사용할 수 있는 결제수단이라는 취지로 남자 배우가 성별, 인종, 직업을 다 포괄할 수 있도록 분장을 하고 등장한다. 그런데 싱가포르에서 소수민족에 해당하는 인도계 소비자들이 이에 불만을 제기했다.

해당 광고기획사와 광고주, 배우는 잠깐 혼란과 당혹스러움에 빠졌지만 이내 잘못을 인정했다. 모든 광고판을 철거하고 소비자에게 대대적으로 사과하는 것으로 사건은 종결되었다. 그러나 이 사건은 싱가포르의 인종주의와 안일함을 드러내는 대표적인 사건으로 여전히 회자된다.

'차별은 계급의 반영'

처음에 이 이야기를 들은 필자도 대부분의 중국계 싱가포르인들과 마찬가지로 어리둥절했던 게 사실이다. 응? 그게 왜 문제가 되지? 기획사는 세심하게 모든 인종을 고려하고 배려한 것 같은데? 오히려 인도계를 제외했다면 문제가 될 것 같은데? 필자의 싱가포르 친구 숀 호가 이 의문에 친절히 답해주었다.

"인도계가 싱가포르 내에서 경제적 지위가 가장 낮고 정치적으로도 차별을 받기 때문이야 말하자면 싱가포르 내의 유색인종인 셈인데, 가장 부자인 화교계가 인도계 분장을 했으니 발끈 한 거지……"

그러니까 싱가포르에서 일어난 인도계 코스프레 '인디언 페이스' 사건 역시 과거 미국과 유럽에서 벌어진 '블랙 페이스' 사건과 구조적으로 동일했던 셈이다. 주류 계층이 화교계라는 점이 다를 뿐.

또 다른 지인은 이런 설명도 내놓았다. 인도인은 백인에 가까운 아리안계부터 남쪽의 타밀계까지 굉장히 다양한 인종적 분포를 갖는다. 따라서 피부색을 어느 하나로 특정할 수 없다는 것. 그런데 TV 광고에서 '갈색 피부=인도계'로 고정관념을 표출하니 상당수 인도계 주민들이 뿔이 난 것이다. 어째서 인도계를 스테레오타입화하냐고 말이다.

현재 싱가포르의 최하층계급은 남아시아에서 온 외국인 건설 노동자들이다. 이들은 공공 매너와 위생관념이 차이가 나기 때문에, 싱가포르계 타밀족과 인도계는 이들 남아시아 해외 노동자들과 어떻게든 차이를 드러내기 위해 패션과 헤어스타일에 각별히 신경을 쓴다.

노예무역

대서양 트라이앵글, 일명 '삼각무역'이라는 말을 많이 들어보았을 것이다. 유럽은 18세기를 정점으로 이 노예무역을 통해 막대한 자본이익을 벌어들인다. 포르투갈, 스페인, 프랑스, 영국, 네덜란드, 여러 이탈리아 왕국들이 이 무역전쟁에 참여해 아프리카 주민을 사냥해 노예로 삼아 신대륙으로 팔아넘기고 그곳에서 농장을 경영해 그 수확물을 다시 필리핀 등 아시아의 금과 은으로 바꿔 유럽에 들여오는 방식으로 힘을 키운 것이다.

그런데 이 노예무역이 참으로 사람이 할 짓이 못 된다는 게 문제가 된다. 1800년대 들어 도덕관념이 확산되고 근대국가 개념이 정립되면서 유럽 지식인 사회에서 본격적인 '노예금지' 논의가 시작된다. 프런티어가 있었다는 얘기다.

노예해방 하면 우리는 흔히 1865년 링컨의 게티스버그 연설을 떠올리지만, 본격적인 노예제 폐지 법안은 영국에서 먼저 시작되었다. 1807년 역사적인 선언이자 법안 제정이 있었고, 실제로 1833년 대영제국 전체에서 '노예제'가 폐지된다. 윌리엄 윌버포스William Wilberforce라는 위대한 영국인 비저너리가 있었기에 가능한 일이었다.

1790년대~1800년대 초반은 영국이 세계 1위의 대영제국이 되기 전이었다. 그때까지만 해도 제일 잘 나가는 나라는 네덜란드 같은 상업국가였다. 하지만 영국이 노예제 폐지를 선언하면서 네덜란드를 제치고 세계 초일류 대국으로 발돋움하게 된다. 적어도 인간을 소나 닭 수준으로 다루는 게 아니라, 노동의 대가로 임금을 지급하고 시장가로 농작물을 수매하고 복지에도 신경을 쓰는 근대화된 제도를 도입한 것이다. 이는 인류의 진보였고, 그 진보의 성과가 대영제국이라는 형태로 나타난 것이다.

이에 자극을 받은 미국은 1860년대에 노예제 폐지를 넘어 시민으로까지 인정하자는 혁신적인 생각으로 나아간다. 미국이 이런 혁신적인 생각을 하지 않았다면 20세기의 찬란한 문명이 미국에서 나오지 않았을 것이다. 즉 선진국이란 인류에게 꿈과 희망을 주는 도덕적 비전이 있어야 한다는 얘기다. 그런 도덕적 비전 없이는 인간의 창의력이나 혁신적인 모험이 성립할 수가 없다.

한국은 순도 100퍼센트 피해자인가?

동남아를 취재하다보면 중국의 중화주의와 일본의 대동아공영, 서구의 제국주의와 정면으로 마주하게 된다. 그리고 아주 자연스럽게 이런 정복과 압제의 역사가 없는 한국의 문화적이고 평화적인 진출에 고마움과 자랑스러움을 느끼게 된다. 우리는 과거에 너희를 괴롭힌 적이 없으니 '도덕적으로 완벽한 해외 세력'이라고 자부하는 것이다.

그러나 과연 그럴까? 많은 사람들이 간과하는 사실이 있는데, 조선이 한때는 대동아공영의 핵심 참여자로 동남아 침공에 상당 부분 기여했다는 점이다. 조선인은 필리핀의 전쟁포로 감옥을 사실상 관리 감독하며 갖은 학대에 참여했으며 태평양전쟁과 버마전선에도 대거 참여했다. 동남아가 만난 조선이 '일본 군복'을 입은 모습이었을 뿐이다. 1970년대에 한국이 베트남 전에서 한 일은 또 어떤가? 더 중요한 점은, 아무리 한국이 과거의 원죄가 없다고 하나 동남아와 아프리카 등 제3세계 입장에서는 한국인, 한국 기업도 과거 서구나 제국주의의 후예들이 보여준 작동 논리와 동일한 논리를 따른다는 것이다. 해외 세력은 사실상 모두 제국주의와 자본주의 문법을 따르기 때문이다.

샘 오취리의 사례로 돌아가보면, 상당수의 젊은 한국 네티즌들이 "한국은 원죄가 없다" "우리가 언제 흑인을 괴롭혔나?" "관짝소년단을 좋아해서 한 순수한 코스프레일 뿐"이라는 논리로 샘 오취리의 지적에 과잉 대응했다. 이런 반응과 해석은 한국 내의 논리로 보면 문제가 없고 합당한 대응이라는 생각도 든다. 그러나 필자의 생각은 다르다.

국뽕을 넘어선 '문명적 야심'

앞서 설명한 대로 선진국의 조건에는 '도덕적 진일보'라는 항목이 반드시 들어가게 되어 있다. 인류문명을 선도하는 세력은 그에 합당한 도덕적 재무장이 필요하다는 얘기다. 한때 세계무역을 휘어잡았던 네덜란드의 동인도회사가 인도네시아에서 자행한 저 비참한 제국 운영과 저렴한 문명의 성취를 살펴보면 명확해진다. 벨기에 왕국이 콩고에서 벌인 학살 역시 수익 극대화를 앞세운 천박한 문명의 끝판왕을 보는 것 같다. 상대적으로 영국이 도덕적으로 진일보했기 때문에 한때 세계문명을 선도했던 것이다. 영국의 한계는 미국이 노예해방과 시민권 부여로 극복했고 말이다. 그럼 한국은 어떻게 대응해야 할까?

얼마 전 필자가 케이팝의 의미에 대해 칭송하는 어조로 글을 쓰자, 상당수의 진보적 음악인들이 "국뽕스러운 글"이라고 심심찮게 반박을 해왔다. 이분들의 지적대로 '국뽕'과 '자국 문화에 대한 자부심'은 구분하기가 절대 쉽지 않다. 현재 문명이 쇠퇴 중인 일본은 그 사실을 아는지 모르는지 연일 국뽕 콘텐츠 제작에 열을 올린다. 케이팝이 복제가 어렵다고 주장하는 필자의 태도는 과연 어떻게 국뽕과 구분될 것인가?

필자는 감히 그 차이가 도덕적 완벽함이라고 생각한다. 한국의 문화가 문명 수준으로 도약하기 위해서는 국경 내부에서만 통용되는 지역적 윤리parochial ethics에서 벗어나 세계적 수준의 윤리적 감수성과 제도적 진보성을 갖춰야 한다고 주장하는 것이다. 케이팝이 연습생과의 노예계약을 일소함으로써 세계적 팝 시장의 대열로 도약했다는 필자의 주장은 상당한 역사적 근거에 뒷받침된 주장이기도 하다. 결국 인류의 역사는 노예제도를 극복하는 역사였고, 국가라는 위대한 제도와 더불어 강한 개인을 만들어내는 경쟁을 하고 있는 셈이기 때문이다.

이런 논리에서 필자는 샘 오취리의 지적에 고마움을 느끼고 억울함에서 벗어나 세계역사와 그 진보의 과정을 돌이켜봐야 한다고 믿는다. 한국이 흑인을 덜 차별했다고 면죄부가 생기는 것이 아니다. 더 큰 도덕적 비전을 세울 수 있는 소중한 기회이자 세계문명을 선도할 가치기준을 바로잡을 수 있는 발전적 논쟁의 장으로 만들어야 한다고 본다.

PS

1. 인종 간의 상당한 계급격차에도 불구하고, 최근 싱가포르 사회의 인종화합 정책은 집요하고도 철저한 측면이 있음. 이는 싱가포르가 세계로 나아가려는 야심이 있다는 증거.
2. 국뽕에는 국경이 있지만 문명적 야심에는 국경이 있을 수 없음. 이번 사건이 인종문제에 대한 교육 시스템 전반을 바로잡는 계기가 되었으면. 오취리는 잘못이 없음.
3. 한국은 가능성이 무척 큰 나라라고 생각함.

세계적 아시아인에 대한 꿈:
손흥민과 봉준호

2019년 베트남 호치민에서 스즈키컵 우승을 기뻐하는 축구 팬들

축구에 관해 동남아시아는 천국 그다음 수준은 된다. 모든 것이 자유롭고 열정적이며 돈도 좀 된다. 필자가 한창 공부에 열중해야 했던 2018년에 리버풀의 살라가 대폭발하며 전 세계를 휘저었고, UEFA 챔피언스 리그도 그야말로 연일 불을 뿜었더랬다. 싱가포르 팬들은 주로 화끈한 배팅으로 팬심을 발휘한다. 돈도 벌고 팬심도 충족시키는 방식이다. 프리미어리그든 프리메라 리그든 싱가포르와 동남아 팬들은 과잉 충성한다. 어렸을 때 정한 팀을 평생 응원한다. 그렇게 100년 가까이 지나왔다.

중국은 유럽 문화에 대해 일찌감치 봉쇄정책을 펼쳤고, 일본이 특유의 비관세장벽으로 벽을 둘러쳤다면, 동남아는 유럽이든 소련이든 미국이든 거의 모든 문화에 문을 열고 문명 교류에 벽을 세우지 않았다. 좋게 말하면 개방이고 나쁘게 말하면 종속일 텐데, 동남아는 특유의 자존감으로 서구문명과 자국 토착문화의 공존을 이끌어냈다는 평가를 받는다.

그럼에도 한국인 필자의 나름 중립적인 시각에서 평가해보면, 문화적 종속도 상당하다고 봐야 한다. 특히 축구나 대중문화에서는 자국의 산업이 거의 붕괴 직전까지 갔으니 말이다. 동남아의 축구 국가대표팀이 높은 실력을 가졌다고 말하기 어렵고, 대중문화 수준이 높다고 평가하기도 어렵다. 냉정하게 말해 축구와 문화산업은 서구 식민지를 벗어나지 못했다는 지적에서 자유로울 수 없다.

열등감, 콤플렉스

과거 동남아 재벌들은 주로 유럽의 유명 축구단을 매입하는 것으로 이런 콤플렉스를 해소했다. 태국의 탁신이 맨체스터시티를, 면세점 킹파워가 레스터시티를, 말레이시아의 저가 항공사가 퀸스파크 레인저스를 인수한 일이 대표적이다. 자국에 프리미어리그를 사랑하는 팬이 너무 많기에 인종적 콤플렉스를 그런 "돈지랄"의 방식으로 풀어낸 것이다. 한국의 재벌이 해외 축구단을 매입하지 않는 이유는 본질적으로 남의 나라 좋은 일만 해주는 꼴이라는 걸 잘 알기 때문이다.

축구인들도 지극히 아세안적인 방식으로 콤플렉스를 해소한다. 동남아의 축구대회인 스즈키컵을 보면 된다. 세계대회에서 실력을 겨루기엔 벅차니 동남아 10개국 혹은 12개국이 모여서 승부를 가린다. 참가국 모두 우승권 레벨에서 그리 멀지 않다. 베트남, 태국, 말레이시아, 인도네시아, 필리핀, 싱가포르, 이렇게 6개국은 언제나 우승을 목표로 한다. 이 대회에서 우승컵을 손에 넣는 것이 아세안의 수많은 축구 꿈나무들의 강력한 소망이기도 했다. 박지성과 손흥민이 등장하기 전까지 말이다.

싱가포르 언론은 평소 한국에 상당히 부정적이다. 앞의 설명처럼 일본의 영향을 많이 받기 때문이다. 지금도 일본 언론의 보도 태도를 존중한다. 그런데 손흥민에 대한 보도는 언제나 펀하고 쿨하고 섹시하게 해준다. 싱가포르에 손흥민 팬이 많기도 하고, 사실상 프리미어리그의 유일한 아시안 스타이기 때문이다. 그래서 손흥민을 표현할 때 "아시아의 자랑, 세계를 대표하는 아시안 스트라이커"라고 부른다. 싱가포르나 일본이나 같은 아시아이기 때문이다. 자연스레 아세안 젊은이들도 손흥민을 롤모델로 삼는다.

봉준호, 손흥민 충격

미디어 이야기가 나왔으니 말인데, 2020년 초 봉준호 감독이 영화《기생충》으로 미국 아카데미 시상식에서 4개 부문을 수상했을 때도 싱가포르 언론의 놀람과 호들갑은 굉장히 인상적이었다. 싱가포르 사람들도 영화를 무척이나 좋아하고, 특히 아카데미상은 글로벌 기호의 표준이기 때문에 절대적으로 신뢰한다. 거듭 말하지만, 싱가포르는 글로벌 표준, 글로벌 1위에 대한 열망과 추종이 강한 나라다. 당연히 미국, 영국, 일본 모델을 지향해왔고. 그런데 놀랍게도 한국인이 글로벌 1위에 나서는 모습에 커다란 충격을 받은 것이다. 당시에도 "아시아 영화 세계 진출, 한국의 성공 이유는? 아시아 영화는 어쩌고저쩌고……" 하면서 3일 내내 대대적으로 보도했더랬다.

과거 아세안 사람들은 인종적으로나 경제적으로 또는 과학기술적으로 유럽인을 절대 당해낼 수 없다고 믿었다. 그런 고정관념의 벽을 깨부순 것이 메이지 유신의 일본이자 대동아공영의 일제였다. 마하티르는 회고록에서 "조그만 일본 군인이 장신의 영국 군인들을 포로수용소에 가두는 모습에서 일종의 패러다임 변화를 느꼈다"고 고백한 바 있다. 국가로서 일본이 세계 최강국 중 하나로 도약하자, 아시아의 거의 모든 나라가 일본에게 입은 피해에도 불구하고 일본 모델을 따라 하고자 과거의 피해에 눈감고 일본과 화해하고 일본의 모델을 차용했다.

이것은 비굴한 것이 아니라 상승에 대한 욕구라고 봐야 옳다. 일본을 따라 한다면 우리나라도 일본처럼 강해지지 않을까? 우리 민족도, 우리 아시아 인종도 일본처럼 강해지지 않을까? 국가가 위대해지면 족쇄처럼 남아 있던 서양인 콤플렉스가 사라지지 않을까? 아시아의 수많은 지식인과 언론인이 일본 모델을 찬양한 근본적 이유다.

세계적 아세안이 적은 이유

필리핀 1위의 재벌은 누구일까? 이 질문에 관심 있는 사람은 그리 많지 않다. 인도네시아 재벌 1위나 태국 재벌 1위 역시 마찬가지다. 대부분 천편일률적이기 때문이다. 전 국민으로부터 준조세를 징수하는 통신사 회장님이거나 식음료 유통업 혹은 광산 같은 내수시장에 특화된 사업의 오너가 대부분이다. 주로 왕실이나 전직 총리와 연관되어 있으며 지분구조도 전형적인 왕실과 귀족 기반이다.

1945년 이후 국가를 위대하게 만들기 위해 줄기차게 노력해왔지만, 아세안의 국가 만들기는 1980년대 이후 삐거덕거리기 시작했고 그 성과도 신통치 못하다는 것이 내외부의 평가다. 1980년대, 2000년대의 연이은 시위는 일종의 국가개혁, 국가 만들기 프로젝트에 대한 아세안 민중의 전면적인 수정 요구였다. 국가가 생각만큼 위대해지지 못했고 개인은 더욱더 비참한 수준에 이르렀기 때문이다. 그 와중에 부자가 된 사람은 극히 일부의 경제인뿐이었다.

이 같은 국가 만들기 과정에서 너무도 많은 개인의 삶이 망가지고 개인 자체가 사라지고 말았다. 고립주의로 악명을 떨친 미얀마나 북한에서 영도자급 최고수령을 빼고 우리가 알 만한 스타나 대중이 누가 있는가? 아세안 전 지역을 살펴봐도 마찬가지다. 아세안에서는 전 세계에 통할 만한 개인이나 스타가 한 명도 배출되지 못했다. 범위를 넓혀보면 스타를 배출한 나라는 홍콩, 대만, 한국, 일본 정도에 국한된다. 그리고 21세기에는 단연코 한국의 스타가 아시아를 대표하는 수준에 이르렀다.

한국에 대해 굉장히 깐깐한 일본과 싱가포르 미디어가 한국을 존경하는 순간은 세계적인 한국인 스타를 언급할 때다. 박지성과 손흥민이 있고, 가수 싸이와 BTS, 트와이스와 블랙핑크도 마찬가지다. 피아니스트 조성진과 봉준호 감독 때는 거의 컬처쇼크 수준이었다. 이제 한국인들은 시큰둥한 반응을 보이는 월드컵 1승이나 올림픽 금메달에도 아세안 사람들의 부러움과 질시가 폭발하는 수준이다. 왜 아시아에서 한국만 가능한가? 북방민족이라 키가 커서 그런가? 아니면 미국 문화를 빠르게 받아들여서 그런가?

거인이 많은 나라가 강대국

그 이유는 한국에서는 개인이 국가와의 대결에서 굴복하지 않고 어느 정도의 자율성을 획득했기 때문이다. 개인이 국가에 완벽하게 무릎을 꿇지 않되, 그렇다고 국가를 완전히 부정하지도 않고 서로의 존재를 존중했기 때문이 아닐까? 이른바 민주주의의 힘이다. 국가는 언제나 강한 존재다. 그러니 아시아의 국가나 기관, 자본이 개인에게 조금 더 권한을 양보해도 좋을 듯싶다.

케이팝 산업으로 예를 들자면, 회사와 연습생 사이의 7년 의무계약이 이제는 안착되었다면, 앞으로는 6년이나 5년 정도로 줄어들어야 한다. 또한 방시혁 프로듀서가 빅히트 주식시장 상장으로 1조를 번다면, BTS 멤버 7인도 적어도 천억원대의 자산가가 되는 게 맞다. 그것이 한국 시스템이 가야 할 길이라는 생각이 든다. 한국도 계속 개선해나가야 한다. 개인에게 힘을 더 부여하는 방식으로 말이다.

필자는 미디어라는 것은 "스타를 만들어주는 제도이자 기관"이라는 해석에 전적으로 동의한다. 반대로 스타를 만들어내지 못하는 미디어는 미디어가 아닌 셈이다. 스타라는 것은 한 시대와 공간에 대한 일종의 메타포이자 상징이다. 우리는 스타를 통해 특정 사회를 이해한다. 정치인과 연예인만 스타가 아니다. 뛰어난 과학자나 세계적인 지성, 소설가와 기업인도 다 스타의 범주에 들어간다.

한국이 그나마 아시아에서 다양한 스타와 인재를 배출하는 배경에는 미디어 시장이 역동적이고 공정하며 나름 경쟁이 치열하다는 점도 작용한다고 생각한다. 다른 아시아 지역에 스타가 없는 이유는 미디어의 발달이 미약해서이고, 이 문제는 다시 정치의 문제로 귀결된다. 결국 개인이 자신의 의견을 마음껏 표출할 수 있는 사회가 미래가 있는 사회라는 생각이 든다. 한국의 다양한 스타와 개인은 '한국 모델k-model'의 소중한 증거가 된다.

PS

1. 그런데 그런 미디어가 만들어내는 스타가 태극기 목사나 극우 유튜버 정도라면 좀 위험함.
2. 아시아의 미디어는 여전히 전두환 정도의 스타를 만들어내던 1981~1985년의 한국과 그리 다르지 않은 것 같음.
3. 한국도 국가대표에 대한 열정이 많이 사그라들었음. 그럼에도 월드컵 우승은 꽤나 매력적임. 가능할까?

국경을 뛰어넘는 문명의 힘
그리고 식민지근대화론의 한계

남산 한옥마을에서 한국 전통방식의 혼례를 치르는 신랑

필자는 주니어 시절 예비정치인 K씨와 친하게 지냈는데, 이분이 얼마 뒤 이명박을 따라 여당 의원이 되고 순식간에 3선 의원까지 되었다. K형과 함께 윤여준 소장이나 '풀 컨디션'의 김문수, 이재오 등 적잖은 보수계 인사들을 만나며 그들의 세계관을 알아갈 수 있었고, 그것을 무척 소중한 경험으로 생각한다.

K형이 특히 존중했던 학자가 서울대 이영훈 교수였다. 맞다. 위안부 폄훼, 식근론, 반일종족주의로 세상에 널리 알려진 그분이다. K형 덕분에 이교수님 특강에도 몇 번인가 쫓아가고 뒤풀이까지 참석해 맥주도 함께 마시며 즐거운 시간을 보낸 적이 있다. 2006~2007년 무렵 을지로에서의 일이다.

뉴라이트와 해양세력

K형과 이교수 모두 내 또래의 청춘들을 상대로 '해양세력과의 연대론'을 강력하게 설파하곤 했다. 역사 강의와 더불어 외교론까지 펼친 것이다. 당시에는 그런 묘한 표현이 뉴라이트 세력의 무척이나 중대한 사상적 뼈대를 이룬다는 생각까진 미처 하지 못했다. 다만 놀랄 만큼 선명한 '반중정서'에 고개를 갸우뚱하곤 했다. 아니, 중국이 그렇게 나쁜가? 물론 식민지근대화론에도 일부 이견은 있었지만, 감히 필자의 명확한 입장까지 주장하기엔 턱없이 부족하던 시절이었다.

"교수님의 연구방법론은 존중하지만, 이렇게 묘한 결론으로 끌고 가시는 건 납득하기 어렵습니다. 혹시 다른 목적이라도……?"

맥주잔을 앞에 둔 그분의 답변이 꽤나 인상적이어서 지금도 기억하고 있는데, (뉴라이트 세계관을 함축하고 있는 듯해서) 요약하면 이렇다.

"호재군, 우리 역사를 한번 살펴보시게. 고난과 굴종의 역사였어. 나는 우리 역사가 때론 부끄럽네. 우리는 수천 년간 중국에 일방적으로 당하고만 살았어. 중국의 힘이 더 세지면 우리를 가만히 놔둘 성싶은가? 나는 중국을 믿지 않아. 그렇다면 오늘날 대한민국의 번영을 이끈 세력이 누구인가? 나는 확신하네. 해양海洋세력이야. 우리는 중국을 멀리하고 이들과 손잡아야 하네. 바로 일본과 미국이지. 식민지 시절을 어둡게 묘사해봐야 우리 얼굴에 먹칠하기네, 발전과 진보가 충분히 있던 시대라고 볼 수 있어. 그 긍정의 역사를 다음 세대에게 보여주고 싶다네."

그의 유달리 검은 눈동자가 보석처럼 반짝이고 있었다.

역사학계의 반론, 맹아론

그를 스타 학자로 만든 것은 2002년 여름 '자본주의 맹아론 논쟁'이었다. 당시 그는 성균관대 경제학과 교수로 조선시대 말기, 일제 강점기 시대의 경제통계를 연구주제로 삼았더랬다. 이 분야의 연구는 한문 해독이 필수이다. 그것도 매우 고급 수준의 한문과 일본어 능력이 요구된다(그는 태동고전연구소 출신이다). 미국에 유학을 다녀온 현대경제학자들이 뛰어들기 어려운 분야라는 얘기다. 역사학자들과 경제논쟁이 붙으니, 당연히 경제학자인 그의 주장이 힘을 받았다.

이 교수의 주장은 꽤나 단순해서 이해하기 어렵지 않다. 다만 결론 대목의 뚜렷한 비약이 항상 논란이 되었다.

기: 조선시대 후기의 거시경제는 지속적으로 악화되었다.

승: 일제시대 이후의 거시경제는 지속적으로 좋아졌다.

전: ……

결: 썩어 문드러진 조선체제는 결코 자력으로 근대화가 불가능했다. 위대한 일본을 통한 조선 식민지의 근대화는 역사적인 팩트 중의 팩트다(헉, 갑자기?).

역사학계는 '자본주의 맹아론', 즉 조선시대 후기에도 사회변화의 여러 싹을 찾아볼 수 있다는 이론으로 이것을 반박한다. 아니, 조선과 별반 다를 바 없는 일본도 가능했고, 중국도 했으며, 독일·이탈리아·소련도 다 했는데 왜 조선사회에만 근대의 싹이 전무했다는 것인가? 조선엔 시장도 없고, 상공업도 혁신도 없었다는 말인가?

하지만 이 교수는 세세한 통계를 들이밀며 "아니, 없는 걸 없다는데 어쩌란 말인가? 그럼 어째서 사회가 지속적으로 퇴화하다가 일제시대에 와서 급속히 좋아졌는가?"라고 맞대응하니 승부가 쉽게 갈리질 않았던 것이다. 그 와중에 이영훈 교수가 한국 근대화의 결정적 시발점은 토지의 개인소유를 보장하고 민법체제를 도입한 1912년의 '조선민사령'이라고 딱 잘라 결론 내리니, 쉽고 단순한 논리를 좋아하는 보수극우 언론이 연이어 그를 조명하고 스타로 대접하게 된 것이다. 결국 그는 각종 설화에도 불구하고 2005년 무렵 서울대로 영전하게 되고, 출처는 잘 모르겠지만 다양한 연구자금을 지원받으며 식민지근대화론의 사상적 코어이자 챔피언으로 군림하게 된다.

해양세력? 아니, 해양문명!

한국 역사에 관심 있는 사람에게 식민지근대화론은 목에 걸린 가시처럼 상당히 껄끄러운 숙제 가운데 하나다. 쉽게 논파할 수 있을 것 같지만 간단하지 않다. 역사에 가정이란 쉽지 않고, 통계는 과학적 분석법에 따르면 일종의 팩트이기 때문이다. 이영훈의 과학적 접근법은 논문으로 힘을 받는다. 반대로 '만약 일제의 지배가 없었다면 한국은 어떻게 되었을까?' '소련이나 중국의 식민지가 되었을까?' '지금의 북한 수준으로 살고 있을까?' '조선의 자본주의 맹아가 꽃을 피웠을까?' 이런 가정은 학문의 세계에서는 아무런 설득력이 없다.

모두가 식근론이 틀렸다고 생각하지만 반론의 근거가 빈약한 것이다. 필자도 아시아학을 공부하면서 혹시나 이 식근론과 비슷한 논쟁이 다른 지역에도 있는지 찾아보기도 했다. 그런데 노력이 부족했는지는 몰라도, 비슷한 단서 하나 찾기 어렵더라. 동남아는 식민지 경험이 우리보다 훨씬 길다. 그러나 동남아시아는 열린 공간이기에, 서양 세력이 바닷길을 타고 와서 과학기술과 자본주의를 전파하긴 했지만 특정 해양세력이 없었다고 해서 근대화가 불가능한 수준은 아니었다. 미국 이전에 영국, 스페인, 네덜란드, 사라센, 중국이 있었고, 영국이 동남아시아를 문명화했다고는 절대 말할 수 없다.

오히려 학계에서 사용하는 표현은 '해양세력=일본, 미국'이라는 편협한 내셔널리즘식 해석이 아니라 '해양문명론'이었다. 서양문명이 바다를 통해 자연스레 전파되었다는 의미이다. 문명은 언제나 국경을 넘나들며 개인과 사회에 영향을 주고받는다는 얘기다. 자본주의와 과학기술도 문명, 특히 서구문명에 속하지만, 특정 국가가 독점한 것은 아니었다(문명 관련 내용은 프라젠짓 두아라Prasenjit Duara 교수의 문명론에서 영감을 받았다).

문명의 힘

식민지근대화론이 그럴싸하면서 무시무시한 이유는, 한번 식민지였던 나라는 영원한 수혜자로서 공여자에게 감사의 마음을 가져야 한다는 동양의 허무맹랑한 수직적 권력구도 인식 때문이다. 특히 일본에는 온恩 문화라는 게 있어서 한국에 이를 강제하려는 태도가 있어 보인다. 왜 한국은 일본에 고마워하지 않는가? 일본의 온 문화는 동남아시아의 '후견주의'와 동일한 구조로 작동한다. 한마디로 조폭식 오야붕-꼬붕의 관계이다. 중화문명론도 별반 다르지 않다. 한국은 중국과 책봉관계니까 반半 식민지라는 논리 말이다.

인도 출신으로 중국문명을 연구한 듀크대 프라젠짓 두아라 교수는 과거 많은 제국들이 문명이라는 거대한 진보를 각자의 이익을 위한 내셔널리즘의 방식으로 악용해왔다고 비판한다. 그것은 문명의 보편적 성격을 오독한 것이라는 지적이다. 문명은 인류가 만들어내는 거스를 수 없는 시대적 성취이다. 문화나 정권보다 구조적이고 거시적인 흐름이다. 예를 들어 문자, 인쇄, 디지털은 단순한 기술이라기보다는 문명에 해당한다. 화폐나 복식부기, 주식회사, 증권시장 역시 자본주의 문명이다. 내연기관, 전기, 로켓 역시 시대를 바꾼 과학문명에 해당한다. 문명의 가장 큰 특징은 특정 국가에 얽매이지 않고 '국경을 순식간에 횡단'한다는 것이다. 인터넷에 국적이 있나? 과학과 수학 역시 마찬가지다. 결정적으로 문명은 생산자 못지않게 수용자의 결단이 중요하다. 그러니까 영국문명이 아니라 서양문명이고, 중국문명이 아니라 동아시아 문명이며, 나아가 인류의 현대문명이라는 얘기다.

일본이 착각하고 이영훈 교수가 오해하는 것은 일본을 현대 자본주의나 근대문명의 독점적 소유자로 간주하는 것이다. 일본의 정치·경제체제가 잠시 조선보다 우위에 선 것은 사실이지만, 조선의 근대화는 세계적 자본주의 전파의 한 현상이지 일본으로부터 일방적으로 받은 수혜의 결과는 아니라는 것이다. 이는 '일본문명'이라는 것은 없다는 의미이기도 하다.

탈아입구라는 단견

이영훈의 '탈중脫中논리'는 곰곰이 따져보면 후쿠자와 유키치福澤諭吉의 탈아입구론과 너무도 흡사하다. 어서 중국에서 벗어나 일본에 충성하라는 얘기니까. 왜냐하면 시대의 패권이 거기에 있으니까, 그게 한국에 이익이니까, 중국은 반反문명적이니까.

그런데 과연 한국이 언제나 중국에 굴복해왔던가? 한중관계가 '주종관계'라는 생각 역시 문명을 내셔널리즘으로 해석했기 때문이고, 현재 중국의 젊은이들이 동일하게 빠져 있는 논리적 함정이다. 한국은 중국의 특정 왕조에 영향을 받은 것이 아니라 중국으로 대표되는 동아시아 문명의 영향을 받은 것이고, 그 문명은 중국이 독점한 것이 아니라, 아시아의 수많은 민족과 국가들이 치열하게 싸우며 집단지성의 방식으로 이뤄온 것이다. 명나라, 청나라가 있었지, 명나라 문명이나 청나라 문명이 있었던 것은 아니다.

문명은 지역적 특색이 있지만, 특정 국가나 세력이 독점할 수 없다. 두아라 교수의 논문을 읽으며 필자는 이영훈 교수가 한국 젊은이들에게 '탈아입구'하라고 가르치는 것이야말로 시대착오적이고 폭력적이고 무식한 행위임을 분명히 깨닫게 되었다. 결국 아시아 시대의 핵심은 철 지난 내셔널리즘을 극복하는 일이고, 아시아 문명과 서구 문명의 조화와 공존, 타협을 꾀하는 일이 아닐까 하는 생각을 하게 된다.

맺는말

아시아 칼럼을 마치며

코로나 난민

당초 한국에는 1년 뒤에나 복귀할 생각이었습니다. 그런데 코로나 팬데믹으로 인해 미얀마 생활을 도저히 버틸 수가 없었고, 싱가포르에서도 오지 말라고 손사래를 쳐서 결국 한국에 들어왔고, 당분간 사태가 진정될 기미가 없기에 어쩔 수 없이 과거에 알던 분들을 다시 만나야 했습니다. 만나고 나니 지난 3년간 제가 어떻게 살았는지 설명해야 했고, 그러다보니 꽤나 긴 글을 쓰게 되었습니다. 언젠가는 글로 남겨야 하긴 했습니다. 밀린 3년 치 일기를 쓴 것 같기도 합니다. 기왕이면 기억에서 사라지기 전에 글로 적어두는 것이 좋을 것 같아서 시도해보았고, 도중에 많은 독자가 생겨서 용기를 갖고 쓸 수 있었습니다.

혼란스러운 아시아

만 3년 전 싱가포르로 가면서도 '아시아학이라는 게 가능할까?' 하는 의문을 갖긴 했습니다. '동남아시아학'은 당연히 가능할 것 같다는 생각이 들었지만, 저는 아세안에 속한 사람이 아니고 한국 사람이니 말입니다. 그러니 21세기도 한참 지난 이 시기에 한국 사람이 동남아 지역학을 배워서 어디에 써먹을지 고민이 되는 게 당연했습니다. 동남아시아는 너무나 먼 지역이었습니다. 심리적으로는 지구 반대편에 해당합니다.

전통적으로 지역학은 한 인간의 '지리적 상상력'을 넓혀주고 나아가 인간사회에 대한 이해의 가능성을 높여준다는 상찬을 자주 접하긴 했습니다. 하지만 굳이 싱가포르까지 가서 4~5년씩이나 공부를 해가면서 그런 가능성을 늘려야 하는지도 미지수였고, 아세안이 아무리 우리의 미래시장이라고는 하나 당시에는 전혀 검증되지 않은 시장이기도 했습니다. 아세안의 많은 지역이 여전히 가난하고 정치적으로 고통스러우며 문화적으로 빈곤하게 보이는 것 또한 현실이었습니다.

막상 공부를 시작해보니 '아시아'라는 개념이 너무도 혼란스러워서 당황했던 기억이 납니다. 제가 알고 있는 아시아는 당연히 '동북아시아=아시아'였습니다. 그런데 동남아시아가 생각하는 아시아가 따로 있었고, 중동에서 생각하는 아시아는 또 달랐으며, 심지어 중앙아시아와 중국 대륙에서 생각하는 아시아도 모두 다 달랐기 때문입니다. 마찬가지로 유럽이 생각하는 아시아와 미국이 생각하는 아시아도 제각각이었습니다.

방법으로서의 아시아

한국에서도 굉장히 유명하고, 특히 성공회대 분들은 더 잘 아는 대만 출신의 첸관싱陳光興이라는 학자가 계십니다. 아시아 문화 연구로 일가를 이루신 분이고 조희연 서울시 교육감과도 친구 관계일 정도로 한국의 학자들과 교류가 많은 분이죠. 제가 이분의 학문적 수준까지는 잘 모르지만, 이분이 2010년에 저술한 『방법으로서의 아시아*Asia as Method*』라는 책을 무척 인상 깊게 읽었습니다. 지금도 NUS를 포함해 많은 아시아 문화 연구자들 사이에서 교과서 중 하나로 인정받는 명저입니다.

이분의 주장은 간단합니다. 아시아의 실체가 무엇인지, 아시아가 실재하는지 아닌지가 중요한 게 아니라 우리가 그것을 방법론적으로 적절하게 활용하면 그만이라는, '콜럼버스의 달걀'과도 같은 해법입니다. 아시아라는 건 우리가 디자인하기 나름이라는 뜻도 됩니다. 크기나 무게에 압도당하지 말고 잘 써먹으라는 거죠. 저는 운 좋게 싱가포르에서 이분의 강의를 직접 들어본 적도 있고 학교 식당에서 무척이나 자주 마주쳐서 더욱 흥미롭게 이 책을 읽었더랬습니다(한국에 번역본은 없지만 요약에 가까운 논문 몇 편이 성공회대에서 나왔으니 참고하시면 좋습니다).

그래서 아시아의 여러 국가를 비교 연구함에 있어서 아시아라는 개념을 적극적으로 활용하면 좋겠다고 생각했고, 그 관점을 이 연재글에 적용해본 것입니다. '아시아'라는 것은 상당히 글로벌한 개념입니다. 적어도 지구의 4분의 1을 포함하는 거대한 영역이니까요. 그런데 동시에 로컬의 개념도 포기하지 않습니다. 일단 서구와는 명확히 선을 긋고 있으니까요. 여러 민족과 전통 그리고 그 지역에 사는 사람들의 삶의 현장을 포괄한다는 얘기입니다. '아시아'는 무척이나 글로벌하면서도 지역적인 개념이 될 수 있다는 의미입니다. 우리가 한국의 문제를 바라볼 때, 북한의 문제를 바라볼 때, 중국과 일본의 문제를 바라볼 때도 이 '아시아'라는 개념을 적극 활용할 수 있지 않을까 하는 문제의식에서 출발한 셈입니다.

저널리스트의 경험

혹자는 저를 '동남아 전문가'라고 불러주시기도 하는데, 천부당만부당한 표현입니다. 저는 굳이 구분을 짓자면 한국 전문가에 더 가깝습니다. 취재현장이 서울과 한반도 남쪽 지역에 국한되었으니까요. 어디 가서 동남아 이야기보다는 한국의 국가 시스템(입법-행정-사법)에 대해 더 길고 자세하게 설명할 수 있습니다. 동남아시아 경험은 제 인생의 10분의 1도 채 되지 않습니다. 조금 더 잘 아는 나라가 미얀마 정도인데, 그마저도 논문으로 읽은 것이 태반이라 책상물림에 지나지 않습니다. 더구나 생소한 동남아에 대해서 설명하는 것은 언제나 자신이 없고 두려운 일이기도 합니다. 언제나 틀릴 가능성이 더 높기 때문입니다.

그런데 이 아시아적 관점이라는 방법론으로 아시아를 바라보기 시작하자, 제가 한국에서 한 경험, 기자로서 겪은 15년의 시간이 생각보다 유용했음을 인정하지 않을 수 없었습니다. 거의 모든 나라가 상당히 비슷한 국가 시스템으로 굴러가기 마련입니다. 게다가 기자를 하게 되면 국가 시스템에 더해 언론과 시민사회, 기업과 자본주의 시스템에 대해서도 깊지는 않지만 쪽팔릴 수준은 넘어서는 경험과 지식을 갖게 됩니다.

여러분이 이 글을 조금이라도 신선하게 느꼈다면, 아마도 제가 한국과 동남아시아를 명확하게 가르지 않고 동일한 시공간 위에서 분석했기 때문이 아닐까 생각해봅니다. 운이 좋게도 저는 15년 전부터 동남아시아와 중국, 일본 등지를 꽤나 많이 돌아다닐 기회를 얻었고 덕분에 상당히 다양한 비교 포인트를 얻을 수 있었습니다. 아세안 10개국 가운데 필리핀과 베트남을 제외하고는 꽤 많은 현지인을 만난 경험도 있습니다. 태국과 말레이시아 책도 번역해보았고요.

아시아를 동일 차원에 놓고 같은 문제의 틀로 바라보면 조금 더 이해가 쉬워지고 동시에 한국의 문제를 새롭게 바라볼 수 있지 않을까 하는 것이 이번 연재글에 숨은 의도였습니다. 그 의도가 적중했는지는 잘 모르겠지만 말입니다.

잡스러운 마무리

일단 이것으로 첫 아시아 칼럼집을 마무리합니다. 글의 내용이 중복되기 시작하는 것을 인식했기 때문입니다. 두번째 이유는, 어디선가 읽었는데 출간을 전제로 온라인에 연재하는 글은 "에고와 슈퍼에고가 뒤범벅되어 보기 흉한 글이 되더라"는 경고를 들었기 때문이기도 합니다. 그래서 추해지지 않으려고 노력도 조금은 했더랬습니다.

마지막은 역시 전문성에 관한 대목입니다. 저는 동남아시아를 공부하긴 했지만 여전히 학생 신분이고, 짧지 않은 시간 동안 저널리스트로 활동했다고는 하지만 그런 타이틀이 오류를 보정해주는 것은 아니라고 알고 있습니다. 당연히 이 글은 저널리즘적 관점에서 쓰인 글이고 사견이 많이 들어간 칼럼에 가깝기 때문에 학술적인 관점과는 일부 차이를 보이는 대목도 있습니다. 그런 오류는 다음 책에서 보완하겠습니다.

조금 신경 쓴 대목이 있다면, 많은 분이 쉽게 읽을 수 있게끔 어렵고 복잡한 인명과 지명은 되도록 언급하지 않고 최대한 한국 사람 입장에서 이해하기 쉽게 쓰도록 노력했습니다. 이 점을 슬며시 어필해봅니다. 이 글은 동남아시아에 대한 글이 아니라 본질적으로는 한국에 대한 글이 아닐까 하고 자기 위안도 해봅니다. 시절이 하수상하지만 다들 건승하시기를 바라옵니다. 조금 더 빨리 다음 책에서 뵙고 싶습니다. 감사합니다.

2020년 10월

정호재

정호재

전북 익산에서 태어났다. 고려대학교 경영학과 학사와 경희대학교 경영대학 석사를 마치고 현재 싱가포르국립대학교 비교아시아학 박사 과정에 있다. 2002년에 동아일보사에 입사하여 기자로 짧지 않게 활동했다. 그사이 몽골에서부터 중국을 거쳐 아세안을 지나 스리랑카까지 동아시아의 많은 지역을 답사하며 견문을 넓혀왔다. 동시에 태국의 탁신, 말레이시아의 마하티르, 캄보디아의 삼랑시 등 동남아 대표 정치인들을 직접 인터뷰하고 관련 책들도 번역했다. 현재 싱가포르와 미얀마를 오가며 아시아 연구에 매진하고 있다.

**아시아
시대는
케이팝처럼
온다**

1판 1쇄 펴냄 2020년 11월 9일
1판 2쇄 펴냄 2021년 7월 1일

지은이 정호재
펴낸이 정성원 · 심민규
펴낸곳 도서출판 눌민

출판등록 2013. 2. 28 제25100-2017-000028호
주소 서울시 마포구 월드컵로10길 37, 서진빌딩 401호 (04003)
전화 (02) 332-2486 팩스 (02) 332-2487
이메일 nulminbooks@gmail.com

Printed in Seoul, Korea

ISBN 979-11-87750-38-3 03910